Bunty Cu

Das Lieblingsbuch aller Frauen

Aus dem Englischen von
Petra Trinkaus

BASTEI LÜBBE
TASCHENBUCH

BASTEI LÜBBE TASCHENBUCH
Band 66437

1. Auflage: August 2010

Bitte beachten Sie, dass dieses Buch Tipps
und Anleitungen enthält, die gefährlich sein könnten.
Verlag und Autor haften nicht für Schäden oder Unfälle,
die durch die Umsetzung der Ideen, Tipps und
Anregungen aus diesem Buch eventuell entstehen.

Vollständige Taschenbuchausgabe
der im Gustav Lübbe Verlag erschienenen Hardcoverausgabe

Bastei Lübbe Taschenbuch und Gustav Lübbe Verlag
in der Bastei Lübbe GmbH & Co. KG

Titel der englischen Originalausgabe:
»211 Things a Bright Girl Can Do«
Originally published in English by HarperCollins Publishers Ltd.

Textredaktion: Heike Rosbach, Nürnberg

Umschlaggestaltung: Kirstin Osenau
Satz: Druck & Grafik Siebel, Lindlar
Gesetzt aus der Adobe Caslon Pro
Druck und Verarbeitung: Norhaven AS, Viborg
Printed in Denmark
ISBN 978-3-404-66437-5

*Dieses Buch ist dem Andenken an
Peter »Flobbadob« Hawkins gewidmet, der den
Hintergrundchor meiner Mädchenzeit bildete,
sowie Edward Ardizzone, der die Illustrationen
zeichnete, und Elizabeth Cotten, die die Musik lieferte –
nicht nur auf den Kopf gestellt, sondern auch
von hinten nach vorn.*

Inhalt

Dank

Ein Buch zu schreiben ist ein gemeinschaftlicher Prozess, an dem alle möglichen Leute beteiligt sind, von denen man nie etwas hört oder in den Danksagungen liest. Da sind zum Beispiel Mr und Mrs Evans, die mir die Milch liefern. Ohne sie wäre ich nicht in der Lage, mir nach einem Tag voll harter Schreibarbeit eine tröstliche Tasse heißen Kakao zu kochen. Trotzdem werden sie nie für den Booker Prize nominiert. Dann sind da die Illustrationen, die den Text so entzückend ergänzen. Die hat Nicolette Caven gemacht, zu meinem großen Glück; mein eigenes rudimentäres Gekritzel hätte jede Seite verunziert, auf der es gedruckt worden wäre. Großes Lob auch für Chris Smith, Kate Latham und Natalie Jerome, meine Lektoren bei HarperCollins, die mich ununterbrochen ermutigten, alles Unsinnige strichen und die richtige Schreibweise von *nekrotisierende Fasziitis* besorgten. Meine Agentin Laura Morris verdient eine ehrenvolle Erwähnung, weil sie mich fröhlich auf den Boden der Tatsachen zurückholte, als ich darauf beharrte, dass ich besser Nonne geworden wäre, wie auch meine amerikanische Schwiegermutter Joan, die mir (ganz davon abgesehen, dass sie eine wirklich gute und nette Schwiegermutter ist) hilfreiche Rezepte und Dinge schickte. Meine Schwägerin Marianne Saabye las den Text mit scharfem Blick und lieferte wertvolle Kritikpunkte, für die ich sehr dankbar bin, während ihr Sohn Jed auf der Gitarre coole Bluesstücke improvisierte. Mein Bruder Tom Cutler verdient kniefällige Ovationen für seine kurzen Hilfestellungen, wenn ich versuchte, die Männersachen in den Griff zu bekommen. Sein eigenes Werk *Das Lieblingsbuch aller Männer* brachte mich überhaupt erst auf die Idee zu diesem Ratgeber.

Zuletzt, in Wirklichkeit aber zuvörderst, danke ich meiner Tante Sarah, weil sie interessante Fakten, Zeitungsausschnitte und anderes ausgrub und mich sicher zwischen

Scylla und Charybdis durchsteuerte. Außerdem sollten wegen ihrer hilfreichen Recherchen erwähnt werden: meine gute Freundin Jo Uttley und ihre Kohorte: Siobhan Collis, Susie Ireland und Charlotte Wolff, die sämtlich nützliche Vorschläge beisteuerten. Danke, Mädels.

Wie man dieses Buch benutzt

Als ich meinen Bruder fragte, was er am Samstag macht, sagte er: »Mit Marion Fay ins Bett gehen.« Als belesener Mensch merkte ich natürlich gleich, dass er auf Anthony Trollopes gleichnamigen Roman anspielte, den ich kurz zuvor erst weggeschleudert hatte, weil mich die lange, nervend langweilige Einleitung von irgendeinem Dr. Sowieso abgeschreckt hatte.

Wenn ich ein Buch lese, will ich mich nicht durch einen langen, breiten, bescheuerten Prolog quälen, sondern gleich zu den saftigen Stellen kommen. Meine Ausgabe des *Don Quichotte* beginnt mit einer solch schwülstigen Einleitung – von einem Menschen mit dem unglückseligen Namen Marcus Cock –, dass ich nach nur einem Blick auf der Stelle in Tiefschlaf verfiel und das 752-seitige Meisterwerk meinen gefühllosen Händen entglitt.

Egal, das alles ist nur eine weitschweifige Erklärung für mein eigenes Vorwort. Sie müssen es natürlich nicht lesen, Sie können gleich zu den saftigen Stellen vorblättern, aber vielleicht möchten Sie doch wissen, dass diese Einleitung nicht aus 29 Seiten überheblichen Gefasels besteht, sondern aus einer prägnanten Exegese, die Ihnen nicht nur helfen soll, ein Gefühl für dieses Buch zu entwickeln, sondern auch verhindert, dass Sie sich selbst in Brand stecken.

Das Lieblingsbuch aller Frauen ist ganz anders als andere Ratgeberbücher für Mädchen – besonders die alten, in denen überwiegend Pfadfinderinnen mit Kochtöpfen abgebildet sind. Zu den freudlosen Bänden, die mir dabei einfallen, gehört *Our Girls' Holiday Book*, zwischen dessen fleckigen Pappseiten sich auch ein illustrierter Aufsatz zum Thema »Wie man größer wird« findet, aber genauso das preisverdächtig öde *Posters For School Functions*. Mein »Pupsen mit Charme und Anmut beim Botschaftsempfang« ist einer jener Beiträge, in denen ich mich bemüht habe, meine Ratschläge an moderne Mädchen in einem aufregenderen und lebendigeren Stil zu gestalten als jene muffigen Abhandlungen aus vergangenen Tagen.

Desgleichen habe ich versucht, die Schwäche jener trostlosen Geschichtensammlungen von gestern zu vermeiden wie etwa in dem in den 1950ern erschienenen (mein Lieblingstitel) *Gay Stories For Girls*. Die Unbeholfenheit dieser vorgeblich so lustigen Geschichten für Mädchen mag auch an den nicht sonderlich zündenden Titeln der einzelnen Beiträge liegen, etwa »Olive und Peggy haben Ideen« (wie schockierend!) und »Vera in der Steinzeit«. Die Frauen scheinen damals im Grunde kaum etwas anderes gemacht zu haben, als zu stricken, Kuchen zu backen, Socken zu stopfen und ihre Männer zu »lenken«. Bei dem Wort »Feminismus« hätten sie vermutlich so verständnislos geguckt wie Ihre Großmutter bei »G-Punkt«. Stattdessen habe ich mich auf lebenswichtige Lifestylethemen konzentriert wie »Turbo-Abnehmen: sechs Pfund in sechs Stunden« und »17 Sachen, die man mit Netzstrümpfen machen kann«. Daraus können Sie schließen, dass die Leserin, an die ich dabei denke, eher das typische Mädchen aus dem Film-College St. Trinian ist als eine der blitzblanken Präfektinnen aus den Jahrhundertwenderomanen von Angela Brazil.

Jeder Versuch, dieses Buch in einem Stück zu lesen, wird Sie in den Wahnsinn treiben. Sie tun besser daran, sich ihm zu nähern wie einem dieser großen Kartons mit belgischen Pralinen. Informieren Sie sich über den Inhalt, wählen Sie ein bestimmtes Stück aus und verputzen Sie es. Wollten Sie alles auf einmal essen, würden Sie sich in sämtlichen Braunschattierungen übergeben. Und so verhält es sich auch mit diesem Buch. Sobald Sie also eine elegante Portion zu sich genommen haben – sagen wir, ein halbes Dutzend Seiten –, setzen Sie sich und lackieren Sie Ihre Nägel mit einem Glas Cava oder Ähnlichem (ich meine nicht, dass Sie Ihre Nägel mit dem Cava lackieren sollen, ich meine, lackieren Sie die

Nägel mit Nagellack und trinken Sie dazu Cava – *was denn sonst?!*).

Wenn Sie meine Anweisungen sorgfältig befolgen, sollte es keine Sicherheitsprobleme geben (ignorieren Sie einfach das wirre Gestammel im vorangegangenen Absatz). Sie tun sich selbst einen Gefallen, wenn Sie die von mir empfohlenen Werkzeuge benutzen. Es besteht ein riesiger Unterschied zwischen einer *scharfen* Schere und dem rostigen, flusenbesetzten Ding, das Sie hinten im Sofa gefunden haben. Stumpfe Schneiden nützen gar nichts, außer man will Pudding schneiden.

Die Rezepte im *Lieblingsbuch aller Frauen* nennen spezifische Zutaten. Sie dürfen diese natürlich je nach Vorratslage in Ihrer Küche variieren, aber geben Sie nicht mir die Schuld, wenn Ihr Türkischer Honig zu Zement wird, weil Sie die doppelte Menge Stärkemehl genommen haben oder etwas Ähnliches.

Und schließlich ahne ich, was Sie jetzt noch wissen wollen: Warum dieses Buch *Das Lieblingsbuch aller Frauen* heißt. Na ja, es ist das Nachfolgeprojekt zum *Lieblingsbuch aller Männer* meines Bruders Tom. Fragen Sie mich nicht, was ihm durch den Kopf ging, als er sich diesen Titel ausdachte. Als ich meine Verleger zu überreden versuchte, stattdessen etwas Intelligenteres zu nehmen, meinten die Marketingleute, ich solle nicht an einer erfolgreichen Marke herumpfuschen. Ich habe nicht die geringste Ahnung, was sie damit meinen – diese Leute sprechen eine ganz eigene Sprache. Aber auch hier bin ich nur die Autorin – was weiß ich schon von irgendetwas?

Auf jeden Fall kommen jetzt die saftigen Stellen.

I
Die Küchenkönigin

Essen, Kochen und
zeitsparende kulinarische Tricks

Ich habe nie verstanden, was
Sir Godfrey Tearle an Jill Bennett fand,
bis ich sie im Caprice Maiskolben essen sah.
Coral Browne

Die Thermosflasche als Joghurtbereiter

Als ich ein kleines Mädchen war, fuhr ich einmal mit dem Schulorchester auf eine Konzertreise ins damalige Westdeutschland. In diesem Ensemble hielt ich ein Cello und kratzte darauf so übernatürlich schlecht herum, dass unsere freundliche Musiklehrerin und Dirigentin mich bat, das Spielen doch bitte nur zu mimen. Das ist nicht so schwer an den schnellen Stellen der *Wilhelm-Tell*-Ouvertüre, wo alles in einem Affenzahn abgeht, kann aber höllisch anstrengend sein, wenn man etwas Lyrisches vortäuschen soll wie den langsamen Satz von Gerald Finzis *Klarinettenkonzert*. Mein Bogen schien sich immer in die entgegengesetzte Richtung und in anderem Tempo zu bewegen als die aller anderen Cellisten. Es war, ehrlich gesagt, beschämend.

Ich wohnte während unseres Aufenthalts bei einer reizenden deutschen Familie, die mich eines Tages in die riesige Schatzhöhle ihres Kellers führte – größer und besser bestückt als ein moderner Supermarkt –, um einen Topf von etwas zu holen, das ich probieren sollte. Sie erzählten mir in perfektem Englisch, das Zeug hieße Quark, und es stellte sich als ein saurer, joghurtartiger, eiterfarbener und in jeder Hinsicht einzigartig abstoßender flüssiger Käse heraus, den ich nach einmaligem Probieren nie mehr auch nur mit einer extra langen Feuerzange anfasste. Und ich musste dazu auch noch Pumpernickel essen.

Als wir wieder in England waren, fiel ich begeistert über den köstlichen hausgemachten Joghurt meiner Tante Sarah her, den sie immer in einer Thermosflasche in ihrer Küche züchtete. Nach dem abscheulichen Alte-Socken-Aroma des unbeschreiblichen Quarks war das, als tränke ich Nektar.

Hier kommt Tante Sarahs leckeres Rezept.

ZUTATEN

- *½ l Vollmilch*
- *1 großer EL Joghurt mit lebenden Joghurtkulturen*
- *Ihr Lieblingsaroma*

ZUBEREITUNG

1 Milch auf dem Herd auf Körpertemperatur erwärmen. Diese lässt sich durch Eintauchen des Fingers testen. Es dauert nicht lange, aber man sollte die Milch langsam erwärmen.

2 Einen kräftigen Klecks – etwa einen Esslöffel – Naturjoghurt mit lebenden Joghurtkulturen zugeben und unterrühren.

3 Die Mischung in eine Thermosflasche gießen. Am besten sind die karierten. Dann ein paar Stunden weggehen (6–12 sind empfehlenswert).

4 Am nächsten Morgen erwartet Sie ein halber Liter köstlicher echter Joghurt. Je länger Sie ihn stehen lassen, desto herber wird er. Mögen Sie ihn also mild, essen Sie ihn sofort; mögen Sie ihn saurer, dann warten Sie ein paar Tage, bis Sie ihn auf Ihre Fish and Chips geben.

Den fertigen Thermos-Joghurt können Sie natürlich mit allem versetzen, was Ihnen schmeckt, von Schokolade – einfach darüberraspeln – über Vanilleextrakt bis zu zerdrückten Himbeeren oder Blaubeeren oder Erdbeeren oder Ölsardinen. Nein, keine Sardinen, da ist es mit mir durchgegangen.

Das wunderbar Energie- und Geldsparende an der Sache ist, dass Sie nach der ersten Partie nie wieder echten oder »aktiven« Joghurt kaufen müssen, weil Sie für die nächste Ration immer einen Rest von Ihrem eigenen verwenden können.

Und falls Sie jemals jemand fragen sollte, ob Sie ein Produkt namens Quark probieren möchten, stellen Sie sich tot oder so.

* *Den Begriff* Thermosflasche *für einen Vakuumbehälter erfand ein Münchner.* *

Eier kochen wie die Profis

Meine Großmutter mütterlicherseits kochte Eier immer, bis sie die Konsistenz und Farbe von OP-Handschuhen hatten, und sagte, wenn wir uns beschwerten: »Schimpft nicht mit mir, ich habe nur den Tisch gedeckt.« Beim ersten Mal war das noch ganz witzig, nach rund 20 Jahren nutzte es sich aber ziemlich ab. Diese folgenden Anweisungen spiegeln daher eher meine eigenen Recherchen und Experimente als ihre Neandertaler-Technik.

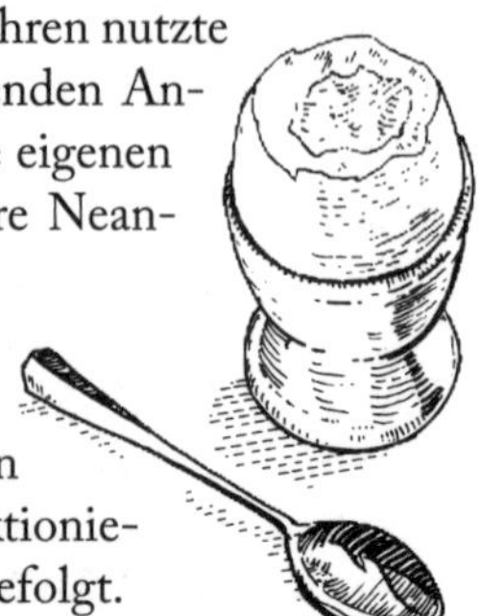

Es gibt zwei Grundtypen von gekochten Eiern: weich und hart gekochte. Die vorgestellten Methoden sind auf beide anwendbar und funktionieren wunderbar, wenn man sie exakt befolgt.

Die Größe der Eier spielt natürlich eine entscheidende Rolle, und ein Wachtelei ist sehr viel schneller gar als das von einem Strauß. Ich setze voraus, dass Sie mittelgroße Hühnereier verwenden.

Hart gekocht

Die Eier in einen Topf legen und gut 1 cm hoch mit kaltem Wasser bedecken. Wasser zum Sieden bringen und 7 Minuten *(Küchenwecker!)* in diesem Zustand halten. Sobald es klingelt, den Topf in die Spüle stellen und mit kaltem Wasser füllen, bis er überläuft. Den Hahn voll aufzudrehen ist nicht nötig; ein steter, aber kräftiger Strahl genügt. Nach einer Minute den Wasserhahn schließen und die Eier noch ein paar Minuten im kalten Wasser liegen lassen bzw. bis sie so weit abgekühlt sind, dass man sie problemlos anfassen kann.

Nach dieser Zeit sind die Eier gar und haben keine weiche Stelle mehr in der Mitte. Ziehen Sie eine Minute ab, falls Sie das Eigelb noch leicht klebrig, aber das Eiweiß fest mögen.

Hart gekochte Eier schälen

Hart gekochte Eier zu pellen, ohne das Eiweiß zu beschädigen, kann schwierig sein. Am leichtesten geht es mit älteren Eiern. Am besten klopft man die Eier an und zerdrückt die Schalen dann mit den Händen unter Wasser. Am stumpfen Ende mit dem Schälen beginnen, und die Eier im Wasser lassen, bis sie kalt sind. Ein heißes Ei gart noch weiter, selbst wenn man es vom Herd nimmt. Daher muss man Eier schnell aus dem Topf holen und in kaltes Wasser legen.

Weich gekochte Eier

Die Eier wie oben in einen Topf mit kaltem Wasser legen. Flamme voll aufdrehen und, sobald das Wasser zu kochen beginnt, die Temperatur auf sanftes Köcheln reduzieren und vier Minuten sieden lassen. So wird das Eigelb cremig und das Eiweiß fest. Das Ei gart wie gesagt noch weiter, wenn es aus dem heißen Wasser kommt, also köpfen und verzehren Sie es gleich.

Tipps und Tricks

- Sehr frische Eier sollte man 30 Sekunden länger kochen. Die hier angegebenen Zeiten gelten für Eier, die Sie schon drei Tage oder länger herumliegen haben.
- Am stumpfen Ende des Eis sitzt eine Luftblase. Beim Erhitzen dehnt sich diese Blase so stark aus, dass der Druck das Ei tatsächlich von innen platzen lassen kann. Wollen Sie ein echter Profi sein, dann stechen Sie vor dem Kochen mit einer Nadel ein kleines Loch in dieses Ende.
- Direkt aus dem Kühlschrank kommende Eier platzen, wenn man sie in heißes Wasser legt. Nehmen Sie sie eine halbe Stunde vorm Kochen heraus.
- Versuchen Sie niemals, die Kochzeit zu schätzen. Benutzen Sie Ihre Uhr oder einen Timer.
- Wenn man Eier zu lange kocht, wird das Eigelb zäh und graugrün.

- Kochen Sie Eier immer in einem *kleinen* Topf. In großen Töpfen stoßen Eier aneinander wie beim Autoscooter, sodass die Schale bricht.
- Kochen Sie Eier nicht zu Tode, köcheln Sie sie sanft. Das Ei wird nicht besser davon, dass das Wasser wie ein Vulkan brodelt.

Übrigens: Weiße Eier stammen von Hennen mit weißen Federn und weißen Ohrläppchen. Braune Eier stammen von Hennen mit braunen Federn und braunen Ohrläppchen. Das ist der einzige Unterschied. Wie man beim Huhn aber das Ohrläppchen findet, da bin ich überfragt.

** Berichten zufolge essen die Briten täglich 26 Millionen Eier. **

Gerichte mit essbaren Blüten

Vor einigen Jahren kannte ich einen rundlichen, onkelhaften, Krawatten tragenden Gourmand namens PJ. Bedauerlicherweise treffe ich ihn nicht mehr, da er sich vor einiger Zeit voller Enthusiasmus ins Grab gegessen hat. Ich vermisse seine Weltgewandtheit, seinen Zigarrenrauch und seine sardonischen Lateinübersetzungen aus dem Handgelenk. Vor allem aber vermisse ich die Begeisterung, mit der er einen zum Essen einlud. Ich erinnere mich, wie er mich einmal in ein kleines Restaurant ausführte. Dort enthielt jedes Gericht eine Unmenge von essbaren Blüten und war auch mit diesen dekoriert. Ich habe nie eine schönere Gartenausstellung gesehen als den Salat, den man uns servierte: Er war ein veritables Blütenmeer aus Kapuzinerkresse, Stiefmütterchen und Lavendel.

Ein paar Tipps

1 Essbare Blüten sind häufig nicht nur hübsch, sondern auch ausgesprochen nahrhaft. Viele enthalten reichlich Vitamin A und C.

2 Genießbar sind meist die Blütenblätter. Daher sollten Sie die häufig bitteren Stiele, Staubgefäße und Stempel entfernen. Bisweilen ist aber auch die gesamte Blüte essbar.

3 Die Blüten vor Verwendung säubern. Kaum etwas ist weniger appetitlich als eine dreiste Raupe, die ihr grünes Köpfchen aus einer Schlüsselblume reckt. Daher vor der Zubereitung alle sichtbaren Insekten abschütteln (auch die Unterseite kontrollieren) und die Blüte unter einen sanften kalten Wasserstrahl halten.

4 Blüten sind sehr empfindlich. Man kann sie zwar kurze Zeit im Kühlschrank aufbewahren, doch sie welken ziemlich rasch. Besser so frisch wie möglich verwenden: schütteln, pflücken, spülen und servieren.

Gute Salatblüten

- *Kapuzinerkresse*
- *Echter Beinwell*
- *Stiefmütterchen*
- *Gladiolen*
- *Rose*
- *Ringelblumen (nicht die gefüllten – die Sorte, die wie orangefarbene Gänseblümchen aussieht)*
- *Holunderblüten*
- *Lavendel*

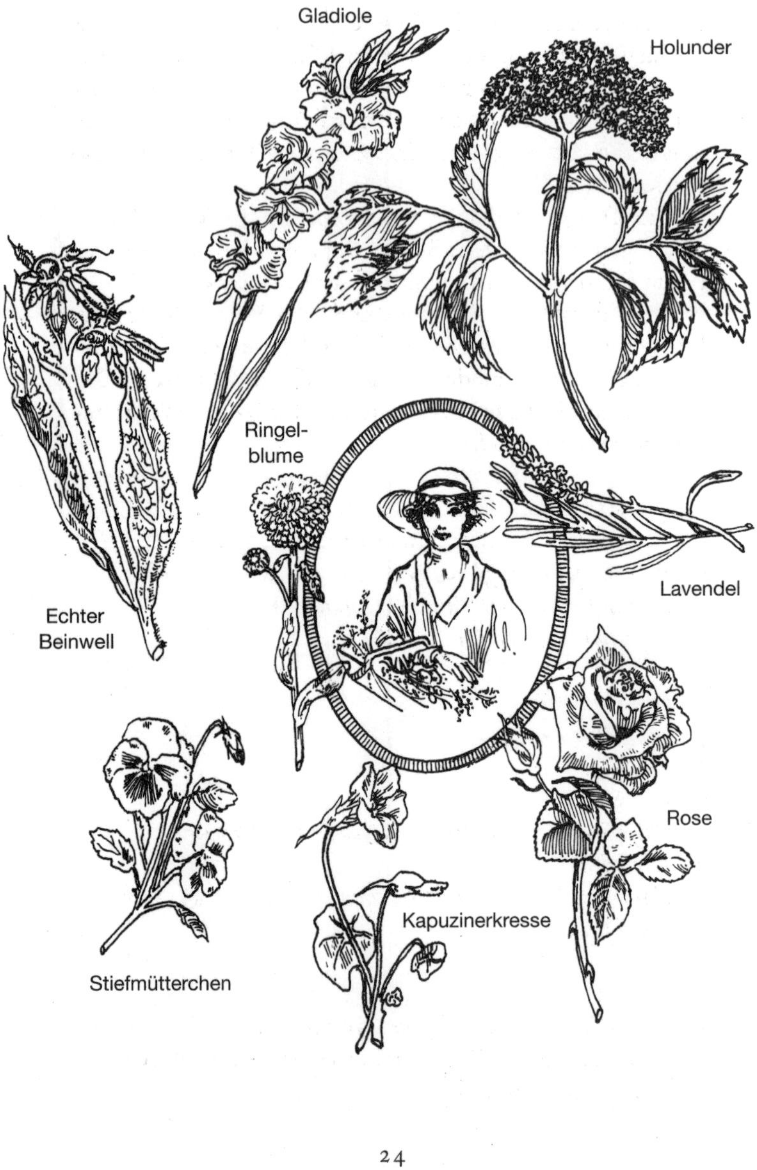
Gladiole
Holunder
Ringel-
blume
Lavendel
Echter
Beinwell
Rose
Kapuzinerkresse
Stiefmütterchen

Zwar wurden sie mir noch nie als genießbar empfohlen, aber Gänseblümchen esse ich schon seit Jahrzehnten. Ich meine die kleinen Dinger, die in unserem Rasen wachsen. Immer, wenn ich irgendwo auf der Wiese sitze, stecke ich mir eins ganz in den Mund, mit einem Stück Stängel daran, und kaue drauflos. Es ist ein ganz eigener Geschmack mit einer »elektrischen« Note.

Ein Teller voll blühender Nahrung beeindruckt Gäste gewaltig, und ein ganzes Blütendinner aus den Pflanzen in Ihrem Blumenkasten zu kreieren ist nicht schwer. Auch gibt es eine Vielzahl von Rezepten, und sobald Sie sich für Ihre Lieblingsblumen entschieden haben, können Sie eigene erfinden. Hier kommen drei für den Anfang, zunächst ein Rezept für eine Tarte, bei der Erzbischof Parker das Wasser im Munde zusammenlief.

Zutaten für Erzbischof Parkers Ringelblumenkuchen (1572)

- *Fertiger Mürbeteigboden mit 22–25 cm Durchmesser (wer hat schon Zeit, den selbst zu machen?)*
- *½ TL Safranfäden (nehmen Sie einen Kredit auf)*
- *3 EL getrocknete Blütenblätter von Ringelblumen (geköpft)*
- *60 g Zucker*
- *240 g Frischkäse*
- *2 Eier, getrennt*
- *3 EL Sahne*
- *Abgeriebene Schale von 2 unbehandelten Orangen*
- *30 g Mehl*
- *Kandierte Boretsch- oder Veilchenblüten zum Garnieren (nach Belieben)*

Zubereitung

1 Etwas Wasser zum Sieden bringen und Blütenblätter einstreuen. Gründlich durchfeuchten, dann sofort abseihen und beiseitestellen.

2 Zucker und Frischkäse zu einer weichen, glatten Masse verrühren.
3 Eigelb nacheinander einrühren, dann die Sahne.
4 Nun Orangenschale, Ringelblumen, Safran und Mehl unterziehen. Mann, klingt das nicht *köstlich*!
5 Eiweiß steif schlagen, bis die Masse Häubchen bildet.
6 Eiweiß unter die Masse heben.
7 Diese Masse auf den Tortenboden gießen und das Ganze im Backofen auf der mittleren Schiene bei 200 °C / Gas Stufe 6 etwa 35–40 Minuten backen bzw. bis sich die Kuchenmitte fest anfühlt.
8 Mit den Blüten garnieren und servieren.

Eine meiner Freundinnen hat neulich Erzbischof Parkers Kuchen für eine Tee-Einladung mit Mittelalter-Motto gebacken und erzählte, es sei kein Krümel übrig geblieben. Also ein dreifaches Hoch auf Hochwürden.

Lavendelblüten-Honig-Eis

Passt perfekt zum oben beschriebenen Kuchen, die Zubereitung dauert allerdings ungefähr acht Stunden, mit Gefrierzeiten und allem. Machen Sie es also an einem Tag, an dem Sie sonst nichts anderes vorhaben.

Zutaten

- *2 EL getrocknete Lavendelblüten*
- *625 ml Crème double*
- *125 ml Vollmilch*
- *10 ½ EL Honig*
- *2 große Eier*
- *1 Prise Salz*

Werkzeug

- *Eismaschine*

Zubereitung

1 Sahne, Milch, Honig und Lavendel in einem großen, schweren Topf bei mittlerer Hitze unter gelegentlichem Rühren aufkochen. Vom Feuer nehmen, zudecken und 30 Minuten stehen lassen.

2 Masse durch ein feines Sieb in eine Schüssel seihen und Lavendelblüten wegwerfen. Alles andere in einen sauberen Topf geben und vorsichtig erhitzen, aber nicht kochen lassen.

3 In einer großen Schüssel Eier mit einer Prise Salz verquirlen. Dann in dünnem Strahl unter ständigem Quirlen ¼ l der heißen Masse zugießen. Die Eier zu dem im Topf verbliebenen Brei gießen und bei schwacher Hitze ständig rühren, bis die Masse auf dem Löffelrücken zu haften beginnt. Nicht zum Kochen bringen.

4 Nun alles in eine saubere Schüssel seihen und unter gelegentlichem Umrühren ganz abkühlen lassen. Falls Sie ungeduldig sind, stellen Sie die Schüssel in der Spüle in ein paar Fingerbreit sehr kaltes Wasser und rühren sie um.

5 Zudecken und mindestens drei Stunden kühlen. Die Masse sollte völlig erkaltet sein.

6 Nun in der Eismaschine gefrieren.

7 Das fertige Eis in ein luftdichtes Kunststoffgefäß umfüllen, und in der Gefriertruhe hart werden lassen.

Dieses Eis passt großartig zum erzbischöflichen Kuchen, und Sie können es am Valentinstag abwandeln, indem Sie statt Lavendelblüten Rosenblätter verwenden. Zu Rosenblättereis passt ganz besonders gut ein großzügiger Schuss Schwarzer Stiefmütterchensirup. Köstlich!

Schwarzer Stiefmütterchensirup

Ich erzähle Ihnen nicht, was mein Onkel Bob gesagt hat, als ich den Namen dieses Sirups erwähnte. Stattdessen komme ich direkt zur Sache. Einfacher geht's nicht.

Zutaten

- *250 g schwarze oder lila Stiefmütterchenblätter, locker eingefüllt und nicht zusammengedrückt*
- *360 g Kristallzucker*
- *¼ l Wasser*

Zubereitung

1. Stiefmütterchenblätter mit 60 g Zucker pürieren. Dafür ist ein Mixer ideal, weil man eine glatte Paste benötigt. Sie können es aber auch per Hand probieren.
2. In einem kleinen Topf die Paste mit dem Wasser und dem restlichen Zucker vermengen. Keinen Aluminiumtopf verwenden: Dann passieren seltsame Dinge.
3. Die Masse bei mäßiger Hitze zum Kochen bringen. Einmal umrühren und Temperatur herunterschalten. Köchelnd zu Sirup reduzieren, aber *nicht anbrennen lassen.*
4. Sobald der Sirup klebrig wird, aber noch tropfend vom Löffel fällt, vom Herd nehmen, in einen Krug umgießen und abkühlen lassen.

Wie manche andere Blüten besitzen auch Stiefmütterchen wenig Eigengeschmack. In der Küche machen sie sich vor allem aufgrund ihrer Färbekraft nützlich. Aber auch als Garnitur sind sie wunderschön.

Der tiefe Violettton des Schwarzen Stiefmütterchensirups ergänzt jedes Dessert aufs Schönste, macht sich aber besonders gut bei dem oben erwähnten Lavendeleis. Und mit einer Stiefmütterchenblüte obenauf sieht es bildschön aus.

** Lavendel ist botanisch mit der Minze verwandt. **

Hagebuttensirup leicht gemacht

Als ich noch ein Baby war, schaute ich aus meinem Kinderwagen staunend hoch in die Welt. Alle Briefkästen waren knallrot gestrichen, Damen mit Hüten, einen Korb am Arm, kauften auf der High Street Blumenkohl, Brot, Makrelen und Innereien ein, und ein Hauch von Frühling lag in der Luft. Alles schien besser als heute, und zum Besten dieser besseren Dinge gehörte der vom Nationalen Gesundheitsdienst propagierte stärkende Hagebuttensirup. Wir Kids tranken ihn alle – eimerweise. Er strotzte geradezu vor Vitamin C und tat uns gut wie die Schulmilch und die Läusebeauftragte – wir *spürten* es geradezu. Die Kinder tranken ihn auch noch in den swingenden 60ern und bis in die nicht so swingenden frühen 70er. Doch dann ist er irgendwie von der Bildfläche verschwunden.

Aber hier kommt ein Rezept für einen wunderbar gesunden Hagebuttensirup, den Sie im Handumdrehen selbst herstellen können. Mit circa fünf Teilen heißem oder kaltem Wasser verdünnt ergibt er ein köstliches Herbstgetränk für Kinder und Erwachsene. Man kann ihn auch unverdünnt auf Speiseeis oder Toast träufeln. Die Zutaten könnten simpler nicht sein, und die Hagebutten können Sie selbst sammeln. Sie sehen aus wie kleine rote Zeppeline und sind kaum zu verwechseln. Aber machen Sie zunächst Ihre Hausaufgaben.

Zutaten

- *1 kg Hagebutten*
- *500 g Zucker*
- *1 großer Topf*
- *1 Haarsieb oder Musselintuch*
- *1 Messbecher*
- *Mehrere kleine Flaschen*

Zubereitung

1 An einem sonnigen Tag die Hagebutten pflücken. Sie brauchen 2 kg – besser zu viel als zu wenig.
2 Nach Hause gehen und die Hagebutten gründlich waschen.
3 In einer Schüssel zerdrücken (lassen Sie sich helfen, es ist langweilig) und in 1 ½ l kochendes Wasser geben.
4 Aufkochen lassen und von der Flamme nehmen. Den Brei etwa zehn Minuten stehen lassen. Die Zeit reicht gerade, um sich die Augenbrauen zu zupfen.
5 Nun die Masse durch ein Sieb bzw. Tuch abseihen. Falls Sie noch nie einem Haarsieb begegnet sind: Es ist ein Sieb mit … nun ja … haarfeinen Maschen. Falls Sie durch ein Tuch abgießen, lassen Sie sich dabei helfen; das ist alles etwas fummelig.
6 Sobald nichts mehr tropft, den Saft beiseitestellen und den Brei zu ¾ l kochendem Wasser in den Topf geben. Die Masse erneut aufkochen lassen, vom Herd nehmen und wiederum stehen lassen.
7 Nach zehn Minuten wie oben abseihen und beide Flüssigkeiten zusammengießen.
8 In einen sauberen Topf umfüllen und auf ¾ l einkochen.
9 500 g Zucker zugeben und bei schwacher Hitze unter ständigem Rühren auflösen.
10 Fünf Minuten kochen, aber auf keinen Fall anbrennen lassen.
11 Den heißen Hagebuttensirup in sehr saubere, kleine Flaschen abfüllen. Falls sie medizinisch aussehen, umso besser. Fest verschließen und an unterernährt wirkende Freunde verschenken.

** In Schweden ist Hagebuttenseife beliebt. **

Ein wirklich königlicher Tortenguss

Haben Sie jemals einen Kuchen mit Zuckerglasur verziert, die nach einer Woche noch genauso flüssig war wie beim Auftragen? Ich erinnere mich, wie ich einmal einen Früchtekuchen machte – was nicht allzu schwer war. Dann überzog ich ihn mit Marzipan (das war vielleicht eine Arbeit – haben *Sie* das mal versucht?), und schließlich trug ich den Guss auf, mit viel Sorgfalt und einem feuchten Messer, ganz nach Vorschrift. Als ich aber am nächsten Tag nachsah, war der ganze Guss regentropfenartig an den Seiten heruntergeflossen. Der nächste Kuchen, den ich glasierte, wurde unglaublich hart. Genauer gesagt bildete er einen monolithischen Block.

Aber jetzt kann ich es richtig, und falls Sie jemals einen Kuchen mit einem Guss backen wollen, der gerade hart genug ist, aber nicht zu hart – so geht's. Mein Rezept enthält zwei magische Zutaten, die der Verhärtung entgegenwirken und den Guss schneeweiß machen.

Tipp: Weichen Sie Schüsseln, Löffel und Messer nach Gebrauch *so bald wie möglich* ein, sonst bekommen Sie Probleme.

Zutaten

- *500 g Puderzucker*
- *1 TL Zitronensaft*
- *2 Eiweiß*
- *Einige Tropfen blaue Speisefarbe*
- *2 TL Glyzerin (nach Belieben)*

Zubereitung

1 Puderzucker in eine Rührschüssel sieben.
2 Zitronensaft und Eiweiß in einer anderen Schüssel verrühren, Puderzucker in kleinen Portionen zugeben und das Ganze mit einem Holzlöffel zu einer glatten Masse verrühren. Das dauert in der Regel etwa zehn Minuten,

kommt einem aber vor wie anderthalb Stunden Schwerstarbeit.

3 Nun zur ersten magischen Zutat. Ein königlicher Zuckerguss sollte schneeweiß sein (nicht gelb). Rühren Sie also 3–4 Tropfen blaue Speisefarbe unter. Das wirkt dem Vergilben entgegen, das sonst unvermeidlich ist, wenn der Guss eine Weile ruht. Aber beherrschen Sie sich – Sie wollen schließlich keinen blauen Guss.

4 Nun die zweite magische Zutat: das Glyzerin. Wie viel Sie genau zugeben, liegt bei Ihnen. Es bewirkt, dass der Guss weich, aber nicht flüssig wird. Ist die Glasur zu hart, lässt sich der Kuchen nicht schneiden, und Sie müssen mit Versicherungsforderungen wegen teurer Zahnreparaturen Ihrer Freunde rechnen. Experimentieren Sie am Vortag ein wenig mit unterschiedlichen Mengen.

5 Das Ganze aufschlagen, bis der Löffel darin steht. Falls Sie kurz weggehen müssen, können Sie das. Decken Sie dann die Schüssel aber mit einem feuchten Geschirrtuch ab, damit der Guss nicht hart wird.

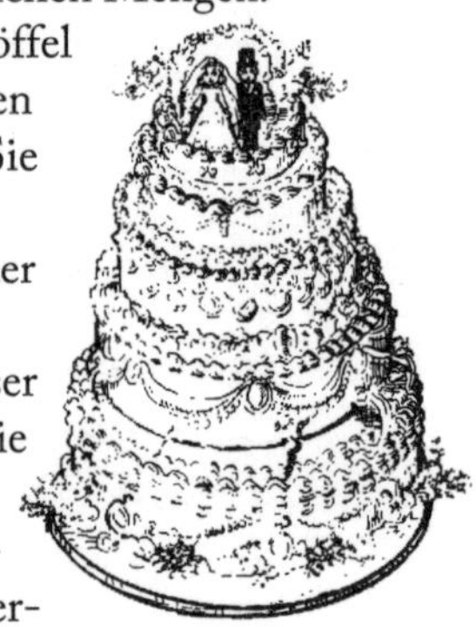

6 Mit einer breiten, in heißes Wasser getauchten Messerklinge sollten Sie den Guss recht glatt auftragen können. Sie bekommen ihn allerdings nie so spiegelglatt wie bei fertig gekauften Kuchen, weil deren übernatürliche Oberflächen mit maschineller Hilfe hergestellt werden.

7 Falls Sie kleine, schneeige Häubchen machen wollen, arbeiten Sie mit einem trockenen Messer. Aber machen Sie sie nicht zu spitz, sonst stechen sich die Leute die Augen aus.

8 Sie können den Kuchen auch noch verzieren. Doch das ist eine andere Geschichte, und ich brauche jetzt einen Tee.

** Lübeck ist traditionell ein Zentrum der Marzipanherstellung. **

Türkischer Honig – nur echt mit Geheimzutat

Kennen Sie den armen Edmund aus *Abenteuer im Wandschrank: Der Löwe und die Hexe*? Den armen Kerl, der von der gruselig glamourösen weißen Hexe mittels einer Sucht erregenden Variante von »verhextem« Türkischen Honig verzaubert wird? Nachdem er eine ganze Schachtel von dem Zeug verschlungen hat, ist er völlig verwandelt und verhält sich danach wie ein absoluter Fiesling. Aber zum Glück wird er auf Seite 163 wieder ganz er selbst (in meiner Puffin-Ausgabe von 1967).

Türkischer Honig hat mit seinen Anklängen an den geheimnisvollen Orient zweifelsohne etwas Verführerisches. Er ist eine köstliche Kombination von Duft, Geschmack und Konsistenz. Der beste gibt dem Biss auf weiche und dennoch feste Art nach und schimmert betörend wie Bernstein oder ein kostbarer rosafarbener Kristall. Die glitzernde Puderzucker-Speisestärke-Mischung, mit der er bestäubt ist, verhindert nicht nur, dass die Würfel in der Schachtel zusammenkleben, sondern sieht auch zauberhaft aus. Natürlich ist der Geschmack göttlich – was vor allem an einer geheimen Zutat liegt, die ich gleich verraten werde.

Es gibt zahlreiche Rezepte für Türkischen Honig. Mein Rezept »Geliebte des Sultans« basiert auf einer traditionellen Rezeptur aus dem Mittleren Osten, wo man Türkischen Honig *lokum* nennt.

Zutaten

- *4 Tassen Zucker*
- *1 l Wasser*
- *150 g Maisstärke*
- *1 TL Weinstein*
- *1 EL Zitronensaft*
- *1 ½ EL Rosenwasser (die magische Zutat)*
- *1 Tasse Puderzucker*
- *Öl für Backform*

Zubereitung

Die einzigartigen physischen Eigenschaften echten Türkischen Honigs sind das Ergebnis einer köstlichen Alchemie zwischen Stärke und Zucker, die eine schwere Süßigkeit erzeugen, deren Dichte in etwa der des Jupiter entspricht. Wenn man ihn auf einen Holzboden legt, brennt er häufig ein eckiges Loch in die Oberfläche. (War nur ein Witz.) In meinem Rezept ist keine Gelatine enthalten – wie in anderen. Gelatine neigt dazu, eine transparente, gummiartige und irgendwie unechte Konsistenz zu erzeugen, die nichts mit der opaken, zähen Masse der echten Leckerei zu tun hat. Der beste Türkische Honig schimmert golden oder schwach rosa, niemals in der augenbeleidigenden synthetischen Barbara-Cartland-Boudoir-Farbe, die sich bisweilen bei Fertigprodukten findet. Deshalb brauchen Sie auch keine rote Speisefarbe.

1. Eine Backform mit Pflanzenöl oder Ähnlichem einfetten und mit Backpapier oder geöltem Pergamentpapier auslegen.
2. In einem Topf ¼ l Wasser, Zitronensaft und Zucker vermischen. Bei mittlerer Temperatur erhitzen.
3. So lange rühren, bis sich der Zucker aufgelöst hat, dabei eine lustige Radiosendung hören. Dass der Zucker aufgelöst ist, sieht man daran, dass die Flüssigkeit klar wird.
4. Nun Temperatur hochschalten und aufkochen lassen. Dann sofort auf schwache Hitze stellen.
5. Ohne Umrühren leise köcheln lassen, bis der Sirup die Ballenprobe besteht: Ein Tropfen, den man von einem Löffel in kaltes Wasser fallen lässt, bildet dann eine Kugel, die man zwischen den Fingern flachdrücken kann. Falls Sie ein Zuckerthermometer besitzen, werden Sie sehen, dass dies bei 114–118 °C der Fall ist. Topf vom Herd nehmen und beiseitestellen.

6 In einem Topf Weinstein, 120 g Maisstärke und das restliche Wasser bei mittlerer Hitze vermengen. Alle Klumpen glatt rühren und die Masse aufkochen lassen. Sobald sie die Konsistenz von Kleister hat, können Sie mit dem Rühren aufhören.

7 Sirup und Zitronensaft dazugeben und etwa fünf Minuten weiterrühren. Danach auf schwache Hitze stellen und eine Stunde unter häufigem Umrühren köcheln. Dann setzt die magische Verwandlung ein.

8 Sobald die Masse einen Goldton annimmt, das Rosenwasser zugeben und gut unterrühren. Der Duft beschwört sofort Visionen von sonnenbeschienenen Minaretten und staubigen Winden, die warm die Große Moschee von Kahramanmaras umwehen, herauf. Probieren Sie ein wenig, und falls Sie keinen Hauch von Rosenwasser oder Minaretten verspüren, geben Sie noch etwas mehr zu, bis es Ihnen richtig erscheint. Doch denken Sie daran: Sie können immer noch einen Tropfen zugeben, aber nicht wieder herausnehmen.

9 Gießen Sie den köstlichen Matsch in Ihre mit Papier ausgekleidete Backform. Glatt streichen und über Nacht abkühlen lassen.

10 Den Puderzucker zusammen mit der restlichen Maisstärke sieben und etwas davon auf ein Brett streuen. Dann den Türkischen Honig herausnehmen und mit einem eingeölten Messer in portionsgerechte Würfel schneiden.

11 Die Würfel mit der restlichen Stärke-Zucker-Mischung bestäuben. Sie können es in einen luftdichten Behälter schichten und Pergamentpapier zwischen die Lagen legen. Oder Sie können es einfach essen.

** Der Nachname der Kinder in den Chroniken von Narnia ist Pevensie. **

Das einzig wahre Schokoladenbrot

Er demütigte dich und ließ dich hungern und speiste dich mit Manna, das du und deine Väter nie gekannt hatten, auf dass er dir kundtäte, dass der Mensch nicht lebt vom Brot allein, sondern von allem, was aus dem Mund des HERRN geht.

Man kann dem alten Moses hier eigentlich nicht widersprechen. Er hätte aber schon erwähnen können, dass der Mensch (Mann wie Frau) recht häufig *fast* von Brot allein lebt (etwa Maggi auf Toast) und manchmal auch *völlig* von Brot allein (etwa als ich als arme Studentin in Paris von nichts als Baguette und einem schockierend billigen Supermarktwein in Plastikflaschen lebte – der übrigens kein bisschen schlechter war als das, was man heute in den teuren Regalen der Supermärkte findet).

Auf jeden Fall ist Brot allein vielleicht eine öde Angelegenheit. Deshalb kommt hier ein Rezept für *Schokoladen*brot. Es reicht für einen tollen Laib und acht faszinierende Brötchen. Aber Vorsicht: Schokoladenbrot schmeckt tatsächlich pikant – nicht süß – und besonders lecker mit Käse. Falls Sie normales Brot wollen, lassen Sie einfach das Kakaopulver weg. *Et voilà!*

ZUTATEN

- *2 TL Sonnenblumenöl*
- *2 TL Salz*
- *3/8 l warmes Wasser*
- *1 Tütchen (15 g) Trockenhefe*
- *750 g kräftiges weißes Mehl*
- *60 g Zucker*
- *60 g Kakaopulver*

Zubereitung (Brotlaib)

1 Mehl, Salz, Hefe, Zucker und Kakaopulver in eine Rührschüssel geben.
2 Sonnenblumenöl und Wasser zugeben und alles mit einem Holzlöffel zu einem glatten Teig verrühren.
3 Den Teig auf einem bemehlten Brett etwa fünf Minuten kneten, bis er elastisch ist.
4 Aus der Hälfte des Teigs eine Kugel formen und auf ein Backblech legen. Mit einem Messer einritzen, mit einem Geschirrtuch abdecken und 40 Minuten in die Speisekammer stellen. (Vorher die Katze herausholen.)
5 Der Brotlaib kann gebacken werden, wenn er auf die doppelte Größe aufgegangen ist. Im vorgeheizten Backofen bei 220 °C/Gas Stufe 7 circa 35 Minuten backen.

Zubereitung (acht Schokoladen-Igelbrötchen)

1 Die andere Teighälfte in acht Stücke teilen.
2 Jedes zu einem Oval und an einem Ende spitz zu einer Nase formen.
3 Igel so legen, dass er Ihnen den Po zudreht, und den teigigen Rücken mit einer Schere einknipsen, sodass sich Stacheln bilden. Wenn Sie wollen, können Sie Rosinen als Augen und Nase einsetzen. Am anderen Ende brauchen Sie nichts zu tun.
4 Mit einem Geschirrtuch abdecken und 40 Minuten in die Speisekammer stellen.
5 Sobald sie auf die doppelte Größe aufgegangen sind, im selben Backofen nur 15 Minuten backen.

Wenn Sie wollen, können Sie nach den Igelbrötchen Mango-Igel servieren, oder Sie gehen nach draußen und bereiten ein total igeliges Festmahl, indem Sie den folgenden Zigeuner-Hauptgang auftischen: gebackener Igel Surprise.

Zutaten

- *1 Igel*
- *Feuchter Ton*

Zubereitung

1 Den Igel fangen, aber sich vor Flöhen hüten.
2 Sauber hinrichten und ausnehmen (sorry, da sind Sie auf sich allein gestellt).
3 Igel mindestens 2,5 cm dick mit Ton umhüllen.
4 In die Glut eines Feuers legen und garen, bis der Ton hart ist.
5 Aufschlagen und Tonschicht abziehen, wobei Haut und Stacheln mit entfernt werden.
6 Das köstliche, weiche weiße Fleisch herauspicken und genießen. Der Rüssel wird nicht mitgegessen.

* *Brot heißt auf Friesisch* brea, *auf Schwedisch* bröd *und auf Norwegisch* brød. *

Flapjacks im Handumdrehen

William Shakespeare muss seine Englischlehrer *richtig* geärgert haben, wie er da so selbstzufrieden saß und diese ganzen Zitate kannte. Bestimmt haben sie ihn immer ermahnt: »Hör auf, so zu reden; du bringst alle durcheinander.« Worauf er vermutlich erwiderte: »Komm, du sollst mit mir nach Haus kommen, und wir wolln Fleisch haben an Feiertagen, Fisch an Fasttagen, und außerdem Würste und Pfannkuchen (im Original: *Flapjacks*), und du sollst es dir schmecken lassen.« Das alles erzähle ich nur, um zu zeigen, dass Flapjacks schon zu tudorbethanischen Zeiten beliebt waren. Hier kommen ein paar leckere Rezepte, die Perikles geliebt hätte.

Zutaten

- *120 g Butter*
- *120 g brauner Zucker*
- *4 EL Golden Syrup (Rohrzuckersirup)*
  (für Blackjacks *nimmt man Rübenkraut)*
- *300 g Haferflocken*

Zubereitung

Das ist das Flapjacks-Grundrezept. Für 12 Personen.

1 Butter, Zucker und Sirup bei schwacher Hitze schmelzen (natürlich in einer Pfanne), dann Haferflocken einrühren.
2 Gut 1 cm dick auf ein gefettetes Backblech streichen.
3 Bei 180 °C / Gas Stufe 4 in circa 25 Minuten goldbraun backen.
4 Auf dem Blech abkühlen lassen, dann in mundgerechte Quadrate oder Streifen schneiden.

Cheesyjacks sind eine pikante Alternative. Lecker mit Spiegelei. Auch für 12 Personen.

Zutaten

- *60 g Butter*
- *60 g gehackte Erdnüsse*
- *30 g Macadamianüsse, halbiert*
- *1 große Karotte, gerieben*
- *120 g geriebener Käse (z. B. Gloucester)*
- *150 g Haferflocken*
- *½ TL gemischte Kräuter*
- *1 Ei, verquirlt*

ZUBEREITUNG

1 Butter schmelzen und mit restlichen Zutaten verrühren.
2 In gefettete Tortenform geben und festdrücken.
3 Bei 180 °C/Gas Stufe 4 in circa 30 Minuten goldbraun backen.
4 In der Form abkühlen lassen. Dann in Stücke schneiden.

Beides sind Rezepte für köstliche Flapjacks. Aber treiben Sie keine Völlerei. Vergessen Sie nicht: »Soweit ich sehe, sind die, die allzu viel haben, ebenso krank wie die, die nichts haben und hungern.«

** Die Macadamianuss stammt aus dem Osten Australiens. **

Beschwipste Köstlichkeit: Brandy Snaps

Ernährungswissenschaftler wissen, dass eine feste oder knusprige Hülle mit weicher oder cremiger Füllung eine erfolgreiche Kombination für Fertignahrungsmittel darstellt. Typische Beispiele sind Negerküsse oder Eis mit Schokoladenüberzug. Das Gleiche gilt für Brandy Snaps. Mit ihrer sahnigen Füllung bieten sie das perfekte Zusammenspiel von Knusprigem und Weichem.

Brandy Snaps – eine französische Süßigkeit aus dem 14. Jahrhundert – lernte ich eines schönen Sommertages kennen, als ich in Beryl Jellies Haus in Edinburgh eingeladen war und sie uns zum Tee von einem Dienstmädchen in Schürze und Häubchen serviert wurden. Ich weiß noch, dass ich die Kombination von knuspriger Hülle und schmelzender Füllung für den Gipfel an Raffinesse hielt. Beryls Mutter erzählte mir allerdings später, dass sie fertig gekauft waren. Ich habe aber gelernt, wie man sie macht. Und das geht so:

Zutaten

- *4 EL Golden Syrup (Zuckerrohrsirup)*
- *1 TL gemahlener Ingwer*
- *1 EL Weinbrand oder Cognac*
- *4 EL Mehl*
- *4 EL brauner Zucker*
- *130 g Butter*
- *Etwas Muskat*
- *Abgeriebene Schale von ½ unbehandelter Zitrone*

Zubereitung

1 Butter, Zucker und Sirup bei schwacher Hitze in einem Topf schmelzen. Dann vom Herd nehmen.
2 Mehl, Muskat, Ingwer und Zitrone verrühren. Weinbrand zugeben und die Masse gründlich aufschlagen.
3 Den Teig teelöffelweise auf gefettete Backbleche setzen. Genügend Abstand lassen, sonst hat man am Ende einen einzigen *riesigen* Brandy Snap pro Blech.
4 Bei 180 °C / Gas Stufe 4 in 8–10 Minuten goldbraun backen.
5 Die flachen Brandy Snaps mit einer Streichpalette vom Blech nehmen und im noch weichen Zustand über einen hölzernen Löffelstiel rollen. Dann die Rolle vom Stiel nehmen und zum Aushärten ablegen.
6 Die Brandy Snaps mit Schlagsahne füllen, die man nach Belieben mit ein paar Tropfen Weinbrand aromatisieren kann. Mit einem Spritzbeutel bekommt man sie am besten hinein. Ehrlich gesagt geht es anders gar nicht. Ich weiß es, ich hab's probiert.

Falls Ihre Brandy Snaps zu schnell abkühlen und sich nicht aufrollen lassen, stecken Sie sie zum Weichmachen wieder für ein paar Sekunden in den Backofen. Besonders gut passen sie zu klebrigem Karamelleis. Lecker!

** Cherry Heering ist ein Kirschlikör, der mit Fischen überhaupt nichts zu tun hat. **

Der echte britische Christmas Pudding

Es waren die Quäker, die den Christmas Pudding »eine Erfindung der scharlachroten Hure Babylon« nannten. Finden Sie nicht auch, dass sie da etwas zu weit gegangen sind? Ich liebe nämlich ein Stück guten Plumpudding. In Charles Dickens' *Eine Weihnachtsgeschichte* findet sich eine der besten Beschreibungen dieser Speise, die ich je gelesen habe. Sehen Sie selbst, ob Ihnen das nicht Appetit macht.

Hallo! Eine Menge Dampf! Der Pudding war aus dem Waschkessel gezogen. Ein Geruch nach Waschtag! Das war die Serviette, in der er gekocht wurde. Ein Geruch wie nach einem Gasthaus und einer Zuckerbäckerei und einer Wäscherei daneben – das war der Pudding! Gleich darauf erschien auch Mrs Cratchit, hochrot, aber mit stolzer Siegermiene, mitsamt dem Pudding; Letzterer anzusehen wie eine gesprenkelte Kanonenkugel, so hart und fest, in einem Viertelmaß Brandy lodernd und weihnachtlich geschmückt mit einem Stechpalmenzweiglein!

Versuchen Sie es mal mit diesem Rezept. Es reicht für acht normale Personen oder vier mit großem Appetit.

Zutaten

- *60 g Mehl*
- *¼ TL gemahlenes Lebkuchengewürz*
- *1 Prise gemahlener Muskat*
- *120 g frische Brotkrumen*
- *150 g durchgedrehtes Nierenfett*
- *120 g brauner Zucker*
- *180 g Rosinen*
- *180 g Sultaninen*
- *30 g gemischte Zitrusschale, gehackt*
- *30 g Walnüsse oder abgezogene Mandeln*
- *Schale einer unbehandelten Orange*
- *2 Eier, verquirlt*
- *0,3 l Weinbrand*
- *¾ l Milch*

Zubereitung

1 Mehl, Gewürze und Muskat in eine große Schüssel sieben und mit Brotkrumen, Nierenfett, Zucker, Rosinen, Sultaninen, Zitrusschale und Orangenschale vermischen.
2 Eier, Weinbrand und Milch unterrühren.
3 In eine gefettete 1-Liter-Puddingform gießen. Mit gefettetem Pergamentpapier oder Alufolie abdecken.
4 Mit Schnur verschließen, dabei zwei Griffschlaufen binden und in einen mit Wasser gefüllten Dampfkochtopf setzen. Sechs Stunden dämpfen. Sie müssen nicht danebenstehen und aufpassen, aber lassen Sie das Wasser nicht verkochen: Füllen Sie gelegentlich nach.
5 Aus dem Topf nehmen und abkühlen lassen.
6 Am Weihnachtstag zudecken und zwei Stunden dämpfen. Mit Brandybutter oder frischer Sahne servieren, vorher aber mit hochprozentigem Alkohol übergießen und flambieren. Wenn man eine Münze in den Pudding einbackt, bringt das dem Finder Glück. Es sei denn, er bekommt sie in den falschen Hals. Das könnte seinen

Tod bedeuten. Eigentlich ist das Anzünden auch nicht ungefährlich. Wahrscheinlich trägt man am besten Helm und Schutzweste und ruft vorsichtshalber schon mal die Feuerwehr. Allzeit Gesundheit und Sicherheit, Mädels.

** Der Arbeitstitel von Dickens' Weihnachtsgeschichte war* Der Schmiedehammer. *

II
Die perfekte Hausfrau

Tipps und Tricks
für die gepflegte Häuslichkeit

Man kann nicht von mir erwarten,
eine romantische Rolle zu spielen und daran zu denken,
Toilettenpapier zu bestellen!
MRS PATRICK CAMPBELL

Großmutters Herdpflege

Gleich im ersten Absatz ihres berühmten Haushaltsratgebers erwähnt Mrs Beeton die florierenden Herrenclubs – gut geführte Lokale und Restaurants, mit denen die Hausfrau des 19. Jahrhunderts ihrer Meinung nach zu konkurrieren hatte. Auf diese Ausführungen folgt der Gedanke, dass die »Herrin des Hauses« in allen Künsten der »Erschaffung und Erhaltung eines behaglichen Heimes« versiert sein muss, wenn sie die »familiäre Unzufriedenheit« vermeiden will, die aus ihrer »schlechten Haushaltsführung, … schlecht gekochten Mahlzeiten und unordentlichem Wesen« erwächst.

Heutzutage würden viele von uns erwidern, dass ein Mann, der nicht in der Lage ist, sich Spaghetti Bolognese oder Würstchen mit Kartoffelbrei zu kochen, seinen Teller selbst zu spülen oder einen Mikrowellenschalter zu betätigen, eben hungrig bleiben muss. Moderne Psychologen nennen so etwas »liebevolle Strenge«.

Und so beschreibe ich hier allein aus Gründen der Nostalgie die richtige Methode, einen Herd zu putzen.

Was für einen Herd haben Sie?

Das Erste, was Sie bedenken müssen, ist: Wenn Ihr Kochapparat weiß ist oder modern aussieht, dürfen Sie ihn nicht schwärzen. Lassen Sie sich nicht von der Schwärze Ihres Herdes irreleiten. Was Sie da sehen, ist nicht Gusseisen, sondern ein Zentimeter Dreck. Holen Sie sich lieber eine Dose von diesem Sprühreiniger, für den der Mann mit der dämlichen Brille im Fernsehen wirbt.

Die Art Herd, die Sie schwärzen sollten, ist die mit Türen vorn, die man mit einem Griff öffnen muss, weil sie gefährlich heiß sind. Sie erkennen sie daran, dass Sie dort ab und zu Kohle oder Holz eingefüllt haben. Moderne Objekte sind heutzutage emailliert; ein Verfahren, das zu Beginn des 20. Jahrhunderts durch Fortschritte in der Porzellanherstellung möglich wurde. Bis zu diesem Zeitpunkt waren Herde, die nicht geschwärzt wurden, dunkelgrün oder mit einem ursprünglich japanischen haltbaren Lack schwarz lackiert. Auch diese sollten Sie nicht schwärzen, wenn Sie keinen Ärger bekommen wollen. Der hier gemeinte Herd ist normalerweise an einen Kamin angeschlossen und eher ein Ofen.

Das schwarze Zeug

Ofenschwärze besteht aus Wachs und Ruß und ergibt eine köstlich tiefschwarze, wasserfeste, hochglänzende Oberfläche. Sie ist preiswert, einfach anzuwenden und wird entweder mit einer speziellen Ofenbürste mit Holzgriff oder irgendeiner anderen Bürste mit kurzen Borsten aufgetragen.

Die Schwerstarbeit

Wenn Sie bei der bloßen Vorstellung skeptisch eine Augenbraue hochziehen, interessiert es Sie vielleicht, dass ich einmal eine Wohnung gekauft habe, in der es tatsächlich einen antiken gusseisernen Ofen gab. Er funktionierte schon lange nicht mehr und war *weiß* gestrichen. Ich brauchte aber nicht lange, um daraus einen attraktiven Blickfang zu machen, und zwar durch Anwendung einer kleinen Menge Ofenpaste und einer großen Menge Muskelkraft. Und hier kommt die Gebrauchsanweisung.

1 Falls der Ofen sich bewegen lässt, holen Sie sich muskelbepackte Hilfe, um den Ofen nach draußen zu bringen. Ansonsten wären eine Abdeckplane oder jede Menge Zeitungspapier eine gute Idee. Ofenschwärze haftet besonders gut auf Kissen und Gardinen.
2 Den Ofen gründlich mit dem Staubsauger reinigen.
3 Falls es sich um ein altes oder ungepflegtes Modell handelt, kratzen Sie den Dreck ab und entfernen Sie Rostflecken mit einer Drahtbürste.
4 Sobald der Ofen sauber ist, bearbeiten Sie ihn mit Ofenschwärze. Es ist eine befriedigende Arbeit, die ein fast sofort sichtbares Erfolgserlebnis beschert. Behandeln Sie den Ofen einfach wie einen riesigen Stiefel oder Schuh, und tragen Sie die Paste genauso gründlich auf, wobei Sie entweder fröhlich singen oder einen rührenden Stoizismus an den Tag legen wie Celia Johnson in *Wunderbare Zeiten.*
5 Treten Sie zurück und bewundern Sie Ihr Werk.

** Schwarze Gegenstände reflektieren praktisch kein sichtbares Licht. **

Jetzt wird gebuttert

Kühe sind nicht lila, und Butter kommt nicht in viereckigen Päckchen auf die Welt. Zwischen Kuh und Butter liegt ein weiter Weg. Unsere Vorfahrinnen butterten noch eigenhändig – und was die konnten, können wir auch. So geht's:

Was Sie brauchen

- *Schlagsahne*
- *Salz*
- *1 Schneebesen oder 1 Handrührgerät*
- *1 Schüssel*
- *2 hölzerne Butterschlägel (oder Tischtennisschläger)*
- *1 Thermometer*
- *Pergamentpapier*
- *1 Glas Cava*

Butter wird gemacht, indem man Sahne nimmt und sie so richtig schön durchprügelt. Damit es funktioniert, muss die Sahne die richtige Temperatur haben: 20° C. Die Bakterien müssen Zeit haben, einen Teil der Laktose (Milchzucker) in Milchsäure zu verwandeln, sodass die Sahne »reif« oder leicht sauer ist, aber nicht »umgekippt« oder ganz fest ist.

Ich nehme an, Sie besitzen kein antikes Butterfass. Diese simplen, fassartigen Geräte sind entweder zum Umkippen gedacht, wobei der Inhalt vom einen zum anderen Ende fliegt, oder sie haben ein Paddel, das man mit einer Kurbel dreht, oder bestehen aus einem simplen Rohr mit Deckel, aus dem eine Art Besenstiel ragt. Sie machen alle dasselbe: die Sahne herumschleudern. In kleinerem Maßstab können Sie mit einem Holzlöffel und einer Rührschüssel oder sogar einem Schneebesen oder Handrührgerät genau dasselbe tun. Fast alles, mit dem man die Sahne so richtig schön schlagen kann, eignet sich dazu. Vielleicht aber nicht gerade Boxhandschuhe.

Wie auch immer, los geht's.

Zubereitung

1. Sahne in die Schüssel gießen und mit der Bearbeitung beginnen. Es bilden sich relativ bald Butterklümpchen – in etwa zwei bis drei Minuten. Falls Sie nach zehn Minuten immer noch eine sehr flüssige Flüssigkeit behandeln, erwärmen Sie sie erneut und beginnen von vorn.
2. Nach einer Weile fängt die Sahne an, zu gerinnen und einzudicken. Dabei trennen sich das emulgierte Fett und das Wasser. Gießen Sie die Buttermilch ab; was Sie interessiert, ist das Fett.
3. Die Butter auf ein sauberes Abtropfbrett stürzen.
4. Gründlich unter fließendem kaltem Wasser waschen, und mit den Butterschlegeln oder Tischtennisschlägern in Form pressen.
5. Zeit für ein Glas Cava.
6. Die Butter weiter bearbeiten und ihr alle Spuren von Wasser und Buttermilch austreiben.
7. Nach Geschmack salzen und gut vermischen.
8. Nun die Butter mit den angefeuchteten Schlegeln formen. Dabei alles Restwasser herausdrücken. Das ist der amüsanteste Teil. Es hört sich an, als würden sich zwei dicke Schwimmer gegenseitig mit Hochglanzmagazinen verhauen.
9. Falls Sie eine Butterform besitzen, können Sie Ihre Butter hübsch sauber und ordentlich anrichten. Falls nicht, pressen Sie sie in Form, so gut Sie können. Meine sah am Ende aus wie das Ding, das in diesem merkwürdigen Film aus dem Sumpf kroch, tropfend und platschend, mit fiesem Gesichtsausdruck. Macht nichts, ich habe nie behauptet, ich sei Barbara Hepworth.
10. In Pergamentpapier wickeln.

Butter aus Ziegenmilch schmeckt auch sehr gut. Aber fangen Sie erst mal klein an.

** Mit Buttermilch kann man Brot, Suppen und Saucen zubereiten. **

Optimale Nutzung des Stauraums unter der Treppe

Es ist schwer zu sagen, welches meiner peinlichen Erlebnisse das allerpeinlichste von allen war. Die Auswahl ist einfach zu groß. Da war dieser beschämende Moment, als ich in einem schicken Restaurant vor den Augen eines Jungen, dem ich imponieren wollte, aus der Fingerschale trank, oder der Augenblick, als ich aus einem Vorstellungsgespräch kam und die junge, hübsche, wohlfrisierte und eisige Sekretärin mich darauf hinwies, dass ich meinen Rocksaum komplett in die Unterhose gesteckt hatte.

Aber keine dieser Peinlichkeiten kann es auf der nach oben offenen Verlegenheitsskala so ganz mit jenem Tag aufnehmen, als ich in der Schule ein Referat halten sollte und ein gewaltiges Bedürfnis zu niesen verspürte. Ich entschloss mich, es im richtigen Moment zu unterdrücken, presste Lippen, Augen und Nase zusammen, und mein Gesicht verzog sich zu einer grausligen Grimasse. Da der aufgestauten Energie der Ausgang aus meiner Nase verwehrt war, entlud sie sich stattdessen in einem plötzlichen, barschen, bellenden Furz – dem Äquivalent eines Mezzofortestoßes auf der Tuba. Meine Mitschüler quittierten das mit brüllendem Gelächter. Ich schämte mich deswegen so sehr, dass der Vorfall fortan in meinem Langzeitgedächtnis wie das Brandzeichen auf einem Kälberpopo eingebrannt blieb.

Statt diese peinliche Sache zu vergessen, wie ich all mein Griechisch vergessen habe, hole ich diese Erinnerung oft und gerne hervor, um sie aufzupolieren, damit sie blank und frisch bleibt wie am ersten Tag. Warum sollen wir unsere peinlichen Erinnerungen verstecken, Mädels? Warum bewahren wir sie nicht im Schrank unter der Treppe auf und holen sie ab und an heraus, um sie wie Trophäen aufzupolieren?

Sie können den Stauraum aber auch für eine der folgenden Ideen nutzen.

1 Die naheliegende Idee: Stauraum für Staubsauger, Einkaufstaschen, Bügelbrett und ungeöffnete Kartons voller Sachen, die immer wieder mit Ihnen umgezogen sind.
2 Stauraum für hausgemachte Biere und Weine. Mein Bruder braute sein Bier selbst, und manchmal flog unter der Treppe mit gedämpftem Ploppen ein Korken aus der Flasche.
3 Gemütliches Homeoffice.
4 «Ecke« für unartige Neffen und Verehrer.
5 Stauraum für Fehlkäufe, die man »irgendwann« anziehen will.
6 Loch für überzählige Schuhe.
7 Zwischenstation zwischen Haus und Wohltätigkeitsbasar für riesige Müllsäcke voll alter Kleidung, Babyspielzeug, künstlichen Gliedmaßen und so weiter.
8 Heimische Pilzzucht. Sehr passende Bedingungen. *Nicht auf dem Boden* – verwenden Sie passendes Gerät.
9 Versteck für Liebhaber, wenn die Eltern unerwartet nach Hause kommen. Rauchverbot!

** Heftiges Erröten bezeichnet man als idiopathisches cranio-faciales Erythem. **

Heiße Tipps für lodernde Kaminfeuer

Der Mann Ihrer Wahl hat also verkündet, er werde das Feuer anzünden. Erst schaufelt er eine Ladung Asche aus dem Kamin, wobei er mit dem Ellbogen lautstark die Kamingarnitur umwirft und die Katze verschreckt. Und das ist nur die Ouvertüre: ein Vorgeschmack auf kommende Dinge.

Er beschließt, die Asche zum Entsorgen nach draußen zu bringen – schaufelweise. Während er vorsichtig durch den Raum schreitet und die hoch beladene Schaufel am langen Arm von sich streckt, beginnen heiße orangefarbene Flocken herunterzufliegen, landen auf dem Teppich, den Kissen, hinter dem Fernseher. Nun öffnet er mit einer Hand die Tür und gerät zum ersten Mal voll in den Luftzug, sodass ihm riesige graue Aschewolken in die Augen fliegen, ihn komplett einhüllen und ins Zimmer zurückwehen. *Sehr lautes Fluchen und Husten.*

Schließlich hat er alles sauber gemacht und vorbereitet: das Anmachholz aufgeschichtet, die Feueranzünder hineingelegt und darüber kunstvoll Kohlen und Holzscheite arrangiert. Nun kommt er mit dem Streichholz. Einer der Anzünder beginnt leicht zu flackern, und er fummelt geräuschvoll am Rost herum (damit es optimal zieht). Aber das Feuer schmollt. Deshalb hält er Zeitungspapier über die Öffnung, um für besseren Luftzug zu sorgen: »Keine Angst«, beruhigt er sie, »ich weiß schon, was ich tue.« Und schon reißt ihm der Luftzug die Zeitung aus den Händen und befördert sie – als flammende Kugel – den Kamin hinauf.

Nach ein oder zwei weiteren Angst erregenden Versuchen erhebt er sich flott, um sein Werk zu bewundern, und stößt sich dabei den Kopf am Kaminsims. Ein einziger schwachbrüstiger Feueranzünder hält unter heroischem Flackern und Verglimmen die Flamme aufrecht.

So schwer ist das gar nicht. Und so geht's:

Was Sie brauchen

- *3 Feueranzünder*
- *1 Bündel Anmachholz*
- *10 Stück Kohle*
- *4–5 kleine trockene Holzscheite*
- *1 Schachtel Streichhölzer*

Anleitung

1 Den Rost von Asche befreien, damit Luft unter das Feuer kommt.

2 Kontrollieren, ob das Holz trocken ist.

3 Drei Feueranzünder zwischen übrig gebliebenen und halb verbrannten Kohlen auf dem Rost platzieren.
4 Ein Bündel Anmachholz in einem flachen Wigwam über den Feueranzündern aufbauen.
5 Mit Kohlen außen herumlegen. Diese halten das Anmachholz in Position.
6 Einige kleine, sehr trockene Holzscheite auf das gesamte Arrangement legen, aber Luftlöcher lassen.
7 Feueranzünder anzünden.
8 Nicht kokeln.
9 Nach 15 Minuten sollte das Feuer brennen. Falls nicht, Luftzufuhr kontrollieren.
10 Sobald das Anmachholz schön brennt und die kleinen Scheite Feuer gefangen haben, kann man weitere Scheite oder Kohle auflegen. Aber nicht das Feuer ersticken.
11 Und nicht im Feuer herumstochern. Das nützt gar nichts.

Tipps und Tricks

- *Der Kamin sollte regelmäßig gekehrt werden.*
- *Kohle glüht nur, erzeugt aber eine starke Hitze.*
- *Scheite erzeugen hübsche Flammen, aber häufig keine so starke Hitze.*

- *Ein paar Tropfen eines holzigen ätherischen Öls, ein paar Stunden vor dem Anzünden auf die Scheite geträufelt, verströmen einen wundervollen Duft – Zeder, Kiefer und Sandelholz riechen besonders gut.*

** Sieht man am Tag seiner Hochzeit einen Schornsteinfeger, soll das Glück bringen. **

Natürliche Kalkentferner

Als ich einmal in einem Büro im obersten Stockwerk eines Hauses in Belgravia arbeitete, bekam ich eine Menge Tee zu trinken. Diesen produzierte das uralte, langjährige Faktotum Mrs Treen, bei der immer ein riesiger, betagter Aluminiumkessel auf dem Herd stand. Eines Tages versuchte ich, ihn hochzuheben, aber er wog eine Tonne, und als ich hineinschaute, bemerkte ich eine archäologisch bedeutsame Kalkablagerung durch jahrzehntelangen Kontakt mit dem harten Londoner Wasser. Sie war bestimmt fünf Zentimeter dick.

Hartes Wasser ist nur eine umgangssprachliche Bezeichnung für Wasser mit hohem Mineralgehalt, meist metallische Ionen: vor allem Kalzium (Ca) und Magnesium (Mg) in Form von Karbonaten, es können aber auch andere Metalle sowie Bikarbonate und Sulfate dabei sein. Diese ausgesprochen langweiligen Informationen brauchen Sie aber eigentlich nicht, weil Sie die Wasserhärte auch ermitteln können, indem Sie Seifenschaum produzieren. Falls nur spärlicher Schaum entsteht, ist Ihr Wasser hart, falls aber die kleinste Seifenflocke einen hollywoodreifen Schneesturm verursacht, haben Sie weiches Wasser (gut zum Mixen von schottischem Whisky).

Kalziumkarbonat (Kalk) auf Ihren Armaturen sieht hässlich aus, aber Sie können ihn mühsam mit viel Muskelkraft entfernen oder ihn sehr viel leichter mit einem vollkommen natürlichen Kalkentferner loswerden, den ich Ihnen gleich verraten werde. Am besten macht man das regelmäßig, denn wenn der Kalk erst so dick wird wie in besagtem Kessel, erfordert das keine Hausarbeit mehr, sondern eine größere Baumaßnahme.

Methode für den Wasserkessel

Das vielleicht eindeutigste Symptom für hartes Wasser sind die Kalkablagerungen in Ihrem Wasserkessel. Wenn Sie den Deckel aufmachen, hineinschauen und eine Höhle voll stalaktitischer Krusten und so was Ähnliches wie riesige, mürbe Eisschollen entdecken, die abbröckeln und in Ihrem Tee landen, ist es Zeit zu handeln.

1. Zunächst den Kessel leeren.
2. Dann 5 cm hoch mit Wasser und ein paar Deckelfüllungen Ihres magischen natürlichen Kalkzerstörers befüllen: Essig. Es kann auch brauner sein.
3. Nun die Hexerei: Kochen. *Unbedingt* aufpassen und ausschalten, sobald das Wasser zu kochen beginnt. Falls Sie das nicht tun, verursacht der Essig einen übel riechenden Vesuvausbruch, überzieht Ihre Arbeitsplatte mit einem Tränen treibenden, glühheißen braunen Schaum und ergießt sich in mephistophelischen Fluten in die Küche.

Wenn Sie Ihren Kessel jede Woche mit dieser Wasser-Essig-Lösung auskochen, bleibt er immer im Topzustand. Aber vergessen Sie hinterher das Ausspülen nicht, sonst verdreht Ihr Pfarrer nachher Augen und Gliedmaßen, wenn ihm klar wird, dass die heutige Tasse Tee verborgene Ingredienzen hat.

Methode für den Wasserhahn

1 Füllen Sie eine Butterbrottüte zur Hälfte mit Essig, ziehen Sie sie über den Wasserhahn und fixieren Sie das Ganze mit einem Gummiband. Den Hahn über Nacht im Essigbad lassen, und am nächsten Morgen wird er strahlend glänzen. Gießen Sie den Essig weg; für Ihre Fritten taugt er jetzt nicht mehr.

Methode für Badewanne und Dusche

1 ¼ Tasse Essig und 1 Tasse Wasser in einer Sprühflasche mischen.
2 Wanne und Dusche einsprühen. Aber erst nachsehen, ob jemand drin ist. Es ist nicht lustig, mit kaltem Essig eingenebelt zu werden.
3 Faulenzen Sie eine Stunde in der Sonne und lesen Sie eine romantische Liebesgeschichte.
4 Mit feuchtem Schwamm abwischen.

Damit es wirkt, müssen Sie das regelmäßig machen. Oder noch besser, lassen Sie es *jemand anderen* machen und gehen stattdessen Ski laufen.

** Über 90 Prozent des Süßwassers der Welt findet sich in der Antarktis. **

Politur für edle Tische

Vergessen Sie nicht, dass Tische – selbst edle – zum Benutzen da sind. Ich habe mich einmal mit David Linley unterhalten, wenn Sie mir das Name Dropping verzeihen wollen, der wunderbare Möbel macht. Er sagte, seiner Meinung nach seien Tische und Stühle zum Benutzen da, und da konnte ich ihm nicht widersprechen. Falls sie angestoßen, zerkratzt oder angedellt würden, würde die Sonne morgen wahrscheinlich trotzdem aufgehen. Jedenfalls ist es kaum möglich, zu leben und gleichzeitig eine jungfräuliche Tischfläche zu haben, ohne den Tisch in Teppich zu wickeln und irgendwo in einer Packkiste aufzubewahren. Sieht Ihr alter Lieblingstisch aber ein bisschen mitgenommen aus und Sie würden ihm gern zu optimistischem Glanz verhelfen: So geht's:

Vorbereitung

1. Den Tisch abwischen bzw. abstauben.
2. Ringe und kleine Kratzer kann man mit Vaseline einreiben, die man über Nacht einwirken lässt. Den Klecks am nächsten Tag wegwischen. Kratzer werden dunkler, wenn man sie mit der Bruchkante einer Walnussschale einreibt.
3. Fettflecken entfernt man mit einer aus Talkumpuder und Methylalkohol angemischten Paste. Mit einer Bürste auftragen und trocknen lassen. Dann abbürsten.
4. Bei alten Wachsflecken hilft eine 1:1-Mischung aus Leinöl und Terpentin. Riecht toll. Mit einem alten Lappen auftragen und mit feiner Stahlwolle abnehmen. Tragen Sie Gummihandschuhe, denn für Ihre Nägel ist das nicht so gut.

Polieren mit Wachs

Mit Wachs polierte Holzmöbel bekommen einen attraktiven, matten Glanz. Das geht ganz leicht, und der Schlüssel zum Erfolg sind die richtigen Produkte. Versuchen Sie, eine Wachspolitur in Cremeform (nicht in Pastenform!) zu finden. Sie lässt sich leichter auftragen und wird nicht steinhart. Die besten Polituren sind meist die natürlichen. Meiden Sie Mittel, die Toluol enthalten. Es riecht, als hätten Sie Ihr Auto im Haus umgespritzt. Verwenden Sie ein Wachs, das echtes Terpentin enthält. Es wird aus Kiefernharz gewonnen und duftet deshalb einfach köstlich.

Was Sie brauchen

- *Bienenwachs-Möbelpolitur (in Spezialgeschäften leicht zu finden)*
- *Saubere Baumwolltücher*
- *Ein weiches, nicht fusselndes Tuch*

Anleitung

1 Wachs sparsam mit sauberem Baumwolltuch in Faserrichtung verteilen. Keine dicken Kleckse auftragen oder das Wachs über alte Lagen hart gewordener Politur schmieren. So schimmert es nicht, sondern wirkt nur dicker und brauner als gestern. Siehe *Vorbereitung 4* oben.
2 Mit einem weichen, fusselfreien Tuch nachpolieren.
3 Laden Sie Ihre Freunde ein, den Glanz zu bewundern und den Duft zu schnuppern.

** Am runden Tisch sitzen:*
*mit gleichberechtigten Verhandlungspartnern zusammen. **

Professionell gestutzte Rosen

Blumen von der Tankstelle! Da, ich hab's ausgesprochen. Was ist mit den Männern los, dass sie Valentinstage, Hochzeitstage und was nicht alles vergessen? Dann, in letzter Minute, erinnern sie sich und glauben, Sie merkten nichts, wenn sie Ihnen eine Dose Weingummi und einen Strauß elend aussehender Blumen in einer mit Tankstellenlogos bedruckten Zellophanverpackung überreichen, an der noch das Preisschild klebt. Schöne frische Rosen hätten Sie gern, richtige Pralinen und ein bisschen Zuwendung und Aufmerksamkeit. Sie haben natürlich die Möglichkeit, selbst Rosen anzupflanzen, und dann könnte er einfach ein paar abpflücken und dabei durchs Fenster Fußball gucken.

Rosen werden überall auf der Welt angepflanzt, und es gibt sie in allen Farben außer in Schwarz und Blau. Aber wie schneidet man sie? Kann man sie einfach irgendwo abschneiden oder was? Hier ein paar praktische Richtlinien.

Zurückschneiden muss man, um:

- altes und krankes Holz zu entfernen
- zur Bildung neuer blühender Triebe anzuregen
- die Pflanze in Form zu halten und auszulichten

Zeit zum Rosenschneiden ist bei kaltem Wetter, wenn die Pflanzen in der Ruhephase sind. Schön gesagt, aber an meiner Haustür blühten ein paar dicke gelbe Blüten im *Januar*, und der Klimawandel macht es uns auch nicht leichter. Bei mildem Wetter können Sie im November schneiden, aber sobald Frost und Schnee einsetzen, packen Sie die Schere weg und warten auf den Frühling.

Was Sie brauchen

- *1 Paar gute Garten- oder Rosenhandschuhe*
- *1 scharfe Gartenschere*
- *1 kleine Astsäge für dicke Brocken*
- *Gartenschnur für Kletterpflanzen und zum Hochbinden*

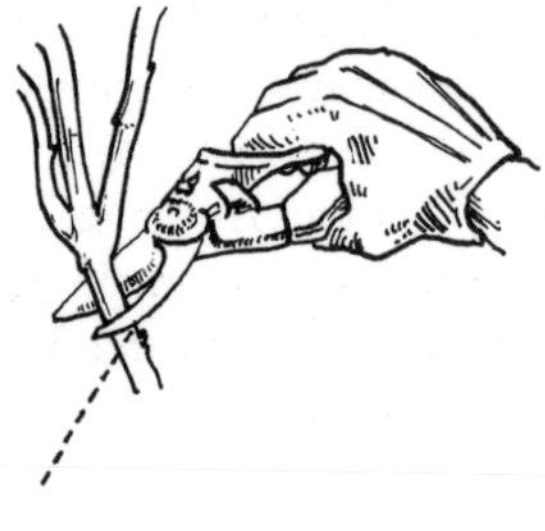

Anleitung

Schneiden Sie alle Triebe weg, die abgestorben, schwach, dürr, alt oder knotig sind. Außerdem Triebe, die zur Buschmitte hin wachsen und sich so mit der Zeit zu einem verfilzten Gebüsch auswachsen könnten, sowie zu eng stehende oder sich überkreuzende Triebe.

Triebe beschneiden

1 Immer knapp oberhalb einer Knospe schneiden. Suchen Sie die Stelle, wo das Blatt am Stiel saß. Genau oberhalb davon sitzt eine Beule. Das ist die Knospe, aus der ein neuer Trieb wächst.
2 Suchen Sie sich eine außen sitzende Knospe, deren Trieb von der Pflanze weg-, nicht in sie hineinwachsen wird.
3 Machen Sie circa 5 mm oberhalb der Knospe einen glatten, schrägen Schnitt. So kann das Regenwasser nicht in die Knospe laufen.

Die meisten Zuchtrosen sind auf einen starkwüchsigen, wilden Rosenstock aufgepfropft; dieser kann Schösslinge austreiben und damit die Kulturrose überwuchern und ersticken.

Diese Schösslinge sind hellgrüne, dünne, schnell wachsende Triebe, deren Blätter sehr viel kleiner sind als die der Kulturrose. Sie entspringen unterhalb der Pfropfstelle – wo die Triebe aus der Wurzel kommen –, also müssen Sie vielleicht etwas graben, um ihnen den Garaus zu machen. Schösslinge *nicht* beschneiden, sondern mit der Wurzel ausrotten, damit sie nicht nachwachsen.

Wenn Sie Ihre Rosen geschnitten haben, versorgen Sie sie gut mit Dünger und hausgemachtem Kompost.

Und übrigens, ich weiß, man *sagt*, es gebe schwarze Rosen, aber sie sind nicht wirklich schwarz. Jedenfalls nicht unter einer guten Lampe.

** Rosen werden häufig von Rehen angeknabbert. **

Weg mit dem Fleck!

Nichts stiehlt der perfekten Hausfrau so viel Zeit wie das Hinterherräumen hinter anderen Leuten. Gäste kommen und tropfen Kaffee auf Ihren Kelim, stechen Kugelschreiber in Ihr Sofa und ruinieren Ihre besten Veloursteppiche, indem sie überall Kaugummi platt treten. Dann ist da die Wäsche und der ganze Dreck an den Wänden. Wenn Sie doch reich genug wären, um sich Sklaven zu kaufen … Na ja, probieren Sie es doch einmal mit diesen genialen Reinigungsmitteln, bis es so weit ist.

- *Kaffee:* Auf Teppichen eine Mischung aus Eigelb und Glyzerin auftragen, dann mit Schwamm und warmem Wasser behandeln. Kleidung ebenfalls mit der Ei-Glyzerin-Lösung bearbeiten, danach aber waschen.
- *Vogelkot an Fensterscheiben:* Verschwindet wie weggehext durch ein in heißen Essig getauchtes Tuch.
- *Schweiß:* Das Kleid oder Hemd mit Weißweinessig einsprühen (aber vorher ausziehen). Dann das Teil in Wasser waschen, in dem man zwei Brausetabletten Aspirin aufgelöst hat.
- *Ränder am Kragen:* Versuchen Sie es mit einem Shampoo für fettiges Haar und schrubben Sie gründlich mit der Nagelbürste.
- *Furchtbar verdreckter Arbeitsoverall:* In Billig-Cola einweichen, dann wie üblich mit Waschmittel waschen.
- *Kugelschreiber:* Kein Problem, solange der Fleck frisch ist. Vorsichtig mit unverdünntem Spülmittel einreiben, dann den Fleck mit einem Messer abschaben. Vorgang wiederholen.
- *Knetgummi an Wänden:* Dieses klebrige Zeug ist unheimlich. Einen Tupfer Zahnpasta auftragen und hart werden lassen. Am nächsten Tag (oder wenn sie hart ist) die Zahnpasta abwaschen, und das Knetgummi geht mit ab.

Ich verstehe nicht, wie und wieso das funktioniert, aber es scheint zu gehen.

- *Kratzer auf Holztischen:* Okay, eigentlich kein Fleck, aber auch hässlich. Den Kratzer mit den Bruchkanten einer Walnussschale einreiben. Ich glaube, die enthält Tannin, und das färbt das Holz dunkel. Aber beschwören kann ich es nicht.
- *Kaugummi:* Eine echte Schweinerei. Den Kaugummi mit einer Tüte Eiswürfel oder Tiefkühlerbsen vereisen. Sobald er fest ist, kräftig mit dem Hammer draufschlagen und die Bruchstücke absammeln. Rückstände mit einem in Methylalkohol getränkten Lappen entfernen. Nicht perfekt, aber besser als nichts.
- *Klebstoffrückstände von Etiketten auf Gläsern:* Manchmal wollen Sie das Glas, aber nicht das Etikett. Kratzen Sie so viel wie möglich ab, geben Sie dann einen Klecks Erdnussbutter auf einen Wattebausch und reiben Sie sie kreisförmig ein. Wenn Sie ganz langweilig professionell sein wollen, nehmen Sie Methylalkohol.
- *Staub auf Stoffblumen:* Das hat mir meine Tante Sarah verraten, und es ist brillant. Die Blumen in eine große Papiertüte stecken und reichlich salzen. Dann schütteln, und *voilà!* der Staub ist weg. Ein bisschen wie altmodische Chips. Oh je, das verrät, wie alt ich bin.

** Vom Fleck weg: sofort, auf der Stelle heiraten. **

Schraubgläser öffnen leicht gemacht

Wie oft haben Sie schon den Schrank geöffnet und ein verlockend wirkendes Glas mit eingelegten Zwiebeln, Mayonnaise oder dergleichen herausgenommen und dann zehn Minuten lang – vergeblich – versucht, den Deckel des elenden Dings zu öffnen?

Und wie seltsam ist es doch, dass die Lust auf eine Sache direkt proportional im Verhältnis zu ihrer Unerreichbarkeit wächst. Ich bin im Allgemeinen kein so großer Fan eingelegter Walnüsse, aber als ich irgendwann zu Weihnachten so nebenbei versuchte, ein Glas davon aufzumachen und es nicht schaffte, hatte ich plötzlich das Gefühl, ich könne nicht eher ruhen, bis ich zwei oder drei Gläser davon verputzt hätte. Mein ganzes Leben erschien mir plötzlich sinnlos ohne eine eingelegte Walnuss. Es ist ein Problem, das mit dem wahllosen Ausprobieren aller nur erdenklichen Möglichkeiten endet, und das ist eigentlich schade, denn für dieses Rätsel gibt es nicht nur eine, sondern mehrere Lösungen.

Zunächst einmal ist es hilfreich, den wissenschaftlichen Aspekt zu verstehen. Nachdem die Gurken, Zwiebeln oder was auch immer im Glas gelandet sind, kommt heißer Essig dazu, und eine starke Maschine schraubt den Deckel zu, bevor der Inhalt Zeit zum Abkühlen hat. Beim Abkühlen verlieren Luft und Flüssigkeit an Volumen. Das heißt, der Luftdruck außerhalb des Glases ist nun größer als der im Inneren, was den Deckel noch fester zupresst. Die Zuschraubmaschine und das Schrumpfen des Metalldeckels selbst sorgen dafür, dass das Aufschrauben zur Herkulesarbeit gerät.

In der guten alten Zeit hätte frau einfach einen Mann um Hilfe gebeten, aber viele dieser Gläser sind heutzutage so riesig und so lächerlich fest verschlossen, dass auch die Männer am Ende rotgesichtig und atemlos herumtorkeln. Die folgenden Tipps habe ich alle selbst ausprobiert, und bei mir haben sie alle funktioniert. Bei besonders böswilligen Behältnissen muss man allerdings manchmal mehr als eine Methode anwenden.

1 Das Vakuum zerstören, indem man mit dem Deckel auf die Arbeitsplatte klopft. Nicht todsicher, aber manchmal hilft es.

2 Das Glas umdrehen und ihm ein paar kräftige »Klapse auf den Hintern« geben, wie bei neugeborenen Babys. Keine sehr zuverlässige Methode; wirkt eher bei schmaleren Kapern- oder Senfgläsern und dergleichen.

3 Die dreieckige Spitze eines altmodischen Dosenöffners unter den Deckelrand schieben und ihn vom Glas weghebeln, bis das Vakuum zerstört ist. Sie hören einen Seufzer, wenn die Luft entweicht.

4 Das geht auch mit einem normalen Schraubenzieher. Unter den Deckelrand schieben, aber den Schraubenzieher *drehen*, um den Deckel anzuheben und den Druck entweichen zu lassen.

5 Den Deckel ein paar Minuten unter sehr heißes fließendes Wasser halten, dabei das Glas drehen, damit der Deckel rundum erhitzt wird. Dabei dehnt sich das Metall und in gewissem Maße auch die Luft oben im Glas aus, und das Glas lässt sich leichter öffnen. Nur den Deckel erwärmen, nicht das Glas. Dann *6*, *7* und *8* unten ausprobieren.

6 Reiben Sie Ihre Hand etwa 20 Sekunden lang auf Ihrem Oberschenkel (oder dem eines anderen, wenn Sie möchten). Sie müssen dabei Jeans oder Ähnliches tragen. Dadurch wird Ihre Hand warm, und Sie bekommen einen festen Griff.

7 Wickeln Sie den Deckel in ein Geschirrtuch, damit Sie beim Drehen besseren Halt haben.

8 Gummihandschuhe haben eine ähnliche Wirkung. Dies hilft häufig, wenn Sie Vorarbeit geleistet haben, wie bei Nummer *5* oben.

9 Ein kurzes, spitzes Küchenmesser in der klassischen rechtshändigen *Macbeth*-Position halten – die Finger fest um den Griff geschlossen, sodass die Klinge unten aus der Faust herausragt – und einmal kurz und fest in die Deckelmitte stechen. Die andere Hand in Sicherheit bringen. Sie stechen ein kleines Loch und hören einen Knall, wenn die Luft entweicht. Jetzt aufdrehen: geht ganz leicht.

10 Wenn das alles nichts hilft, knöpfen Sie Ihren obersten Blusenknopf auf und fragen den netten Mann von nebenan. Vielleicht schafft er es, vielleicht auch nicht, aber was haben Sie schon zu verlieren. Halt, antworten Sie *nicht*.

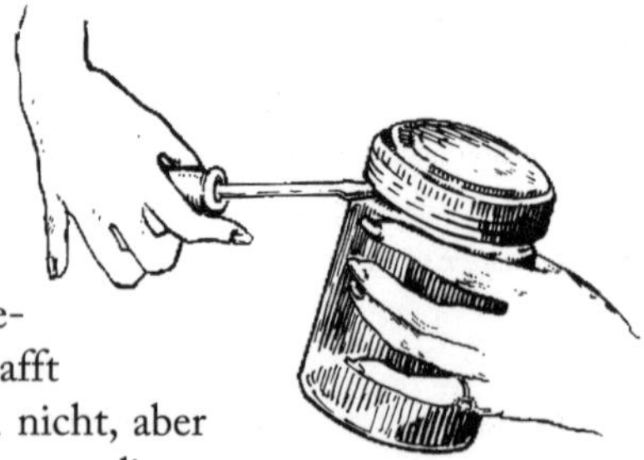

** »Paco lilla« oder »picalilli«, auf gut Deutsch Relish, gibt es seit dem 18. Jahrhundert. **

Die romantische Mateus-Rosé-Muschellampe

In den 1970er-Jahren galt als Inbegriff der Raffinesse ein einzigartiger Einrichtungsgegenstand, nämlich die Mateus-Rosé-Muschellampe. Falls Ihnen so etwas noch nie begegnet ist, lassen Sie es mich erklären. Mateus Rosé ist ein portugiesischer Wein in einer Flasche, die wie eine kurzhalsige Sitar geformt ist. Nachdem man sie vom Weine befreit hatte, wurde sie gern mit Muscheln verziert und mit Lampenfassung wie -schirm versehen, oder man steckte eine spezielle Tropfkerze in den Flaschenhals, wodurch eine Wachsskulptur entstand, von der man bei Fondue-Abenden einfach nicht die Finger lassen konnte. Falls Ihnen plötzlich nach einem Retro-Trip ist – so wird's gemacht:

Was Sie brauchen

- *1 Mateus-Rosé-Flasche*
- *Genügend Muscheln in verschiedenen Größen, Formen und Farben*

- *Araldite (das ist nicht der griechische Gott des Irgendwas, sondern eine Art Epoxidharz, mit dem Flugzeuge zusammengeklebt werden)*
- *Lampenfassung mit Kabel*
- *Lampenschirm*

Anleitung

1 Wein trinken, Etikett abziehen und Flasche abwaschen.

2 Ausprobieren, ob die Lampenfassung in den Flaschenhals passt. Am besten die Flasche zum Kauf mitnehmen.

3 Da der Kleber schnell trocknet, muss man die Flasche in 5-cm-Quadraten verzieren, immer in kleinen Schritten, wie Michelangelo bei seinen Fresken. Sortieren Sie die Muscheln, damit Sie für jeden Abschnitt genug haben. Verbrauchen Sie die schönsten nicht gleich zu Anfang – ein typischer Anfängerfehler, der sich durch eine schöne Stelle auf einer Seite und zerbröckelten, alten Muschelschrott überall sonst verrät. Heben Sie ein paar kleinere für den Hals auf. Auch kaputte Muscheln können Sie verwenden, wenn Sie sie mit der schöneren Seite nach außen nehmen.

4 Den Kleber anrühren und auf eine Stelle nahe dem Flaschenboden auftragen. Arbeiten Sie in kleinen, etwa 5 cm hohen Flächen, bis Sie einmal die Runde gemacht haben. Falls Sie eine geringelte Lampe haben wollen, können Sie die einzelnen Kreise aus Muscheln unterschiedlicher Größe oder Farbe machen. Falls die Muscheln wahllos verstreut sein sollen, arbeiten Sie sich einfach von einer Fläche zur nächsten vor. Falls Sie es lieber scheußlich mögen, können Sie einen weißen, kaugummiartigen Klebstoff benutzen, der zwischen den Muscheln herausquillt, sodass sie nicht elegant aufgeklebt, sondern eingebettet sind.

5 Alles trocknen lassen.

6 Die Lampenfassung in den Flaschenhals schieben, oberen Plastikring abschrauben, Lampenschirm aufsetzen,

Plastikring wieder aufschrauben und Glühbirne einsetzen.

7 Netten Mann für gemütlichen Abend einladen.

** Die älteste Glühbirne der USA brennt seit 1901. **

Der einzig wahre Tee für Handwerker

Die korrekte Zubereitung eines Tees für Handwerker gehört zu jenen schwarzen Künsten, die frau nicht auf der Schule oder bei den Pfadfinderinnen lernt. Wie es geht, muss sie durch eine Art Tannin-Osmose selbst erfahren. Das ist ein Jammer, denn wenn sie hier Fehler macht, kann das eine ansonsten fruchtbare und glückliche Beziehung ruinieren – mit Folgen wie aus Kittmangel herausfallende Fenster, durch Regen verzogene unlackierte Türen und durch unverputztes Mauerwerk eindringende Feuchtigkeit. Es ist also lebenswichtig, alles richtig zu machen. Um es mit einem alten chinesischen Sprichwort zu sagen: Sorge für deine Handwerker, und deine Handwerker sorgen für dich.

Sie sollten also die Teebedürfnisse Ihres Handwerkers befriedigen, ihn aber nicht verwöhnen. Sonst sitzt er am Ende da, simst seiner Freundin und liest Ihre Zeitung, während Sie herumwuseln, ihm Pfeife und Pantoffeln bringen und ihm das Essen kochen. Hier ein paar Richtlinien, mit denen Sie nichts verkehrt machen können.

- Legen Sie sich ausreichend Zuckervorräte an. Vier oder fünf Tüten des Stoffs für eine Woche Bauarbeiten sind wahrscheinlich die richtige Menge. Kaufen Sie bloß nichts Ausgefallenes (braun). Sehr helle weiße Raffinade ist das Einzige, was zählt.
- Für das perfekte Rezept rechnet man neun Teile Zucker auf einen Teil kochendes Wasser mit Teebeutel. Die

richtige Zubereitung besteht darin, das Wasser zu kochen und damit ein oder zwei Teebeutel in einem großen (möglichst unkaputtbaren) Becher zu übergießen. Dann den Zucker hineingießen und nach Kräften umrühren. Geben Sie einem Handwerker nie Geschirr, an dem Ihnen liegt. Je lieber es Ihnen ist, desto größer die Wahrscheinlichkeit, dass er den Henkel abbricht oder aus Zerstreutheit Leinöl und Terpentin darin anmischt. Manche Handwerker möchten den Tee gerne mitsamt Beutel und Löffel gereicht bekommen, damit sie am Becherrand den letzten Tropfen herauspressen können. Falls Sie das machen, werden Sie sehen, dass der Löffel durch die Dichte der Flüssigkeit senkrecht steht.

- Jeder Tee, der schick verpackt ist, nach Zitronen oder Orangen oder Eisenbahntunnel oder Katzenpisse riecht, ist für einen echten Handwerker inakzeptabel und wird in Ihren Topfpflanzen oder im Ausguss landen. Und Ihr Ruf ist dahin.
- Machen Sie den Tee in regelmäßigen Abständen, aber nicht zu häufig.
- Reichen Sie zum Tee einen zum Eintunken geeigneten Keks (aber heben Sie sich die mit Cremefüllung für besondere Anlässe wie nach dem letzten Aufräumen oder zum Richtfest auf).
- Bieten Sie niemals Tee oder Kekse an, bevor Ihre Handwerker mit der Arbeit begonnen haben. Sie sollten sie jedoch à la Pawlow frühzeitig darauf hinweisen, dass am späten Vormittag Tee serviert wird, wobei Sie gleichzeitig »die Gelegenheit nutzen zu sehen, wie es vorangeht«. Diese Formulierung zeigt Ihre Fürsorglichkeit, deutet aber auch eine eiserne Entschlossenheit an zu kontrollieren, ob die Männer bei der Sache sind und das tun, wofür sie bezahlt werden. Sie konditionieren sie auf die Vorstellung einer Belohnung für Leistung und demzufolge auch auf die Möglichkeit, dass ihnen Privilegien entzo-

gen werden. Ein Blick nach oben auf die Leiter, begleitet von der Frage: »Wie kommen Sie voran, und hätten Sie jetzt gerne einen Tee?«, vermittelt ihnen, dass der Tee irgendwie an Fortschritte gekoppelt ist. Das nennt man Psychologie.

- Tee sollte nicht öfter als drei Mal täglich serviert werden. Ansonsten bezahlen Sie mehr als eine halbe Stunde pro Arbeitstag fürs Teetrinken und Kekseknuspern. Sobald Sie Nachlässigkeit oder Faulheit wittern, verkünden Sie: »Ach, ich dachte, Sie sind bis elf mit dieser Wand fertig. Tut mir leid, ich halte Sie offenbar mit zu vielen Teepausen auf. Ich komme um 16 Uhr wieder.« Das nennt man Mitarbeiterkommunikation.
- Verzichten Sie auf die Teekanne. Sie bewirten schließlich nicht die Herzogin von Royston und machen damit keine Punkte.

** Eine Studie von 1999 ergab für Teetrinker ein um 44 Prozent niedrigeres Herzinfarktrisiko. **

Der maßgeschneiderte Zugluftdackel

Vor der Erfindung der Zentralheizung fuhr der Wind wie ein Messer unter Türen durch, teilweise so heftig, dass Thomas Hardy über Fußabdrücke im Schnee schrieb, die durch die Ritze in seine Diele wehten. Brrrrrrrr! Es wundert mich, dass er sich nicht auf der Stelle hingesetzt und *Der Bürgermeister von Casterfridge* geschrieben hat. (Sonst mache ich ja selten Witze.)

Ich frage mich, warum sich Hardy keinen Zugluftdackel gebastelt hat. Sie sind nicht sonderlich schwer herzustellen, und man könnte zwischen den Kapiteln oder Gedichten rasch einen herstellen. Es gibt im Prinzip zwei Typen: den faulen »Bastard«-Typ und den luxuriösen »reinrassigen«.

Was Sie brauchen

- *Ihr ganzes übliches Nähzeug*
- *Jede Menge Lumpen*
- *Andere, unten genauer spezifizierte Materialien, durch deren Wiederholung ich Sie hier nicht langweilen will*

Anleitung (faul)

1 Man nehme ein Bein einer Wollstrumpfhose oder einen dicken (hässlichen) langen Strumpf – 60 Denier. (Falls Sie's nicht wissen, »Denier« hat nichts mit der Dehnfähigkeit des Teils zu tun, sondern ist eine Maßeinheit für die Fadenstärke bei Seide und Synthetikfasern und wird als die Masse in Gramm pro 9000 Meter definiert. Sind Sie jetzt schlauer? Ich auch nicht.)
2 Etwaige Löcher stopfen (natürlich nicht die Beinöffnung oben).
3 Alte Stoffreste, löchrige Geschirrtücher, kaputte Kissen etc. zerschneiden
4 Den Strumpf vollstopfen.
5 Oben zunähen. Das war's.

Anleitung (deluxe)

1 Ein schönes, großes Stück dicken Samt besorgen.
2 Die Breite der zugigen Tür messen und ein Rechteck zuschneiden, das etwas länger als dieses Maß und circa 25 cm breit ist.
3 Der Länge nach *mit der Innenseite nach außen* zusammenfalten und an der langen und einer kurzen Seite zusammennähen, sodass ein an einem Ende offener Schlauch entsteht.
4 Schlauch wenden (Außenseite nach außen befördern) und mit Kapok ausstopfen. Nehmen Sie reichlich davon, damit es schön prall und angenehm rund wird, ohne hässliche Beulen oder Löcher.
5 Die letzte Naht von Hand schließen, indem man die

Schnittkanten nach innen umlegt und die Öffnung sorgfältig mit überwendlichen Stichen zunäht.

6 Sie können das Ding wie eine Wurst belassen oder mit Strasssteinen, Chenillenoppen oder allem, was Ihnen gefällt, verzieren. Soll es aber tatsächlich wie ein Hund aussehen, dann machen Sie aus passendem Stoff einen kleinen, ausgestopften Kopf, nähen Knöpfe als Augen und Nase an, dazu hübsche, samtige Hängeohren, einen Schwanz und vier kleine, kurze Beinchen, an jeder Ecke eins. Eine weitere schöne Verwendungsmöglichkeit für einen einzelnen Netzstrumpf ist ein Netzunterhemd für Fiffi. Sieht er nicht süß aus? Das war nur rhetorisch gefragt.

** Viele Dackel leiden unter Rückenbeschwerden. **

Blumenpracht im Hängesack

Als Studentin wohnte ich eine Zeit lang zur Untermiete bei einer Vermieterin namens Mrs Golda Gertler, die begeisterte Jüdin war. Mit mir, einer ihrer nichtjüdischen Mieterinnen, konnte sie zwar nicht fachsimpeln, aber dafür hielt sie sich mit ihren jüdischen »Gästen« stundenlang auf dem Treppenabsatz auf und schwatzte ihnen ein Ohr ab. Das Thema war häufig der Sechstagekrieg, ein Gebiet, auf dem sie offenbar eine Autorität war.

Der Mieter von Wohnung 5 – ein ambulanter Arbitrageur namens Bobby Bernheim – erzählte, er lasse immer Brotpudding in Mrs Gertlers Klavier fallen, wenn sie ihm mal wieder mehr, als er ertragen konnte, in den Ohren gelegen hatte. Er war es, glaube ich, auch, der mir erzählte, dass sie einmal einen privaten Termin mit dem Chefrabbi ausmachte und der Sekretär des Rabbis, nachdem er eine Stunde Stimmgemurmel durch die geschlossene Tür gehört hatte, schließlich den gequälten Schrei des Rabbis vernahm: »Aber Madam, ich *bin* bereits Jude!«

Mrs Gertler bekam nicht immer alles richtig mit. Ich erinnere mich, wie sie einmal über eine Nachbarin im Pelzmantel sagte: »Sehen Sie sie an, die findet sich wohl raffineriert«, und häufig sprach sie über ihre »hängenden Körbe von Babylon«.

Hängekörbe sind etwas für Fortgeschrittene. Einfacher geht es mit hängenden Müllbeuteln. Und so macht man's richtig.

Anleitung

1 Einen hochwertigen Müllbeutel auf den Boden legen, kurze Enden an den Seiten, und das offene Ende mit Klebeband zukleben.

2 Nun machen Sie einen offenen Schlauch, dessen Durchmesser ein Viertel seiner Höhe beträgt. Stellen Sie sich vor, Sie würden den Beutel um ein Rohr von 18 cm Durchmesser wickeln, ihn mit Klebeband zukleben und dann abstreifen. Dann hätten Sie einen offenen Schlauch mit parallelen Seiten mit einer Öffnung von 18 cm Durchmesser und einer Höhe von 72 cm (der ursprünglichen Breite des Beutels). Um das ohne Hilfe des imaginären Rohrs zu bewerkstelligen, schlagen Sie ein Beutelende um zwei Drittel um, dann schlagen Sie das restliche Drittel um und kleben die Enden von außen und innen mit Klebeband fest.

3 Um das Teil unten zu schließen, das Ende fest mit Bindfaden zubinden, und das überstehende Plastik abschneiden, sodass eine Art weicher Eimer entsteht.

4 Diesen fest mit Blumenerde, Ihrem Lieblingsdünger und Dränagekieseln ausstopfen.

5 Oben zubinden, aber ein kleines Gießloch lassen.

6 Für jede Pflanze ein sehr kleines Loch in die Seite stechen. Am besten nur winzige Pflanzen verwenden. *Tipp:*

Die Wurzel nach *oben* in die Erde schieben, nicht nach unten.

7 Die Seiten des Müllbeutels bepflanzen, oben ein paar schöne Hängepflanzen einsetzen, die das Bindeband verdecken. Nehmen Sie prächtige Blumen wie Männertreu, kleinblütige Hängepetunien, Stiefmütterchen, Efeu, Fleißige Lieschen und Verbenen.

8 Wenn die Pflanzen erst einmal angewachsen sind, ist erstaunlicherweise kein Müllbeutel mehr zu sehen, nur ein Blumenmeer.

9 *Niemals austrocknen lassen.*

10 Regelmäßig mit Flüssigdünger düngen.

11 Verblühtes regelmäßig entfernen, um die Blütenbildung zu fördern.

12 Zur Blumenschau anmelden.

** Der Müllbeutel wurde 1950 von drei Männern erfunden, einer war Frank Plomp. **

Fachjargon im Fleischerladen

Heutzutage ist es gar nicht so leicht, einen Fleischer zu finden, der sich Ihren Namen merkt und offenbar weiß, wovon er redet. Ich habe glücklicherweise einen in der Nähe, der sein Handwerk vor meinen Augen verrichtet, und es ist eine Freude, ihm zuzuschauen. Das Problem ist, dass die Supermärkte uns um unser Wissen gebracht haben, sodass man gar nicht weiß, was man verlangen soll, wenn man mal einen *echten* Fleischer aufsucht.

Hier kommt für den Anfang ein kurzes Glossar:

Innereien

- *Haggis:* Schafsmagen, gefüllt mit gekochter Leber, Herz, Lunge, Haferflocken und anderen Sachen. Köstlich!

- *Leberknödel:* Durchgedrehtes Schweinefleisch (hauptsächlich Leber und Backe), Brot, Kräuter und Zwiebeln, in Schweinedarm gewickelt. Uff!
- *Schweinskopfsülze:* Fleischreste vom Schweinekopf. In Gelatine eingelegt und gekühlt. Brrrr!
- *Kutteln:* Weißes, wabenartiges Zeug aus den ersten drei der vier Mägen einer Kuh. Bäh!
- *Niere:* Gehört zum Verdauungsapparat. Würg!

Schwein

- *Kamm/Nacken:* Der beste Teil davon wird für Würste verwendet.
- *Bug/Schulter:* Entbeint und gerollt als Braten. Oder gewürfelt. Oder durchgedreht.
- *Eisbein/Schinken:* Für Schweinshaxe bzw. geräuchert als Schinken.
- *Bauch:* Fettreich, gut zubereitet aber köstlich als Braten oder Eintopf.
- *Keule:* Entbeint und gerollt als Braten.

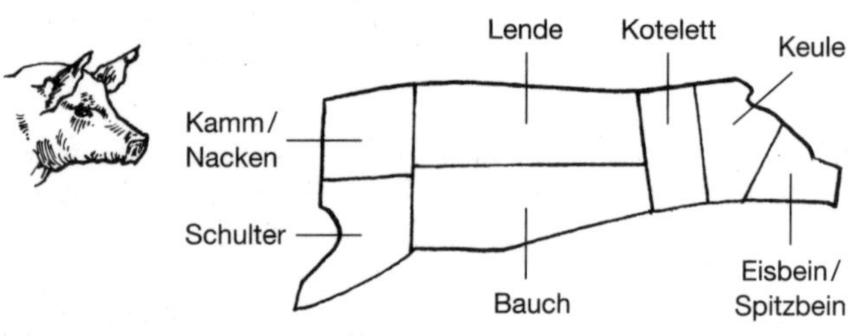

Rind

- *Kamm/Nacken:* Durchgedreht für Hamburger.
- *Bug/Schulter:* Eintöpfe und Gulasch.
- *Vorderhesse:* Vielseitiges Fleisch.
- *Brust:* Muss langsam gegart werden.
- *Lende und Filet:* Erstklassige, marmorierte, saftige Braten und Steaks. Das Filet gehört eigentlich zur Lende. Sehr zart, aber weniger aromatisch als Rumpsteak.

- *Rumpsteak:* Das Fleisch neben der Lende. Köstlich für Kebab.
- *Rücken und Keule:* Gutes Bratenfleisch.
- *Vorder-/Hinterhesse:* Am besten für Eintöpfe.

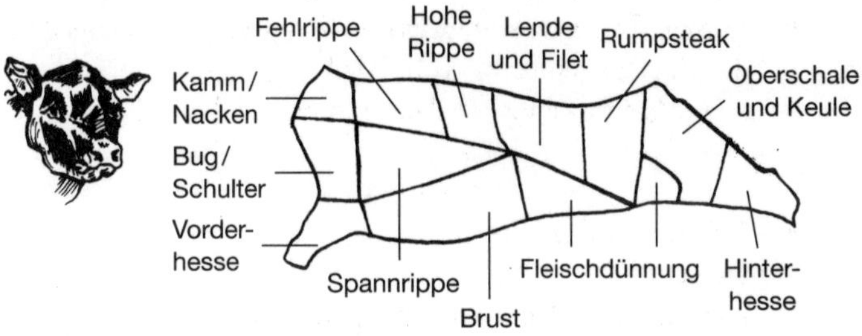

LAMM

- *Schulter:* Im Ganzen oder als Koteletts.
- *Kamm:* Köstlich zum Schmoren.
- *Sattel:* Ein Braten mit einem halben Dutzend Rippen (Rippenstück). Zwei zusammen, mit den Knochen nach außen arrangiert und mit kleinen Papiermanschetten dekoriert, ergeben die berühmte Lammkrone. Auch als Koteletts mit einer Rippe pro Stück im Angebot.
- *Rippenstück:* Unterteilt in Rückenstück und Sattelende, zu Koteletts geschnitten oder am Stück zum Schmoren.
- *Bein:* Im Ganzen oder zweigeteilt in Keule und Haxe zu kaufen. Lammkeule gibt es mit oder ohne Knochen. Ein köstlich saftiger Braten und eines meiner Leibgerichte.

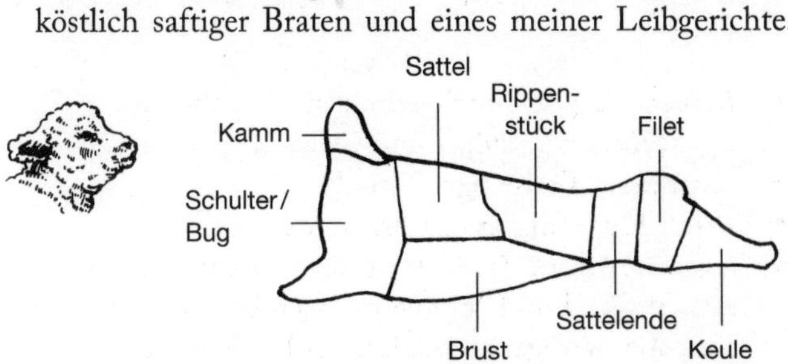

Die weniger modischen (billigeren) Stücke erfahren heute wieder gebührende Aufmerksamkeit. Längere, niedrigere Garzeiten für »Arme-Leute-Essen« wie Rinderbrust, Schweinshaxen oder Schweinebauch ergeben einige der leckersten Gerichte, die man sich nur denken kann. Falls Sie Zweifel haben, was Sie nehmen sollen, fragen Sie Ihren Fleischer – er weiß es.

** Lammlachse sind keine Kreuzung zwischen Schaf und Fisch, sondern die ausgelösten Rückenfilets vom Lamm. **

III
Die formvollendete Gastgeberin

Wie frau allen den Kopf verdreht,
noch den Stursten bezaubert
und zur Partykönigin wird

Servieren Sie das Dinner umgekehrt,
machen Sie, was Sie wollen, aber um Gottes willen,
machen Sie etwas Verrücktes.
Elsa Maxwell

Die Partykönigin

Ich kenne kaum jemanden, der noch Zeit für Einladungen in großem Stil hat, wie man sie in längst vergangenen Zeiten pflegte. Heutzutage hechten wir den ganzen Tag durchs Haus und räumen hinter anderen Leuten her oder hetzen um 6.30 Uhr aus der Tür, um unsere Brötchen zu verdienen, und um 21.30 Uhr wieder nach Hause, um vor dem Fernseher ein Take-away-Essen mit einer Flasche Cava herunterzuschlingen. Unsere Kinder werden von Kindermädchen aufgezogen, unsere Hunde von Hundeausführern Gassi geführt, und wir haben kaum Zeit für unsere Freunde, die offenbar fast so beschäftigt sind wie wir. Die Vorstellung einer Essenseinladung oder Cocktailparty oder irgendeiner grässlichen Veranstaltung in den eigenen vier Wänden scheint daher kaum der Mühe wert. Aber verzweifeln Sie nicht, denn ich habe ein paar tolle Tipps für Sie, um Ihnen das Partygeben zu erleichtern. Es ist eigentlich ganz ähnlich wie beim Film:

- *Schauspielerin/Regisseurin:* Inszenieren Sie nicht nur, spielen Sie auch selbst mit. Gourmetessen sind zwar köstlich, aber Sie wollen sich auch an Ihren Gästen freuen, die Sie keinesfalls, angetan mit Topflappen und Schürze, den ganzen Abend mit Schüsseln hin und her rennen sehen möchten. Also nehmen Sie sich Zeit, sich mit Ihren Gästen zu unterhalten, amüsieren Sie sich und entspannen Sie ein bisschen. Ein Großteil der Arbeit sollte erledigt sein, wenn die Gäste eintreffen (*siehe* »Catering« unten).
- *Regieassistent/in:* Regieassistenz können gute Freunde oder die Familie leisten. Sie nehmen die Garderobe entgegen, bestellen Taxis, reichen Schalen mit Nüssen herum, zeigen den Leuten, wo das Klo ist, scheuchen Raucher nach draußen und so weiter.
- *Besetzung:* Besetzen Sie Ihre Gästeliste wie für einen Blockbuster. Also eine gemischte Besetzung mit einem

deutlichen Anteil an Extrovertierten. Nicht Rüpel – Extrovertierte. Beim Essen am Tisch setzen Sie Paare nicht zusammen, sondern verteilen sie. Und laden Sie niemanden ein, den Sie nicht leiden können.

- *Catering:* Vorbereitung ist das Allerwichtigste bei einer erfolgreichen Einladung. Planen Sie im Voraus, und bereiten Sie so viel wie möglich vorher zu, damit Sie nicht den ganzen Abend in der Küche stehen. Ich verrate Ihnen ein Geheimnis: Den Gästen ist ziemlich egal, was sie essen, solange es nicht gerade giftig ist. Sie kommen, um Sie zu sehen und sich ein bisschen zu entspannen. Wissen Sie noch, wie Bridget Jones aus Versehen blaue Suppe kochte? So etwas ist uns allen schon passiert, und den Gästen macht das nichts, solange Sie etwas Unterhaltsames daraus zaubern können. Halten Sie ein paar Notrationen in der Kühltruhe und im Küchenschrank parat – etwas, das im Notfall sofort servierfertig ist.

Klare Suppe aus der Dose ist eine fantastische Vorspeise, die sich in einem großen Topf leicht auf der richtigen Temperatur warm halten lässt, bis Sie so weit sind. Gießen Sie einfach zwei Minuten vorm Auftragen einen Schuss Sherry dazu, und alle werden schwören, die Suppe sei hausgemacht. Würstchen mit Kartoffelbrei kommen bei den Herren gut an – bei Tisch wie auch beim Büffet. Das lässt sich leicht im Voraus zubereiten und absolut ewig warm halten. Aber kaufen Sie wirklich gute (teure) Würste. Je höher der Fleischanteil, desto weniger schrumpeln sie ein. Stellen Sie eine Sauciere mit kochend heißer Sauce dazu (ich nehme dazu Wildsuppe: unschlagbar und ganz schnell gemacht, nur die Dose aufmachen und erhitzen). Der Duft nach leise köchelnder Suppe und Sauce zieht verlockend aus der Küche und steigt den eintreffenden Gästen in die Nase. Wenn Sie wollen, können Sie auch etwas Knoblauch in Butter anbraten – nicht zum Essen, es riecht nur gut. Vegetariern kann man eine gute Quiche vorsetzen, selbst gemacht oder fertig gekauft. Nehmen Sie die fertig gekaufte aber aus der Packung, und garnieren Sie sie mit frischem Rucola und geviertelten Kirschtomaten.

Zum Nachtisch sollten Sie ein paar luxuriöse Kuchen oder einen großen Früchtekuchen kaufen, den Sie vorher in große Stücke schneiden. Auf Teller geben und vorm Servieren 30 Sekunden in die Mikrowelle stellen, dazu einen großen Krug Sahne oder gutes Speiseeis. Große Kannen Kaffee sind leicht zu machen, dazu reicht man köstliche Kekse. Die kommen immer super an. Sie verstehen, was ich meine? Sehr wenig Anstrengung in der Küche, gutes Essen, das alle für selbst gekocht halten, und daher sehr viel Zeit für Ihre Gäste. Aber setzen Sie Ihren Gästen nichts vor, das Sie nicht vorher selbst probiert haben. Als Versuchskaninchen sieht sich keiner gern.

- *Drehbuch und Dialog:* Setzen Sie Dichter neben Steuerberater, und stellen Sie den Männern die Frauen vor. Ein Introvertierter blüht auf, wenn man ihn neben jemand Warmherzigen und Freundlichen setzt. Setzen Sie nie zwei Schüchterne nebeneinander, sonst starren sie die ganze Zeit beschämt auf ihre Schuhe, und die Kälte breitet sich im gesamten Raum aus. Wenn Sie zwei Menschen einander vorstellen, sorgen Sie gleich für Gesprächsstoff mit Sätzen wie »Susie, das ist Malcolm, er ist Experte für nekrotisierende Fasziitis, Malcolm, Susie sammelt Glasspinnen«. Dann gehen Sie weiter. Ich kannte mal eine Partykönigin, die zu Motto-Essen einlud oder den Leuten gleich beim Ankommen ein Etikett mit einem Namen aufklebte, den diese dann erraten mussten. Bei deren Einladungen hatte ich nie viel Spaß.
- *Szenenbild:* Büropartys sind aus vielerlei Gründen grässlich: das Fotokopieren von Popos, das Fummeln im Wandschrank, die Unmengen von Leuten, die man verabscheut. Die summenden Neonröhren sind allerdings sicherlich

auch keine Hilfe. Wählen Sie für Ihre Beleuchtung einen Helligkeitsgrad, der es den Leuten ermöglicht, Essen, Zigaretten und die Gesichter der anderen zu erkennen, aber nicht so dunkel, dass sie mit ausgestreckten Händen nach der Tür tasten. Lichterketten verwandeln einen langweiligen Innenhof in ein intimes, glitzerndes Feenreich – besonders, wenn die Gäste ein paar Drinks intus haben.

Blumen kommen immer gut. Ein Restaurant mit Blumen auf dem Tisch kann stets einen Zehner auf die Rechnung aufschlagen, heißt es. Dekorieren Sie alles mit frischen Blumen. Es sei denn, Sie haben den Verein der Heuschnupfenpatienten eingeladen.

Ein kleines Geschenk für jeden Gast auf dem Esstisch ist eine nette Geste, etwa ein Holzspielzeug, Luftballons, eine Mundharmonika oder ein Gedichtband. Stimmen Sie die Geschenke auf die Gäste ab. Wenn Sie sie gut kennen, können Sie ihnen mit einer preiswerten, aber persönlichen Gabe eine echte Freude machen, zum Beispiel einem Plektrum, Pralinen, einer Packung Wunderkerzen oder einer Zigarre.

- *Ende:* Die besten Gäste brechen zu einer vertretbaren Zeit auf, wünschen, sie könnten noch länger bleiben, und winken Ihnen zum Abschied zu. Andere hingegen bleiben bis zum ersten Hahnenschrei wie festgewachsen auf Ihrem Sofa sitzen – wenn Sie nichts unternehmen. Fürchten Sie nicht, sie zu beleidigen, denn sie sind stets unsensibel. Gähnen und Recken sind ein guter Anfang, bevor Sie Ihr Nachthemd anziehen. Sind sie immer noch da, wenn Sie wiederkommen, nehmen Sie eines dieser Megafone, wie man sie bei Demonstrationen benutzt, und verkünden Sie: »Erde an die Meyers – Zeit, nach Hause zu gehen.« Das müsste wirken.

** »Meine Energie, Vitalität und Dreistigkeit widern mich an.« –*
*Lady Nancy Astor **

Bewirtung unerwarteter Gäste

Es gibt eine herrliche Geschichte über Johnny Speight, der Frankie Howerd zum Essen eingeladen und es dann wieder vergessen hatte, bis er ihn durch den Vorgarten kommen sah. Speight sprang aus dem Sessel und scheuchte seine Frau in die Küche, um eine Mahlzeit zu improvisieren. »Aber ich habe nichts eingekauft«, protestierte sie. »Egal: Gib dein Bestes«, zischte er, als es an der Tür klingelte. Eier und Schinken sind kein besonderes Dinner, wenn man ein Festmahl erwartet hat, und als man es ihm vorsetzte, starrte Howerd einen Moment darauf und beschwerte sich dann: »Das ist kein Dinner. Das ist *Frühstück.*«

Okay, es gibt einen Unterschied zwischen vergessenen und unerwarteten Gästen, aber groß ist er nicht – improvisieren muss man in beiden Fällen. Hier ein paar Tipps für den Umgang mit unverhofften Gästen.

Falls es Gäste sind, über die Sie sich freuen:

- Sagen Sie klar, was sie zu erwarten haben: Wenn Sie um sechs Uhr wegmüssen, sagen Sie das.
- Falls Sie beschäftigt sind, wenn die Gäste kommen, versuchen Sie, sie einzubinden. Nehmen Sie sie mit in den Garten, oder lassen Sie sich beim Kochen helfen.
- Entschuldigen Sie sich nie für die Unordnung. Sie brauchen sich überhaupt für nichts zu entschuldigen – es ist Ihr Haus.
- Geben Sie ihnen nicht das Gefühl, gewaltige Umstände zu machen – außer wenn dies tatsächlich der Fall ist.
- Setzen Sie sofort Wasser auf (passt Ihnen das?).
- Denken Sie nicht ständig an die letzte Folge der Kostümserie, auf die Sie sich die ganze Woche gefreut haben. Der Fernseher bleibt aus!
- Sie sollten immer Notvorräte im Haus haben, aus denen Sie jederzeit eine improvisierte Mahlzeit zubereiten

können: Suppe, Nudeln, Bohnen und ein paar Dosen mit interessanten Sachen. Spaghetti mit einer Dose (Not-)Sauce und ein paar Zutaten ergeben schon ein blitzschnelles Festmahl. Besonders, wenn Sie dazu eine Flasche Wein entkorken. Das Anbraten einer Zwiebel schafft ein heimeliges Aroma und gibt den Menschen das Gefühl, willkommen zu sein.

- Falls Kinder dabei sind, machen Sie etwas Aufregendes mit ihnen, zum Beispiel spielen. Ein schönes Spiel ist der Wettbewerb, wer sich die meisten Weintrauben unter die Lippen stopfen und dann pfeifen kann, ohne zu lachen. Dabei landen leider Trauben auf dem Boden, also verlegen Sie das Spiel lieber nach draußen (natürlich nicht auf die Hauptstraße).
- Falls nichts zu essen im Haus ist, bestellen Sie etwas beim Kurier und schlagen Sie vor, sich die Kosten zu teilen.
- Machen Sie einen langen Spaziergang mit dem Hund, und lassen Sie sich vom Besuch alle Neuigkeiten erzählen. Dafür braucht man definitiv einen Hund, Mädels. Mit einer leeren Leine herumzulaufen sieht gar zu merkwürdig aus.

Falls es sich um unerwünschte Gäste handelt, probieren Sie Folgendes:

- Tun Sie, als seien Sie nicht da. Aber lassen Sie sich nicht vom Fenster aus erwischen, wie Sie sich hinterm Sofa verstecken. Sehr peinlich.
- Bitten Sie sie, beim Entlüften der Heizkörper zu helfen.
- Setzen Sie ihnen Sardinenpudding mit gehacktem Aal und Fischlippen vor.
- Zeigen Sie ihnen sämtliche Urlaubsfotos Ihres Lebens. Selbst die hartgesottensten Rüpel gelangen hier an ihre Grenzen.

- Machen Sie das Bügeleisen an und gehen Sie weg. Zumindest gehören die rauchgeschwärzten Ruinen Ihres Heims wieder Ihnen, wenn Sie zurückkommen.

* *Der Regisseur von* Der Tag, an dem die Erde Feuer fing *(1961) war Val Guest.* *

Mixrezept: Harvey Wallbanger

Warum müssen Cocktails immer so alberne Namen haben? Ich fühle mich schon blöd genug, wenn ich einen Screwdriver (»Schraubenzieher«) bestelle, aber die Namen für einige der neumodischeren Drinks sind in guter Gesellschaft einfach nicht auszusprechen. Und dann »Cocktail« selbst, wo in aller Welt kommt der Ausdruck her? Ich sag's Ihnen: Zum ersten Mal tauchte er in der Ausgabe vom 13. Mai 1806 des *American Balance and Columbia Repository* auf, wo er auf eine Leserfrage definiert wurde als »ein starkes Getränk aus Alkohol, Magenbitter, Wasser und Zucker«. Ich frage mich, ob sich der Redakteur des *American Balance and Columbia Repository* das ausgedacht hat?

Meine Lieblingsgeschichte über die Entstehung des Harvey Wallbanger ist folgende. Ein kalifornischer Surfer namens Harvey peppte seine Screwdrivers gern mit Galliano auf – einem leckeren Likör, der Anis, Lavendel, Minze sowie Vanille, Zimt und Koriander enthält (gibt es im Supermarkt). Eines unglückseligen Abends ertränkte Harvey, nachdem er einen Surfwettbewerb verloren hatte, seinen Kummer so ausgiebig, dass seine diversen vergeblichen Versuche, den Ausgang der Bar zu finden, zu wiederholtem Kontakt seines Kopfes mit der Wand führten. Und ein Name war geboren.

Weniger schön, aber vermutlich wahr ist die Geschichte, dass der Barkeeper Bill Doner ihn einfach erfand. Jedenfalls wird er so gemacht:

Zutaten

- *1 Teil Wodka*
- *4 Teile Orangensaft*
- *2 TL Galliano*
- *6 Eiswürfel*
- *1 Orangenscheibe*

Zubereitung

Es gibt vier Grundmethoden der Cocktailzubereitung: im Shaker, im Blender (Mixer), im Rührglas und im Gästeglas. Sie erinnern sich bestimmt, dass James Bond seine Martini-Cocktails geschüttelt, nicht gerührt bevorzugt. Das liegt daran, dass bei den unterschiedlichen Methoden Vermischung, Temperatur und Aussehen ganz unterschiedlich ausfallen. Die folgende Mixanleitung für einen Harvey Wallbanger ist eine Kombination aus Shaker und Gästeglas. Durch das Schütteln wird der Drink in angemessener Weise gekühlt und verdünnt, und natürlich sieht es hübsch aus.

1 Drei Eiswürfel, Wodka und Orangensaft in einen Cocktailshaker geben.
2 30 Sekunden gut schütteln. Versuchen Sie, professionell auszusehen.
3 Mix über das restliche Eis in ein hohes Glas abseihen; das andere Eis bleibt im Shaker.
4 Inhalt des Glases mit Galliano übergießen. Das sieht cool aus und ist nicht schwer. Dazu den Galliano vorsichtig über einen Löffelrücken schütten, der die Drinkoberfläche berührt. Mit Orangenscheibe dekorieren.
5 Dem Bargast im weißen Smoking servieren. Keine Cocktailschirmchen bitte.

** Am 8. November ist Harvey-Wallbanger-Tag. **

Der perfekt gepackte Picknickkorb

Es gibt wohl kaum erfolgreichere Songwriter als den produktiven Jimmy Kennedy. Wie, von dem haben Sie noch nie gehört? *If you go down to the woods today you're in for a big surprise.* Das war eine Liedzeile aus dem Millionenseller *Teddy Bears' Picnic*, und er hat noch sehr viel mehr geschrieben, das Sie bestimmt kennen. Und das bringt mich zu meiner Predigt des heutigen Tages: Wie man den perfekten Picknickkorb packt. Es ist natürlich kinderleicht, einen nicht perfekten Picknickkorb zu packen. Häufig fehlt etwas: das Messer für die Butter oder der Flaschenöffner fürs Bier oder das Salz für die gekochten Eier. Wenn Sie es also richtig machen wollen, nehmen Sie sich einen Korb, denn hier kommt das Insiderwissen.

Anleitung

1. Besorgen Sie sich erst einmal ein anständiges Behältnis. Es muss kein handgefertigtes viktorianisches Weidenteil mit Lederriemen sein, aber ein halbes Dutzend Plastikeinkaufstüten geht schon mal gar nicht.
2. Machen Sie zunächst eine Liste von allem, was Sie brauchen, und legen Sie alles bereit, damit Sie es Stück für Stück abhaken können, wenn es in den Korb kommt.
3. Übertreiben Sie es nicht mit dem Inhalt. Mrs Beeton – gesegnet sei ihre Zuckerzange – bestand auf einer gigantischen Liste von Unentbehrlichem, darunter ein Rettich, etwas Eis, etwas Würfelzucker, etwas Streuzucker, eine Flasche gut zugekorkte Minzsauce, *vier* Teekannen und *drei* Korkenzieher. Sie muss zum militanten Flügel der Picknickpartei gehört haben. Wer trug überhaupt all diese Utensilien – Mr Beeton? Nein, beschränken Sie sich auf ein Minimum, aber lassen Sie nichts Lebenswichtiges weg. (Meist bleibt das Salz zu Hause, und das ganze Essen ist ruiniert.)

4 Nehmen Sie *genügend* Teller, Besteck, Tassen und Gläser mit.
5 Ein paar Butterbrottüten sind eine gute Idee. Man kann darin Sachen mixen, Reste darin entsorgen und so weiter.
6 Gut ist Essen, für das man kein Besteck braucht: Würste, Pasteten, gekochte Eier, eingelegtes Gemüse, Sandwiches, Sellerie und Karotten, Früchtebrot, Hühnerflügel, in Stücke zu brechendes Brot wie Focaccia oder Baguette … Ach, mir läuft schon das Wasser im Mund zusammen!
7 Falls Sie irgendwelche Dosen mitnehmen müssen, vergessen Sie um Himmels willen den Büchsenöffner nicht, sonst ist die Blamage groß (*siehe oben:* Salz).
8 Vergessen Sie die Gewürze nicht: Chutney, Pfeffer, Relishes, Senf etc. Damit verwandelt man hart gekochte Eier, Hühnerbeine oder Cocktailwürste in ein königliches Festmahl.
9 Salate sollten robust sein. Zarter Blattsalat, Gurke und weiche Tomaten zerfallen unterwegs oft zu Matsch. Ich mixe das in große Stücke geschnittene Grünzeug meist in einem großen Behälter, zerkleinere es dann vor Ort und gebe die Salatsauce hinzu.
10 Cheddar schwitzt bei Wärme wie ein Schwerstarbeiter. Versuchen Sie es mit Stilton, der selbst die Hitze einer Atomexplosion übersteht.
11 Meiden Sie zum Dessert wegen der Wespen Marmelade und alles Süße, Klebrige, Tropfende: Muffins, Obst und Beeren sind okay, und fast alles lässt sich in einen Topf Crème fraîche tunken.
12 Falls Sie kalte Getränke möchten, stecken Sie ein paar Dosen oder Plastikflaschen etwa eine Stunde vor Aufbruch in die Tiefkühltruhe (vorher sorgfältig experimentieren). Wenn Sie ankommen, ist die Temperatur gerade richtig. Und Sie müssen sich nicht mit Eis abschleppen. Ich nehme immer zuckerfreie Getränke: schützt vor Wes-

pen und setzt sich nicht an meinen Oberschenkeln ab. Schorle kann man vor Ort mixen, und alles, was kalt ist und sprudelt, ist gut.

Und schließlich: Nehmen Sie ein paar Plastiktüten für den Abfall mit. Ich weiß nicht, wie es Ihnen ergeht, aber nach meinen Picknicks bleibt immer eine Tonne Müll übrig. Hier noch ein paar wesentliche Sachen, die manchmal vergessen werden:

- *Eine anständige Decke (Es gibt nichts Schlimmeres als einen Lunch inmitten von Kuhfladen und Disteln!)*
- *Ein paar Kissen*
- *Jede Menge Wasser*
- *Ein Flaschenöffner und ein Korkenzieher (ganz wichtig)*
- *Ein scharfes Messer (lebenswichtig)*
- *Ein paar Erfrischungstücher (hervorragend zur Hand- und Gesichtsreinigung, aber auch, um Teller abzuwischen)*
- *Eine Rolle Küchenpapier (wird viel gebraucht)*
- *Papier- oder Stoffservietten*
- *Sonnenhüte oder ein riesiger Sonnenschirm, der auch gegen Regen schützt*
- *DAS SALZ!*

* Picknick *kommt vom französischen* pique-nique. *

Was tun, wenn der Tanzpartner kleiner ist?

Sehen Sie nicht auf kleine Männer herab, wenn Sie eine hochgewachsene Lady sind – man kann auch *klein*, dunkelhaarig und gut aussehend sein. Alexander der Große und Napoleon waren schließlich beide klein, aber das hinderte sie nicht daran, mächtig und attraktiv zu sein, und Tom Cruise ist winzig (1,67 Meter), reich *und* gut aussehend. Und denken Sie auch an den berühmten englischen Varietékomiker Jimmy Clitheroe, der nur 1,27 Meter groß war, eine Quietschstimme hatte, lächerlich aussah und nicht komisch war. Okay, vergessen wir Jimmy Clitheroe. Aber die anderen sind in Ordnung.

Es stimmt zwar, dass große Männer mehr Kinder zeugen als kleine und dass kleine Männer eher arm, dick, Raucher und infarktgefährdet sind. Das ist aber kein Grund, nicht mit einem Typ von Toulouse-Lautrecs Größe zu tanzen, selbst wenn Sie hochgewachsen, elegant und souverän sind wie Tom Cruises Exgattin Nicole Kidman (knapp 1,80 Meter), die damit ganz gut zurechtkam.

Letzten Endes lässt sich das Problem, mit einem kleineren Mann zu tanzen, auf zweierlei Art lösen: Entweder Sie stehen dazu, oder Sie versuchen, den Größenunterschied auszugleichen.

Im ersteren Lager findet man mit höherer Wahrscheinlichkeit gut gelaunte normale Damen, die im anderen dagegen werden nie wirklich zufrieden sein – ein bisschen wie Prinz Charles, als man ihn für das offizielle Foto von ihm und seiner Frau auf eine Kiste stellte. Kein Wunder, dass er so komisch guckte.

Stehen Sie dazu

Dazu zu stehen ist wesentlich einfacher, als den Größenunterschied auszugleichen, denn wenn Sie groß gewachsen sind, wollen Sie nicht ewig gebückt gehen und flache Schuhe tragen. Warum sollten Sie Ihre Größe unter den Scheffel stellen? Wenn Sie es haben, *zeigen* Sie es auch. Also:

- Ziehen Sie niemals die Schuhe aus. Tragen Sie eventuell flachere Absätze, aber nur, wenn das Ihr Aussehen nicht beeinträchtigt. Wenn Ihnen der Größenunterschied nichts ausmacht, stört es auch andere nicht.
- Konzentrieren Sie sich aufeinander, nicht auf das, was die Leute denken.
- Falls er sehr viel kleiner ist als Sie, achten Sie darauf, dass Ihre Brustwarzen korrekt verhüllt sind. Sonst werden sie aus nächster Nähe und sehr ausgedehnt inspiziert.

Den Grössenunterschied ausgleichen

Hier ein paar Tipps:

- Nutzen Sie die Perspektive, indem Sie einen gewissen Abstand halten. Klammerblues können Sie so allerdings nicht tanzen.
- Flache Schuhe für Sie, Einlagen für ihn.
- Keine Hochsteckfrisuren.
- Tangos sind gut wegen dieser vielen Beugefiguren.
- Bringen Sie ihm bei, unter der Hose Stelzen zu tragen (das riecht nach Verzweiflung).

** Der Zirkusstar General Tom Thumb war genau einen Meter groß. **

Raumbeduftung in zehn Sekunden

Es gab eine Zeit, da besichtigte ich Häuser, weil ich eines kaufen wollte. Das kann immer ein demoralisierender Prozess sein, weil (A) Ihnen klar wird, dass das, was Sie sich leisten können, kleiner und scheußlicher ist, als Sie sich vorgestellt hatten, und (B) viele Häuser, die man Ihnen zeigt, Drecklöcher sind. Ich erinnere mich an ein Haus, wo im gesamten slumartigen Schlafzimmer hässliche Männerhosen verstreut lagen, und eines, wo rätselhafterweise ein Marmeladen-Donut an der Decke eines ansonsten reizenden georgianischen Anwesens klebte. Andere rochen nach Hunden oder Feuchtigkeit – was mich zum Thema meines heutigen Seminars in Lebenshilfe bringt.

Es gibt viele Gründe, einen Raum auf die Schnelle zu parfümieren, sei es, um für plötzliche Besucher ein einladendes Aroma zu schaffen, sei es, um den Geruch des gestrigen Kohleintopfs zu überdecken, oder sei es, um Ihr miefiges Wohnschlafzimmer im Handumdrehen in ein kuscheliges Konkubinenlager zu verwandeln.

Vergessen wir einmal kurz jene nasenbeleidigenden Produkte, die man heutzutage in die Steckdose steckt, und auch jene Sprühpräparate, die »Gerüche neutralisieren«. Besucher fühlen sich dadurch nur an die bedrohlichen Düfte jenes Tränen treibenden Miefs erinnert, den diese Plastikdinger abgeben, die das Wasser in der Toilette blau färben, oder an den abstoßend sumpfigen künstlichen Ananasgestank, der an heißen Tagen über der Kläranlage am Flughafen Gatwick hängt.

Für olfaktorische Heiterkeit sollten Sie einige dieser Schnellkuren ausprobieren.

- Ein paar Glühbirnen mit Parfüm einsprühen und einschalten. Sofortige, starke Wirkung.
- Einen Wattebausch mit ätherischem Öl beträufeln und hinter einem Heizkörper deponieren.

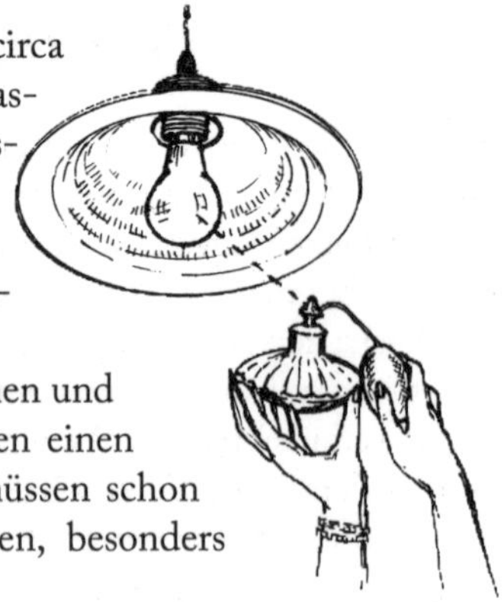

- In einer Sprühflasche circa 20 Tropfen Zitronengras- oder Lavendelöl mit Wasser vermischen und versprühen. Subtiler Effekt, wirkt am besten an heißen Tagen.
- Lilien, Freesien, Hyazinthen und andere Blumen verströmen einen starken Duft. Aber sie müssen schon länger im Zimmer stehen, besonders rasch wirken sie nicht.
- Falls ein Kaminfeuer brennt, träufeln Sie vorm Anzünden holzige Öle wie Zeder oder Sandelholz auf ein Scheit. Oder Öl auf die heißen Kacheln rund ums Feuer träufeln.
- Falls Sie ein wenig zum Hippie tendieren, zünden Sie einfach ein Räucherstäbchen an.
- In Notfällen verbrennen Sie etwas Packpapier. Damit überdecken Sie selbst das Aroma zerdrückter Stinkmorcheln.
- Ein subtilerer Effekt ergibt sich durch das Schälen oder Aufschneiden von Orangen, Mandarinen oder anderen Zitrusfrüchten.
- Braten Sie Zwiebeln oder Knoblauch. Damit lassen sich alle Kochgerüche überdecken, und die Gäste bekommen Appetit.
- Eine große Zigarre anzünden und herumpaffen. Wirkt sehr schnell, aber nicht besonders feminin.
- Den Camembert auspacken.

** Eine Flasche des grandiosen Parfüms*
*Imperial Majesty kostet gut 1500 Euro. **

Der Hofknicks

Nur falls Sie es nicht wissen: Das englische Wort für Knicks, *curtsy*, kommt von *courtesy*, Höflichkeit. Die Sache selbst ist eine formelle Begrüßung (ausschließlich für Mädchen und Frauen), bei der frau, einen Fuß vorgestellt, die Knie beugt und leicht den Kopf neigt, wobei sie manchmal ihre Röcke rafft (sieht in Jeans nicht so gut aus).

Früher machten das Dienstmädchen vor ihrer Herrschaft und wohlerzogene kleine Mädchen vor Erwachsenen in Anzügen. Heutzutage dient es fast ausschließlich dazu, vor Mitgliedern der königlichen Familie seine Ehrerbietung zu bezeugen.

In diesen Zeiten der Gleichberechtigung jedoch kommen Ehrerbietungsbezeugungen vor Autoritäten ziemlich aus der Mode, und der Knicks pfeift aus dem letzten Loch. Seit 2003 etwa verlangt man auf Anregung des Herzogs und der Herzogin von Kent von den erschöpften Tennisspielerinnen keinen Hofknicks mehr, wenn sie vom Center Court in Wimbledon wanken. Wie schon der nekrophile Transvestit Norman Bates in *Psycho* bemerkte, verzichtet man immer mehr auf Formalitäten.

Andererseits weiß frau nie, wann sie einen Knicks gebrauchen könnte, zum Beispiel bei einem von diesen Botschaftsempfängen, wo Kellner in Livree die vergoldeten Silberteller des Botschafters schwenken, auf denen sich diese Schokoladenkugeln in Silberfolie türmen. Oder natürlich auf Ihrem Debütantinnenball.

Anleitung

1. Anders als der »Mädchenknicks« erfordert der altmodische Hofknicks, dass Sie auf dem gebeugten rechten Fuß nach hinten gleiten, wobei Sie ihn hinter und um den linken Fuß legen, der seine Stellung nicht verändert.
2. Das Gewicht liegt auf dem nach hinten gleitenden Fuß, sodass Sie anmutig in die Knie sinken und schließlich auf Ihrem gebeugten rechten Bein sitzen, die Arme hängen seitlich herab, der Kopf ist gebeugt. Dies ist eine höchst unterwürfige und verletzliche Pose.
3. Wenn Sie aufstehen wollen, verlagern Sie das Gewicht auf den linken Fuß und erheben sich wieder zu voller Größe. Dieser tiefe Knicks ist die Grundlage für die modernen Knickse, die Sie bereits kennen, selbst die kecken kleinen Knickse.

Eine seltsame Variante dieses tiefen Knickses besteht darin, die Knie nach außen zu beugen, statt das rechte Bein um das linke zu schlingen. Ich habe es nie probiert, aber es klingt ungelenk und so, als wolle man sich ohne Zuhilfenahme der Hände senkrecht auf einem Hüpfball niederlassen.

Bis zum 17. Jahrhundert hatte sich eine Hierarchie des Knicksens entwickelt, die verschiedene Grade der Ehrerbietung ausdrückte. Ich habe die drei wichtigsten Knickstypen zusammengefasst.

Drei Knickstypen

- *Knicks en avant (wörtlich »voraus«):* Sieht für mich wie der alte Dienstmädchenknicks aus, wo ein Fuß vorgestellt und dann ein Knie gebeugt wird, mit geradem Oberkörper und gleichmäßig verteiltem Gewicht. Beim Aufstehen verlagert man das Gewicht auf den vorderen Fuß.
- *Knicks en arrière (wörtlich »hinten«):* Wird beim Verlassen eines Raums ausgeführt. Zur Seite treten und knicksen, wobei das Gewicht auf dem hinteren Fuß ruht.

- *Knicks en passant (wörtlich »im Vorübergehen«):* Nützlich, wenn man in einer Menschenschlange wiederholt knicksen muss. Dabei stellen Sie sich neben denjenigen, den Sie begrüßen wollen, machen einen Schritt mit dem linken Fuß und wenden sich ihm oder ihr halb zu. Dann die Knie beugen und den rechten Fuß nach vorn setzen. Mit dem Gewicht auf diesem Fuß erheben.

Oder Sie sagen einfach Hallo wie ein normaler Mensch.

** Dass sich Cherie Blair zu knicksen weigerte, soll die Queen amüsiert haben. **

Woran frau merkt, ob sie einem Mann gefällt

Was das Verständnis und den Einsatz von Körpersprache angeht, sind Frauen den Männern so weit voraus, dass sie sich gerade dadurch deutlich im Nachteil befinden. Die Männer, die Guten, sind in dieser Hinsicht ungefähr so clever wie ein Gibbon, der versucht, Rosinen aus einem engen Marmeladenglas zu klauben. Anders gesagt: nicht sonderlich. Außerdem sind Männer simpler als Frauen, da ihnen fast alle fast ständig gefallen und sie ziemlich eindeutige Signale aussenden. Falls Sie diese Signale erkennen, sind Sie der blonden, blauäugigen, großbusigen Konkurrenz voraus – immer eine gute Sache. Sie sollten deshalb von der Annahme ausgehen, dass Sie Mann A tatsächlich gefallen. Ihr Problem ist das übliche aller Frauen, nämlich dass Mann A *Ihren* Gefallenstest bestehen muss. Wie kompliziert das alles doch ist. Egal, lassen wir das und kommen wir zur Sache.

Wonach Sie schauen müssen

- *Aufrechte Haltung:* Das erste Anzeichen, dass ein Typ sich für Sie interessiert, ist, dass er den Bauch einzieht, sich aufrechter hinstellt oder -setzt und die Brust herausdrückt. Dies alles macht er unbewusst.
- *Sich putzen:* Genau wie diese Vögel in den Naturfilmen putzen sich auch Männer. Verräterisch sind das Zurechtrücken der Krawatte, Glattstreichen der Haare, Fummeln an den Manschettenknöpfen, Zupfen an der Kleidung und so weiter.
- *Körperhaltung:* Wenn er Ihnen seinen Oberkörper zuwendet, ist das ein gutes Zeichen. Ein subtileres Zeichen ist es, wenn einer oder beide Füße des Mannes auf Sie weisen. Manchmal, wenn er versucht, sein Interesse für Sie vor jemandem (seiner Frau?) zu verbergen, wird er sich Ihnen nicht zuwenden, aber unbewusst einen Fuß in Ihre Richtung drehen. Wenn Ihnen das auffällt, werden Sie merken, dass er gelegentlich zu Ihnen herüberschaut. Macht er das, dann lächeln Sie warm oder zwinkern – je nachdem, was Ihnen angemessen erscheint. Daraufhin sollte Dampf aus seiner Hose aufsteigen.
- *Geschenke kaufen:* Wenn er Ihnen einen Drink ausgibt oder Ihnen irgendein kleines Geschenk überreicht, ist das ein Zeichen, dass er an Ihnen interessiert ist.
- *Blick:* Wenn Sie sich in einer Sitzung mit einem Mann unterhalten, schaut er Ihnen in die Augen und auf die Stirn. Bei gesellschaftlichen Anlässen schaut er Ihnen auf Augen und Mund. Falls er Sie begehrt, wird er unbewusst einen intimeren Blick auf Ihre Brust und/oder Ihren Schoß riskieren. Außerdem wird er Ihren Blick ein wenig länger als üblich festhalten. Geweitete Pupillen sind ein weiterer Hinweis. Wenn man jemanden begehrt, weiten sich die Pupillen. Sind seine Pupillen also groß, ist das ein eindeutiges Zeichen, dass ihm gefällt, was er sieht – oder es ist sehr dunkel.

- *Augenbrauenzucken:* Wenn er die Augen weit aufreißt und die Augenbrauen hochzieht, ist das ein blitzschnelles, subtiles Signal. Sie müssen nur blinzeln, schon haben Sie es verpasst.
- *Hände auf den Hüften:* Das ist das Äquivalent zu jenen Krötenmännchen mit dem aufgepumpten Hals. Damit wirkt er breiter. Hat er die Daumen im Gürtel und die Beine in Cowboyhaltung gespreizt, ist das eine eindeutige Balzhaltung, wobei seine Daumen auf das zeigen, was ich seine Hosenregion nennen möchte.
- *Schrittpräsentation:* Spreizt er die Beine, entspricht das dem Markthändler, der seinen Stand aufbaut. Ich habe gesehen, wie ein Mann während der Schrittpräsentation seine Fersen rechts und links der Beine der gegenübersitzenden Frau platzierte. Eine sehr aggressive und offene sexuelle Geste. Wenn Ihnen das passiert, sind Sie definitiv im Geschäft.
- *»Möchtest du meine Radierungen sehen?«:* Es mangelt ihm vielleicht an Originalität, aber nicht an Klarheit. Viel Glück!

** Die ersten Radierungen wurden von Daniel Hopfer (circa 1470–1536) gedruckt. **

Ein Mann, ein Bier – und das richtige Einschenken

Wenn Sie nicht in einer Kneipe arbeiten, werden Sie einem Gentleman Bier in der Regel aus einer Dose oder Flasche einschenken. Die Einschenktechnik mittels Zapfhahn aus einem Fass gleicht der Flaschenmethode. Kohlensäurehaltige Biere aus dem Fass oder der Zapfanlage einer Kneipe oder eines Fußballclubs zu servieren verlangt jedoch ein etwas anderes Verfahren, auf das ich hier nicht eingehen möchte.

Zunächst muss frau wissen, dass Biertrinker ähnlich wie Kunstkritiker und Jazzfans in diverse unvereinbare Lager gespalten sind, die sämtlich untereinander zerstritten sind und einander hassen. Der bärtige Alt-Trinker wird hochzufrieden sein warmes Getränk schlucken, das wolkig und so abgestanden wie ein Mühlteich ist – mit frei schwimmenden Partikeln darin –, wird aber auf einer halbstündigen Debatte über die Brauerei bestehen. Ihr Pils-Mann dagegen verlangt ein helles, klares, eiskaltes Getränk mit schöner Blume – aber keine zwölf Zentimeter Schaum. Ganz zu schweigen von den Kölsch- und Weißbier-Trinkern …

Die unten geschilderte Methode ist deshalb eine universale Technik, mit deren Hilfe Sie den Job für diverse Biertrinkertypen gut erledigen können und dabei die gröbsten Fehler vermeiden, etwa das Glas zu drei Vierteln mit Schaum zu füllen oder ein fassgegärtes Flaschenbier in einen sehr kalten Kühlschrank zu legen.

Anleitung

1 Dose oder Flasche öffnen. *Kalte Getränke schäumen stärker als warme* und müssen daher vorsichtiger behandelt werden. Flaschengegärtes Bier *(siehe unten)* sollte bei Zimmertemperatur, nicht kühlschrankkalt serviert werden.

2 Das Glas leicht schräg unter die Dose oder Flasche halten. Flaschenhals oder Dosenrand an den Glasrand anlegen und den Dosen- oder Flaschenboden *langsam* anheben, sodass die Flüssigkeit an der Glaswand herabrinnt, statt im freien Fall zum Glasboden zu plätschern. So setzt man nicht allzu viele Kohlensäurebläschen frei, die das Glas ansonsten schnell mit Schaum anfüllen würden. *Langsam eingießen.* Das ist die erste und wichtigste Biereinschenk-Regel.

3 Falls Sie ein Bier in ein Glas gießen, füllen Sie es bis zum Rand, sodass die Blume über dem Glasrand sitzt.

Schlechtes Einschenken bringt die Gäste in der Kneipe in Rage, und Sie tun gut daran, das auch zu Hause zu beherzigen. Schäumendes Bier sollte man immer ein wenig stehen lassen und dann auffüllen, damit das Glas voll wird. Damit können Sie Punkte machen.

4 Zu dem Zeug in der Dose wird manchmal ein Plastikteil mitgeliefert, das beim Öffnen Schaum erzeugt.

5 *Flaschengegärtes Bier* erfordert eine besondere Technik, weil es noch in der Flasche gärt – Sie können die Hefeablagerungen sehen. Hier gibt es zwei Denkmodelle: die Mittrinker und die Vorsichtigen. Bei den Vorsichtigen sollten Sie *noch langsamer* als sonst einschenken, um auf keinen Fall die Ablagerungen aufzuschütteln. Und öffnen Sie keine Flasche, die gerade aus dem Supermarkt kommt. Halten Sie die Augen offen, wenn Sie ans letzte Viertel der Flasche kommen, und sobald Sie das erste graue Hefeflöckchen sehen, hören Sie auf zu gießen und schütten den Rest weg. Diese Hefeablagerung ist eigentlich ganz harmlos. Falls Sie also einem Mittrinker einschenken, gießen Sie ein wie gewohnt, schwenken aber, sobald Sie ans letzte Achtel der Flasche kommen, die Flüssigkeit leicht herum, um die Ablagerung mit dem Bier zu vermischen. Dann den wolkigen Rest vorsichtig ins Glas schütten.

6 Am besten tragen Sie immer ein Dirndl, wenn Sie einem Herrn Bier einschenken.

** In Deutschland werden pro Jahr und Kopf etwa 120 Liter Bier getrunken. **

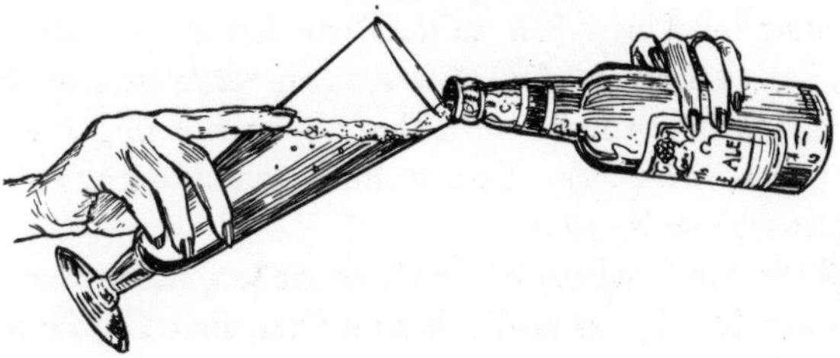

Hilfe, er schnarcht!

Stellen Sie sich folgendes Bild vor: Sie legen *Stolz und Vorurteil* mit einem mitfühlenden Seufzer beiseite, knipsen das Licht aus, dösen verträumt ein und versinken in schönen Gedanken. Und ganz plötzlich werden Sie von einem spektakulären Lärm wie von einem gigantischen Walross, das durch ein Didgeridoo in einen Tank voller Pudding röhrt, brutal geweckt. Ja, schon wieder schnarcht der Mann neben Ihnen. Verblüffend, wie der sexy Typ, der Ihnen einst so dunkel attraktiv und geheimnisvoll erschien, sich wie Dr. Jekyll in ein schnarchendes, rülpsendes, Unsinn redendes Affenwesen verwandeln kann, das Ihnen jede Nacht die Bettdecke wegreißt und sich völlig rücksichtslos darin einrollt.

Sie *müssen* handeln. Es folgen ein paar Ursachen fürs Schnarchen mit den passenden Gegenmaßnahmen.

- *Alkohol:* Entspannt alles, einschließlich der Halsmuskeln. Sagen Sie ihm, dass seine Schlaffheit Sie *nicht befriedigt.*
- *Rauchen:* Verursacht alle möglichen Probleme wie Super-Rotz, entzündete Atemwege und einen rauen Hals. Gewöhnen Sie es ihm ab, indem Sie erklären, dass Rauchen zu permanenter Impotenz führen kann (was sogar stimmt). Auch Milch verursacht Schleim, passen Sie also auf, falls er Milchoholic ist.
- *Übergewicht:* Fettgewebe am Hals kann die Luftzufuhr blockieren. Er soll sich bei Pizza, Currys und Bier einschränken und mehr Sport treiben.
- *Schlafhaltung:* Wenn er auf dem Rücken schläft, fällt seine Zungenwurzel leichter nach hinten und kann die Luftröhre verschließen (*siehe unten:* Schlafapnoe). Versuchen Sie es mit mehr Kopfkissen, oder bringen Sie ihn dazu, auf der Seite zu schlafen. In den Schlafanzug eingenähte Tennisbälle waren eine Empfehlung meines Milchmannes. Bei ihm hat es funktioniert. Zur Not kön-

nen Sie versuchen, ihn auf die Seite zu drehen oder ihn zu wecken und ihm zu sagen, er möge sich umdrehen. Geht am besten bei nicht angetrunkenen Typen.

- *Allergie:* Ersetzen Sie sein Daunenkissen durch ein synthetisches. Hindern Sie ihn daran, vorm Einschlafen Antihistamine zu nehmen. Schnarchmäßig schaden sie oft mehr, als sie nützen.
- *Schlafapnoe:* Dies ist eine ernsthafte – sogar lebensbedrohliche – Krankheit, bei der für kurze Zeit die Atmung aussetzt. Außerdem sorgt sie für schlechten Schlaf, sodass der arme Kerl den ganzen Tag wie ein Zombie herumläuft. Scheuchen Sie ihn zum Arzt, denn die Sache lässt sich in ernsten Fällen operativ behandeln.

Ich kannte mal einen jungen Mann, der mir erzählte, er schnarche so laut, dass er davon tatsächlich selbst aufwache. Er kurierte sich davon, sagte er, indem er im Gästezimmer schlief. An solchen witzig gemeinten Bemerkungen scheiterte unsere Beziehung. Das Gästezimmer ist aber tatsächlich ein effektives Mittel, wenn gar nichts anderes hilft. Entweder er oder Sie; es spielt keine Rolle. Also denken Sie daran: Lache, und die Welt lacht mit dir, schnarche, und du schläfst allein.

Andere bewährte Gegenmittel

1 Schlagen Sie ihn.
2 Schlagen Sie auf sein Kopfkissen.
3 Ohrstöpsel (für *Sie* natürlich).
4 Nasenstrips und diverse Masken, die die Nasenkanäle frei halten sollen. Es gibt auch eine Art Zahnschiene, die ihm Unterkiefer und Zunge nach vorn ziehen soll, sodass im Rachen mehr Raum bleibt. Das klingt aber alles ein bisschen zu gruselig, um daneben zu schlafen.
5 Gehen Sie als Erste ins Bett, damit Sie schon schlafen, wenn die Schnarcherei losgeht. (Sie betreten hier das

Reich der Verzweiflung, denn das funktioniert nur, solange seine Dezibelstärke so gering ist, dass sie Sie nur beim Einschlafen stört.)

6 Treiben Sie den ganzen Tag Sport, damit Sie erschöpft und durch nichts aufzuwecken sind. (Sie haben eindeutig verloren.)

Erfolg kann ich Ihnen leider in keinem Fall garantieren, aber jeder Tipp ist einen Versuch wert, selbst wenn die Spannung Sie schließlich umbringt; schließlich ist es eine solche Erleichterung, wenn Sie eines Nachts nach Monaten der Schlaflosigkeit und Vorwürfe Triumph verspüren. Sie warten eine halbe Stunde mit bis zum Zerreißen angespannten Nerven, aber es kommt kein anderes Geräusch als das Schlagen der Uhr und das Rascheln von Efeu an der Hauswand.

Hurra!

** Japanische Holzsägen arbeiten »auf Zug«,*
*nicht wie die herkömmlichen »auf Druck«. **

Korrekte Klobrillenbehandlung in Wohngemeinschaften

In den wunderbaren Holzzügen längst vergangener Zeiten gab es auf dem Klo ein Schild, auf dem in der knappen Prosa jener Zeit stand: »*Gentlemen lift the seat.*« War dies eine philosophische Prämisse, eine nüchterne Tatsachenfeststellung oder vielleicht eine Andeutung, jeder Mann, der nicht die Klobrille hochklappe, sei kein Gentleman? In Wirklichkeit war es natürlich lediglich eine vergebliche Bitte, verkleidet als Imperativ.

Obwohl wir selbstverständlich froh sind, wenn der Gentleman die Klobrille hochklappt, kommt das eigentliche Hauptproblem natürlich erst dann, wenn er sie nicht wieder herunterklappt. Wenn Sie irgendwo mit vielen Männern leben – oder auch nur mit einem Mann –, kann das Klobrillenproblem sich vom Stadium der vergeblichen Bitte zu einer täglichen Plage auswachsen, die Sie mit der beharrlichen Kraft von Wasser, das auf einen grauen Stein tropft, über Monate, Jahre oder sogar Jahrzehnte zermürbt. Ich habe noch nie gehört, dass sich eine Frau wegen nachlässiger oder sogar absichtlich unkorrekter Toilettenbrillenbehandlung scheiden ließ, aber wundern würde es mich nicht.

Sehen wir uns die Argumente an. Ich lasse dabei momentan den Klodeckel aus der Diskussion, weil die Dinge schon ohne ihn kompliziert genug sind.

Funktion

- Es gibt nur eine Art, wie Damen die Toilette benutzen können, nämlich mit aufgelegter Klobrille. Wenn Sie jemals mitten in der Nacht in einer Studenten-WG das dunkle Klo aufgesucht und sich ohne vorherige Kontrolle hingesetzt haben, wissen Sie, wie frau sich erschrecken kann, wenn sie sich plötzlich mit den Knien am Kinn wiederfindet, die Unterschenkel waagerecht von sich gestreckt und den kalten Griff des Porzellanemails am Po.
- Männer dagegen genießen den Luxus der Wahl. Und da sie es meistens im Stehen tun können, ist es nur vernünftig, wenn sie die Klobrille hoch- und nach Gebrauch wieder herunterklappen. Manchmal ist die heruntergeklappte Position ohnehin die richtige für sie (Punkt 1).
- Anmerkung: Aus Gründen, die er selbst am besten kennen wird, bestand der Schauspieler Kenneth Williams stets darauf, auf dem Porzellan zu sitzen. Kaum verwunderlich, dass ihm eines Tages eine Klobrille in den Rücken fiel und ihm hässliche Kratzer verursachte. Das bestätigt nur meine Meinung, dass unten die einzig verlässliche Brillenposition ist.

Statistik

- Statistiken zeigen, dass Frauen häufiger Toiletten benutzen als Männer, selbst wenn man herausrechnet, dass sich Männer hinter den Rosenbüschen erleichtern, hinter Zäunen verschwinden oder ihren Namen in den Schnee schreiben. Das Argument für »unten« neigt sich daher weiter zu unseren Gunsten (Punkt 2).

Ästhetik

- Wie die Meinungen über *Der Schrei*, *Der Raub der Sabinerinnen* oder Werke von Mark Rothko ist auch die Ästhetik der Toilettenbrillenposition eine Art Grauzone, eine Art toter Fleck des Kunstkritikgeschäfts. Wer soll schließlich bestimmen, ob »oben« hübscher aussieht als »unten«?
- Also, auch wenn dieser Streit vermutlich mit Faustschlägen endet, plädiere ich doch dafür, dass »unten« die natürliche, normale und gefälligste TBP (Toilettenbrillenposition) und außerdem die sicherste ist. Sie strahlt etwas Ganzheitliches, eine Autorität, eine Art horizontaler Landschaftlichkeit aus, die etwas von einem Gainsborough hat. »Oben« ist sehr viel eckiger, unglückselig-diagonal kubistischer mit verstimmten, strawinskimäßigen musikalischen Untertönen. Es ist eher russisch-expressionistisch, weniger John Constable, mehr Wassily Kandinsky, und ich weiß nicht, wie es Ihnen geht, aber ich möchte definitiv nicht auf einem Wassily Kandinsky sitzen, vielen Dank auch (Punkt 3).

Die Schlussfolgerung ist eindeutig. Unten ist die korrekte Position für die Toilettenbrille in Wohngemeinschaften, oben ist nur als temporäre Position akzeptabel. Also, bitte: *Gentlemen lift the seat*, aber klappt ihn danach wieder hinunter.

* *Im August 2004 wurde* Der Schrei *aus dem Osloer Munch-Museum gestohlen.* *

Treppab auf High Heels

Ich kannte mal eine Frau, die im Büro jeden Tag hohe Absätze trug. Man konnte sie durch den Flur kommen hören wie eine tickende Zeitbombe. Sie sah immer perfekt aus, und man wusste einfach, dass sie auch richtige Strümpfe trug. Sie war eben so eine Frau.

Es stimmt, dass hohe Hacken etwas bei Frauen bewirken: Der Po wird gestrafft, die Wadenmuskeln betont, sie machen größer (immer gut) und sorgen dafür, dass frau auf diese unnachahmlich souveräne, weibliche Art geht, als ginge sie mit einem Buch auf dem Kopf auf einer imaginären Linie.

Aber, *lieber Himmel*, High Heels können ein Albtraum sein. Ihr Schwerpunkt rückt höher, und Sie müssen lernen, durch das Herausdrücken von Hintern und Brüsten das Gleichgewicht zu halten, und zum Ausgleich die Hüften schwenken. In Ballkleid und Stilettos eine geschwungene Treppe herunterzugehen ist eine ausgesprochen gefährliche Sache. Aber hier kommt, verbunden mit anderem High-Heels-Know-how, die richtige Methode. Wenn Sie also das nächste Mal im Palast sind, mit einem Prinzen am Arm, können Sie die Treppe herunterschweben wie Kim Novak in *Vertigo* und nicht wie Dandy Nichols mit Lockenwicklern.

Training

Es ist logarithmisch schwieriger, in 15-cm-Absätzen zu gehen als in 12-cm-Absätzen. Tatsächlich sind 15-cm-Absätze nur etwas für Fortgeschrittene. Also fangen Sie mit schön niedrigen Absätzen an und steigern Sie sich zentimeterweise – so etwas kommt nicht über Nacht. *Anmerkung:* Die Absatzhöhe ist der Abstand zwischen Boden und Schuhsohle hinten.

Kaufen Sie gute, richtig sitzende Schuhe. Keilabsätze sind einfacher als Stilettos und besser fürs Linoleum, und in Spangenschuhen fühlt man sich sicherer. Für den Anfang stellen Sie sich vor einen hohen Spiegel, um sich an das Gefühl zu gewöhnen, und studieren Sie Ihre neue Haltung. Dann gehen Sie ein paar Schritte auf den Spiegel zu und wieder zurück und steigern sich langsam.

Machen Sie kleinere Schritte als gewohnt, und setzen Sie wie üblich zuerst die Ferse auf, verlagern Sie aber einen Großteil des Gewichts auf den Fußballen. Stehen Sie gerade, beugen Sie sich nicht nach vorn. Der verstärkte Absatz verhindert, dass Sie rücklings umfallen. Bevor Sie ausgehen, tragen Sie die hohen Absätze eine Weile im Haus, wenn Sie fernsehen und Dinge erledigen. Aber hüten Sie sich vor rutschenden Teppichen und glattem Parkett. Die Zehen zeigen genau nach vorn, und Sie setzen jeden Schritt exakt vor den anderen, als gingen Sie über eine schmale Planke. Sobald Sie damit ein Tablett mit vollen Weingläsern elegant über einen Teppich tragen können, wissen Sie, dass Sie die Grundkenntnisse beherrschen.

Die Treppe

Okay, herumlaufen können Sie. Aber jetzt droht Ihnen die Treppe, und alle Augen blicken auf Sie. Wie werden Sie damit fertig? Nur die Kühnsten würden das Geländer hinunterrutschen. Nein, greifen Sie zum Geländer, zu einem Mann im Smoking oder besser noch zu beidem und beginnen Sie den Abstieg. Die Technik unterscheidet sich insofern vom Gehen auf dem Boden, als man den ganzen Fuß flach auf der Stufe aufsetzt, statt zuerst mit dem Absatz aufzutreten. Um mehr Stabilität zu erlangen, drehen Sie Ihren Körper – und natürlich die Füße, sonst sehen Sie aus wie eine Gummifrau –, um leicht schräg zu den Stufen hinunterzugehen. Ihre Füße sollten in einem leichten Winkel zu den Stufen aufsetzen. Das ist nicht nur die angemessene Art für eine Lady, die Treppe hinabzuschreiten, es verringert auch die Gefahr, dass sie in einem Perlenregen stolpert und wie Buster Keaton die Treppe hinunterfällt. Halten Sie sich am Geländer fest, aber elegant. *Anmerkung:* Falls Sie ein langes Kleid tragen, passen Sie auf, dass Sie nicht auf den Saum treten, sonst hallt die Galerie wider vom Klang zerreißenden Satins, und Sie könnten stolpern.

Gehen Sie nicht auf Schnee, Schlamm, Rasen, Strand oder langen Kiesauffahrten. Entweder sinken Sie ein wie ein Kerzenhalter in einen Geburtstagskuchen oder schlagen einfach ganz altmodisch lang hin. Machen Sie es lieber wie die Bond-Girls und gehen Sie barfuß, die kostbaren High Heels sicher im Arm.

** »Wer auch immer die High Heels erfand,*
*dem haben die Frauen viel zu verdanken.« – Marilyn Monroe **

Aus dem Auto steigen, ohne dass der Slip blitzt

Wenn Sie als Studentin gezwungen sind, sich mit einem Curry in den Armen in Jeans und einem räudigen alten Parka rückwärts aus einem zerbeulten alten VW-Käfer zu quälen, spielt das eigentlich keine Rolle. Entsteigen Sie aber verführerisch im Blitzlichtgewitter einem röhrenden roten Ferrari oder einem surrenden schwarzen Rolls-Royce, machen Sie es besser richtig und Ihrer Rolle entsprechend. Die Bewegung sollte glatt, geübt, flott und elegant wirken.

Hier die Grundtechnik, damit Sie beim nächsten Aussteigen aus einem Auto eher wie die grazile Jennifer Lopez und weniger wie der Trampel vom Lande wirken.

Kleidung

Zunächst einmal sollten Sie unbedingt den richtigen Slip tragen – nur für den Fall, dass alles schiefgeht. Also nicht Ihre liebsten Liebestöter im Omastil in geschmackvollem Graumeliert und auch nicht die alten Schätzchen mit den

Löchern, die Sie tragen, weil sie so schön gemütlich sind. Ihr Slip sollte eine Augenweide sein.

Es ist zwar in Ordnung, einen Minirock zu tragen, erleichtert die Aufgabe aber nicht gerade. Also tun Sie sich den Gefallen, ihn so weit wie möglich herunterzuziehen, bevor Sie die Tür öffnen. Falls Sie versuchen, das Fahrzeug mit einem bis zu den Hüften hochgerutschten Rock zu verlassen, ist das leider kein besonders schöner Anblick.

Falls Ihr Rock oder Kleid eher lang und fließend ist, achten Sie vor dem Aussteigen darauf, dass Ihre Knie bedeckt sind *(siehe unten)*, damit Sie den Stoff kontrolliert mit den Beinen mitziehen, ohne dass der Rock hochrutscht oder sich zwischen Ihren Füßen verwickelt. Und achten Sie auf die Gangschaltung.

Der Ausstieg

1 Sobald Sie Ihre Kleidung geordnet haben und bereit sind, öffnen Sie die Tür so weit wie möglich. Im Idealfall nimmt Ihnen ein Herr von außen diese Arbeit ab. Winden Sie sich niemals würdelos auf die Straße. Halten Sie den Oberkörper so aufrecht wie möglich.

2 Was auch immer Sie ab jetzt tun, stellen Sie sich vor, dass Ihre Knie fest von einem Gummiband zusammengehalten werden. Die Kardinalsregel lautet, die Knie, wann immer Sie können, zusammenzupressen. Strecken Sie das äußere (näher an der Autotür befindliche) Bein heraus und setzen Sie es auf den Boden. Das innere Bein sollte rasch, dichtauf und elegant folgen.

3 Drehen Sie den Oberkörper bei zusammengedrückten Knien Richtung Ausgang. Beide Füße sollten vor Ihnen fest auf dem Boden stehen. Halten Sie sie still.

4 Falls Sie sich auf der Hand eines Herrn außerhalb des Wagens abstützen können, tun Sie das. Legen Sie die innere Hand neben sich auf den Sitz und stützen Sie sich fest auf. Legen Sie Ihre äußere Hand auf seine und zie-

hen Sie sich anmutig hoch. Er wird Sie stützen und Ihnen hinaushelfen. Lassen Sie bloß nicht los und plumpsen zurück, wobei Sie sich auf äußerst undamenhafte Art den Kopf am Wagen stoßen. Falls Ihnen niemand hilft, stützen Sie sich mit beiden Händen rechts und links vom Po ab und stemmen Sie sich hoch. Es ist würdevoller, die Hände unten zu lassen, statt sich verzweifelt an den Türrahmen zu klammern. Alles sollte glatt und mühelos wirken. Angestrengtes Stöhnen und Winden ist zu vermeiden.

5 Neigen Sie beim Verlassen des Fahrzeugs anmutig den Kopf, um ihn sich nicht schmerzhaft an der scharfen Türeinfassung zu stoßen.

6 Fluchen Sie zu keinem Zeitpunkt.

7 Stehen Sie mühelos auf, nachdem Sie sich vergewissert haben, dass Sie festen Halt haben, und lassen Sie jemand anderen die Tür schließen oder machen Sie es selbst – *vorsichtig*, nicht so, als ob Sie schlechte Laune hätten. Nur allzu leicht könnten Sie, nachdem Sie elegant aus dem Wagen gekommen sind, alles verderben, indem Sie das Gleichgewicht verlieren und mit verzweifeltem Gesichtsausdruck auf Ihren hohen Absätzen umhertaumeln. Oder Sie knicken beim Aussteigen schmerzhaft um und stürzen wie eine gestrauchelte Antilope.

Arbeiten Sie hart und tun Sie es den Profis nach, indem Sie insgeheim üben, bevor Sie sich mit Ihrem Ausstieg an die Öffentlichkeit wagen. Falls Sie dann doch versehentlich Ihre Oberschenkel und Unterhosen zeigen, ernten Sie statt misstönender Buhrufe anerkennende Pfiffe vom hässlichen Abschaum am roten Teppich.

** Aston Martin wurde 1913*
*von Lionel Martin und Robert Bamford gegründet. **

Pupsen mit Charme und Anmut beim Botschaftsempfang

Seit Chaucer haben die Menschen witzige Sachen über das Pupsen geschrieben, das Thema muss die Massen jedoch lange vor *Die Geschichte des Müllers* (1386) schon amüsiert haben. Ich wette, dass Höhlenmänner und -frauen ohne Zahl bereits pupsend wie die Weltmeister ums Feuer saßen und jedes Mal in brüllendes Gelächter ausbrachen, wenn jemand einen fahren ließ.

Auf jeden Fall ist die Sprache des Pupsens jahrhundertealt. Das englische Wort *fart* für Furzen stammt vom altenglischen *feortan* ab, das wiederum vom althochdeutschen *ferzan* abgeleitet und mit dem altnordischen *freta* vom deutschen *fertan* verwandt ist. Jetzt wissen Sie es also.

In der Öffentlichkeit einen fahren zu lassen kann in unserer modernen – zivilisierten – Welt problematisch sein. Verkehrslärm, Musik und allgemeines Getöse eignen sich – gutes Timing vorausgesetzt – vorzüglich als Tarnung, sind aber keine Garantie. Mein Onkel Bob erzählt, wie er sich einmal durch die Schlussakkorde eines ausgelassenen Strauß-Marsches bei einem Blaskonzert ausreichend gedeckt fühlte und heimlich einen kleinen Pups in die raue Oberfläche seines Liegestuhls entließ, aber vom abrupten Ende der Musik überrascht wurde. Der Bürgermeister, berichtete man mir, war von dieser unverhüllten Wildheit inmitten der plötzlichen Stille sichtlich erschüttert.

Bei Botschaftsempfängen ist die Sache schwieriger, weil man ungeschützter ist und man sich nirgendwo verstecken kann. Es ist daher allgemeine Vorsicht geboten, denn schließlich will man durch schlecht getimte Winde nicht eine Platte voll köstlicher italienischer Pralinen zu Fall bringen. Aber wenn Ihr Timing stimmt, müsste alles in Ordnung sein. Hier ein paar Vorschläge.

- *Das Streichquartett:* Warten Sie die *Con-brio*-Passagen des Cellos ab.
- *Die Opportunistin:* Der Kellner lässt geräuschvoll ein Tablett mit Weingläsern fallen? Das ist Ihre Chance.
- *Das Zigarettenmanöver:* Gehen Sie auf den Balkon, um sich eine Zigarette anzuzünden.
- *Das Ablenkungsmanöver:* Sagen Sie einfach: »Himmel, Eure Exzellenz, Ihre Scharniere müssen geölt werden.«
- *Pauken und Trompeten:* Meine Freundin Ingeborg (wir nannten sie »das Bügelbrett«) wohnte einmal der Nobelpreisverleihung bei. Aus den entrückten Gesichtern vieler Preisträger schloss sie, dass diese ihre Emissionen auf den Moment der Trompetenfanfare zu legen versuchten. Falls Sie jemals den Nobelpreis bekommen, nehmen Sie sich daran ein Beispiel.

- *Der Applaus-Trick:* Applaus nach einer Rede? Gibt es eine bessere Tarnung?
- *Frechheit siegt:* Im äußersten Notfall lächeln Sie einfach – wer würde es wagen, Sie darauf anzusprechen?

** Alfred Nobel erfand 1867 das Dynamit: US-Patent 78,317. **

Einladung für einen Gentleman

Das Essenskuriersystem von Mumbai (Bombay) ist so effizient, dass die Dabbawalas – weitgehend Analphabeten, die jeden Tag hungrige Arbeiter in der ganzen Stadt mit Tausenden von Mahlzeiten beliefern – bei einer Million Lieferungen nur einen Fehler machen. *Tiffin* ist die englische Bezeichnung für eine leichte Tagesmahlzeit, die zu Zeiten der britischen Herrschaft von den Indern begeistert übernommen wurde.

Der Begriff *Tiffin* taucht bei Dickens und Thackeray auf, wird aber heute in Großbritannien kaum noch gebraucht. Ich finde, es ist Zeit für ein Revival. Wenn Sie wissen wollen, wie die korrekte Einladung für einen Gentleman zum *Tiffin* aussieht, hier ist sie.

ANLEITUNG

Die Welt bekommt keine Herzattacke mehr, wenn eine Lady einen Gentleman zu sich einlädt, und besteht auch nicht darauf, dass ihre Wohnzimmertür offen bleibt, solange er da ist. Aber Förmlichkeit ist immer noch angesagt. Jede förmliche Einladung, ob nun gedruckt oder eigenhändig mit dem Federkiel geschrieben, sollte mit formvollendeter Zeremonialität formuliert sein. Sie müssen also in der dritten Person schreiben. Wie heißt es doch: Die Gewohnheit heiligt keinesfalls das Abweichen von der Form. Zu- und Absagen sollten Sie in derselben trockenen, distanzierten Art erhalten.

Was immer Sie tun, schicken Sie auf keinen Fall einen Text wie »Komm essen«. Das hat keinen Stil.

Mrs Beeton, die sich mit all diesen Dingen auskannte, gesteht bei der Formulierung von Einladungen gewisse Varianten zu – abhängig von der Vertrautheit *oder Stellung* von Gast und Gastgeber. Aber verstoßen Sie, was immer Sie tun, keinesfalls gegen die Hackordnung. So sollte es aussehen:

Miss Lady bittet Mr Gentleman mit den besten Empfehlungen um die Ehre (oder *erhofft sich das Vergnügen*) *seiner Gesellschaft zum Tiffin am Dienstag, den 11. Februar dieses Jahres.*
CAREY STREET,
15. Januar 2020. U. A. w. g.

Falls am Ende einer Einladung stattdessen RSVP steht, ist dies eine französische Höflichkeitsfloskel, die *Respondez, s'il vous plaît* bedeutet. Das heißt: »Lass mich gefälligst wissen, ob du kommst, und lass mich nicht hängen wie letztes Mal, wo ich nicht wusste, ob ich noch Carlsberg besorgen sollte oder nicht.«

** Isabella Beeton starb 1865 mit nur 28 Jahren. **

Das rauschende Straßenfest – eine Frage der Organisation

In den 50er- und 60er-Jahren verging kaum ein Tag, ohne dass irgendwo im Land ein Straßenfest stattfand. Und was waren das für fröhliche Feste, bei denen rotwangige Kinder, makellos gekleidet (wie Erwachsene), gerade saßen und sich vergnügt kichernd *Nellie the Elephant* und *The Bee Song* auf einem aufziehbaren Grammophon anhörten: Jungen in Hemden, Shorts und Krawatten, Mädchen in rosa Kleidern, Zöpfen und feinen Schuhen. Mütter in gesteppten Hausmänteln und Kopftüchern reichten Marmelade und Eiscreme herum, und Väter mit brillantinegeglätteten Haaren und Tweedjacken mit Lederknöpfen lehnten – ihrem Hals zuliebe Zigaretten rauchend – Leitern an Kaminrohre, um den Fahnenschmuck zurechtzurücken.

Wenn Sie heute eines besuchten, würden Sie vermutlich eine hässliche Meute übellauniger Kinder in Turnschuhen, Kapuzenshirts und Jogginganzügen vorfinden, die sich mit ans Ohr geklemmtem iPod über ihren SMS lümmeln, während ihre alleinerziehenden Eltern, nachlässig in Baseballkappen und Polyesterklamotten gekleidet (wie Kinder), sich über eine ungepflegte Asphaltfläche zum Klang einer krawalligen Punk- oder Heavy-Metal-Band gegenseitig unflätige Textnachrichten schicken.

Falls Sie aber die Straßenfeste vergangener Zeiten heraufbeschwören möchten, kommen hier ein paar Tipps und Tricks.

Planung und Organisation

Beginnen Sie zusammen mit ein paar engagierten Nachbarn im Frühjahr mit der Planung, und legen Sie frühzeitig einen Termin fest. Ein Sonntag Anfang September wäre gut. Stellen Sie einen plausiblen Stundenplan auf, etwa: Autos bis 11 Uhr wegfahren, Mittagessen um 14 Uhr, Kaffee um 17 Uhr, Kinder zu vernünftiger Zeit nach Hause, die Erwachsenen dürfen bis in die frühen Morgenstunden weiterfeiern und aufräumen. Gestalten Sie es einfach, dann müsste es ein toller Tag werden.

Alle einbeziehen

Laden Sie alle ein, die in der Straße wohnen und arbeiten, und fragen Sie sie wegen der Straßensperrung. Holen Sie drei Monate vorher beim Ordnungsamt die Erlaubnis zur Straßensperrung ein. Falls Sie an einer vielbefahrenen Straße einer Großstadt leben, vergessen Sie die Sache lieber und gehen einfach in einem Park abrocken.

Die Reaktionen fallen positiver aus, wenn Sie alle Anwohner persönlich aufsuchen, statt nur Zettel in die Briefkästen zu werfen, und Sie müssen sich dann auch nicht mit mürrischen alten Männern abplagen. Ihre Gemeinde will vielleicht Beweise sehen, dass Sie alle gefragt haben, also schicken Sie später noch schriftliche Einladungen los. Erinnern Sie die Leute am Vortag noch einmal daran, und bitten Sie sie, ihre Wagen rechtzeitig wegzufahren.

Beziehen Sie die Menschen ein, und nutzen Sie deren spezielle Talente: Miss Smiley lädt mündlich ein, Mrs Cook kümmert sich ums Essen, und Mr Jolly unterhält die Kinder in den Pausen. Mr Sharpe darf sich um die Disziplin kümmern.

Sicherheit

Für die meisten Straßenfeste braucht man keine spezielle Versicherung, aber vielleicht verlangt Ihre Gemeinde eine. Es wird sich jedoch um eine vertretbare Summe handeln. Sorgen Sie dafür, dass alle versprechen, vernünftig zu sein und für sich selbst Verantwortung zu übernehmen.

Was zu tun ist

- Falls Sie das Fest organisieren, bleiben Sie ständig in Sichtweite, und alles läuft gut.
- Hängen Sie den Fahnenschmuck rechtzeitig vorher auf, um eine erwartungsvolle Stimmung zu erzeugen.
- Musik sorgt für gute Stimmung, und live wirkt sie am besten. In den meisten Stadtvierteln gibt es ein paar Amateurmusiker. Aber nicht zu laut.
- Essen an Tischen zu festen Zeiten verstärkt den Eindruck des Besonderen.
- Veranstalten Sie mitten auf der Straße ein paar bewährte Partyspiele, aber lassen Sie sie nicht zu lange laufen.
- Falls in der Nachbarschaft ein Feuerschlucker wohnt, haben Sie schon gewonnen.

- Umgehen Sie unkooperative Nachbarn. Werfen Sie einfach eine Plane über sie, und schieben Sie deren Autos um die Ecke.

Bei Regen im Pfarrsaal.

** 1977 gab es in London über 4000 Straßenfeste. **

Etikettenschwindel: So wirkt gekauftes Essen wie selbst gekocht

Fanny Cradock war seltsam. Ich glaube kaum, dass mir da jemand widersprechen wird. Sie galt zwar als die erste moderne Fernsehköchin, ihre Gerichte litten aber meiner Meinung nach unter denselben Problemen wie ihr Gesicht, das heißt unter zu viel Make-up. So schick ihre Gerichte im Fernsehen auch wirkten, mit all den Zuckerfäden, Cremes und exotischen Saucen, habe ich doch gehört, dass sie zu Hause sehr frugal aß und ihre Nahrung aus Baked Beans, Saucenpulver, Gin, Instantpudding und dergleichen bestand. Es war ein Fall von »Das Auge isst mit«, oder vielleicht aß auch nur das Auge.

Das ist die richtige Methode, wenn man ein fertig gekauftes Essen als Selbstgekochtes präsentieren will. Und es ist eine nützliche Fähigkeit, genau wie die Herzmassage. Nehmen wir mal an, Ihnen wäre ein Essen dermaßen missglückt, dass es nicht mehr zu retten ist (*falls* es noch zu retten ist, *siehe* »Rettung für missglückte Mahlzeiten«). Ihre Gäste kommen in einer halben Stunde, und Sie sind verzweifelt. Aber keine Angst: Mit etwas Fantasie ist die Sache noch zu retten. Die hier beschriebenen Tipps eignen sich für mit Umsicht gekaufte Fertignahrung oder Take-aways. Also trocknen Sie Ihre Tränen – nicht mit der Schürze, das wäre unhygienisch – und machen Sie sich an die Arbeit. Denken Sie daran: Fantasie ist hier der Schlüssel zum Erfolg.

Anleitung

1. Falls Sie in Panik sind, hören Sie damit auf.
2. Reißen Sie die Fenster auf, damit der Rauch abzieht.
3. Zünden Sie eine Duftkerze oder ein Räucherstäbchen an, um den Geruch der Kernexplosion zu überdecken.
4. Alle Spuren der Katastrophenmahlzeit beseitigen (verbrannte Reste nach draußen zur Mülltonne bringen).
5. Durchwühlen Sie Schränke und Kühltruhe nach Brauchbarem. Nehmen wir an, Sie finden wenig außer einem großen Riegel Schokolade, den Sie vor Ihren Mitbewohnern versteckt haben, ein paar frischen Kräutern, einem fünf Jahre alten Tiefkühlkuchen und etwas Gemüse.
6. Tauen Sie den Kuchen in der Mikrowelle auf.
7. Währenddessen braten Sie eine Zwiebel bei niedriger Temperatur in Butter an. Das riecht köstlich und ist Ihr erstes Täuschungsmanöver, denn diese Zwiebel wird nicht gegessen. Der Zweck dieses olfaktorischen Appetitanregers besteht darin, die Nasen Ihrer Gäste bei der Ankunft zu verführen.
8. Rufen Sie den *besten* Take-away-Service an und bestellen Sie, was Sie mögen. Okay, das ist teuer und beschert keine kulinarischen Erfolgserlebnisse, aber Ihnen bleibt keine andere Wahl.
9. Wenn das Essen kommt, *verkleiden Sie es*:
   - *Aus den Verpackungen nehmen und das Essen auf schöne Servierschüsseln verteilen.* Mit aus Alupackungen gelöffeltem Essen können Sie niemanden täuschen.
   - *Geben Sie immer etwas Eigenes dazu*, z. B. Kirschtomaten, Käse, frische Pilze und Oliven auf eine Pizza, frische Sahne und eine Joghurt-Gurken-Minze-Sauce zum Curry und längs aufgeschnittene Frühlingszwiebeln zu chinesischem Essen.

- *Kräuter:* Egal, was Sie servieren, bestreuen Sie es reichlich mit frischen Kräutern.
- *Currys:* Versuchen Sie, den Reis zum Curry selbst zu kochen, und servieren Sie alles schön heiß aus vorgewärmten Schüsseln.
- *Schokoladenraspeln* verwandeln einen Schokoladenpudding, der sein Leben als Pulver in der Tüte begann, in eine Delikatesse.
- *Schwarzwälder Kirschtorte:* Verstecken Sie das Fabrikprodukt unter jeder Menge geraspelter Schokolade auch auf der Tortenplatte. Wirkt täuschend echt.

10 Sobald die Gäste da sind, halten Sie sie um jeden Preis von der Mikrowelle fern. Dieses »Ping« ist zu verräterisch.

** Der Schwarzwald ist ein bewaldetes Mittelgebirge in Baden-Württemberg. **

Rettung für missglückte Mahlzeiten

Erinnern Sie sich noch an Zeiten, als wir alle sehr viel mehr Zeit und sehr viel weniger Kram hatten, als Klempner *weniger* verdienten als Lehrer und kaum jemand von uns eine Zweitwohnung hatte, als niemand so blöde Arbeitszeiten hatte und wir alle Zeit hatten, ein Abendessen zu kochen? Nicht? Also, ich erfinde das nicht – solche Zeiten gab es tatsächlich.

Natürlich hat es viele Vorteile, *kein* Essen zu kochen und ein Fertiggericht zu kaufen, und der Hauptvorteil ist, dass ein Fertiggericht kaum missglücken wird. Das Problem mit Selbstgekochtem ist, dass das, was man sich als das perfekte Schokoladensoufflé vorgestellt hatte, mit größter Wahrscheinlichkeit völlig eingefallen und hässlich aus dem Backofen kommt. Deshalb habe ich ein paar Vorschläge für den

Fall ausgearbeitet, dass alles schiefgeht, wenn Sie Gäste haben. Diese Tipps eignen sich für allgemeine Probleme, sind aber auch auf Spezialfälle anwendbar. Mit etwas Glück retten sie den Abend.

Kulinarische Erste Hilfe

- *Zu klumpig:* Bei Puddings, Cremes und Saucen greifen Sie zum Schneebesen, um die Klümpchen aufzulösen. Immer noch klumpig? Durch ein Sieb streichen.
- *Zu flüssig:* Speisestärke und Wasser in einer kleinen Schale anmischen, und nach und nach unter ständigem Rühren zur Flüssigkeit geben. Nicht zu schnell, falls die Flüssigkeit heiß ist, denn es dickt *plötzlich* an, und Sie stehen mit einem Topf voll »Beton« da, der an Ihrem Holzlöffel hängt. Und haben Sie Geduld – geben Sie nicht zu viel Speisestärke zu, sonst können Sie Ihre Sauce in *Scheiben* servieren.
- *Zu salzig:* Bei Suppe oder Sauce mehr Wasser dazugeben. Das wirft Sie auf das »Zu-flüssig«-Problem zurück, also behandeln Sie die Sache entsprechend. Falls sich dabei Klümpchen bilden, behandeln Sie diese entsprechend. Aber machen Sie nicht den ganzen Abend so weiter, denn sonst haben Sie am Ende Hunderte Liter unerwünschter Sauce.
- *Angebrannt:* Falls das mit einem Topf passiert, nicht umrühren, sondern sofort vom Herd nehmen. Vielleicht können Sie die oberste Schicht noch retten (aber *probieren* Sie vorher; es gibt nichts Penetranteres als den Geschmack von verbranntem Polytetrafluoroethylen, auch bekannt als Teflon). Es ist auf jeden Fall klug, aus dieser Katastrophe ein Curry zu machen, um den Geschmack von verkohltem Aluminium zu überdecken.
- *Zu scharf:* Gemüse ohne Salz oder Gewürze kochen und als Brei zugeben, um die Schärfe zu verringern. Ein Getränk mit Alkohol (Wodka) oder Fett (Milch) mildert

den wüsten chemischen Brand im Mund ab. Aber bringen Sie kein Wasser auf den Tisch, das verschlimmert das Problem nur.

- *Verbratenes Fleisch oder hart gewordenes Gebäck*: Eine dünne Sauce machen und die hart gewordenen Nahrungsmitteln einfach damit tränken. Hart gewordenes Gebäck spricht auf den Absorptionsvorgang besonders gut an. Zu lange gebackene Kuchen, Brötchen und Kekse werden zur Grundlage eines Desserts, wenn man sie mit fruchtigen Saucen oder Gelees tränkt.

** Angebrannte Pfannen reinigt man mit einer Lösung aus Natron und Wasser. **

Der perfekte Dankesbrief

Als ich ein kleines Mädchen war, stand meine Mutter nach irgendwelchen blöden Feiertagen mit der Peitsche neben mir, während ich mühsam meine Dankesbriefe an Tanten, Großmütter, Patenonkel und sonstige Wohltäter verfasste. Weihnachten und Geburtstage waren mir durch den Gedanken an diese elenden Episteln vergällt, und ich wusste eigentlich nie, was ich schreiben sollte, besonders, wenn ich für das Geschenk gar nicht dankbar war. Es ist schwer, ein Dankeschön für etwas beleidigend Billiges und fantasielos Unpassendes zu schreiben, ohne dass sich der Makel intellektueller Unaufrichtigkeit in unsere Seelen einfrisst. Häufig hätte ich am liebsten geschrieben:

Liebe Tante Lettice,

vielen Dank für die Bauernhoftiere aus Filz (an denen noch das Sonderangebotsschild klebte), das vielleicht vor zehn Jahren gepasst hätte, als ich sieben war. Wo ist das Problem, Lady? Bist Du jetzt völlig weich in der Birne oder was? Wach auf und riech an den Rosen, und versuch wenigstens so zu tun, *als ob Du Dir Mühe gibst – Du blöde alte Kuh!*

Aber das habe ich nie gemacht.

Natürlich geht es nicht nur um Geschenke. Man muss sich für alles Mögliche bedanken, etwa dass jemand zur Hochzeit gekommen ist oder sich während des Urlaubs um den Hund gekümmert hat (*Ihres* Urlaubs, nicht dem des Hundes). Es gibt förmliche Briefe, um Kunden bei Laune zu halten, die Ihnen ein Geschäft zugeschanzt haben, und höfliche Briefe an Ihre Besucherin im Gefängnis, mit denen Sie sich für den Kuchen mit der eingebackenen Feile bedanken.

Hier also ein paar Tipps und Hinweise, um die Qual zu mildern:

- Das meiste, was im Briefkasten liegt, wandert direkt in den Mülleimer. Deshalb ist es herrlich, einen echten Brief darunter zu finden. Dass Sie überhaupt geschrieben haben, wird heutzutage die Empfängerin Ihres Briefes erstaunen und entzücken, besonders wenn sie über 40 ist. Und wahrscheinlich wissen sogar Ihre Teenager-Freunde es zu schätzen. Also glauben Sie bloß nicht, dass Ihre Bemühungen unbemerkt bleiben.
- Es versteht sich von selbst, dass E-Mails und SMS nicht zählen. Wenn es sich von selbst versteht, warum habe ich es dann geschrieben? Doch wohl, weil es sich nicht von selbst versteht.
- Schreiben Sie mit der Hand, statt zu tippen – das macht die Sache persönlicher. Es ist aber nicht nötig, mit dem Gänsekiel auf Pergament zu schreiben oder den Brief mit Wachs zu siegeln.
- Schicken Sie den Brief immer gleich ab. Ein verspäteter Dankesbrief lenkt die Aufmerksamkeit darauf, dass Sie sich nicht früher bedankt haben. Seltsam, aber wahr.

- Falls Sie sich für ein Geschenk bedanken, sollten Sie genau wissen, was es war. Für den stolzen Geber gibt es nichts Deprimierenderes als ein vages Dankeschön, aus dem hervorgeht, dass die Absenderin nicht die geringste Ahnung hat, was sie bekommen hat. Und drucken Sie bloß nicht einen Rundbrief aus, den Sie an alle schicken und auf dem Sie nur jeweils oben handschriftlich den Namen einsetzen. Das fällt immer auf, vor allem, wenn die Schenkenden sich austauschen. Und Sie wollen doch nicht kleinbürgerlich wirken, oder?
- Sagen Sie etwas Spezielles über das Geschenk: wie praktisch, originell oder wohlriechend es ist. Sagen Sie, dass Sie sich diesen Gegenstand schon seit Ewigkeiten gewünscht haben, aber nie auf die Idee gekommen wären, ihn selbst zu kaufen. Aber bleiben Sie auf dem Teppich: Es ist wenig überzeugend, einen Buchgutschein als originell oder »Was ich mir schon immer gewünscht habe« zu bezeichnen.
- Wenn Sie nicht viel zu sagen haben, schreiben Sie eine Postkarte – das erspart es Ihnen, in Riesenbuchstaben oder mit riesigen Zeilenabständen zu schreiben, und ist ein erfrischender Kontrast zum Verfassen maßlos langer Sätze voller Füllwörter, Pleonasmen, unnötiger Floskeln, wolkiger Umschreibungen, unmäßiger Weitschweifigkeit, Langatmigkeit, umständlicher Geschwätzigkeit, sechssilbiger Wortfülle und paraphrasierender Großsprecherei. Darauf fällt niemand herein.

** Спасибо ist Dankeschön auf Russisch. **

IV

Einfach nur hinreißend

Glamour-, Schmink- und Kleidungstipps
für vielbeschäftigte Frauen

*Meine Oberschenkel sind wabbelig, aber zum Glück
hängt mein Bauch darüber.*
JOAN RIVERS

17 Sachen, die man mit Netzstrümpfen machen kann

Wie oft sind Sie schon am Morgen danach vom Zuklappen Ihrer Schlafzimmertür aufgewacht, um festzustellen, dass Ihnen ein Netzstrumpf fehlt? Das war eine rhetorische Frage – bitte schicken Sie mir keine autobiografischen Postkarten. Wenn Sie nicht gerade eine einbeinige Lady sind, können Sie mit einem einzelnen Strumpf wenig anfangen. Jedenfalls haben Sie das immer geglaubt. Aber dem ist nicht so: Hier kommen ein paar Vorschläge.

1 *Plastiktütenhalter:* Ein kleines Zehenloch schneiden und gebrauchte Einkaufstüten von oben in den Strumpf stopfen. Wenn Sie eine Tüte brauchen, um ein paar Kätzchen zu ertränken oder Ähnliches, ziehen Sie sie einfach aus der Spitze.

2 *Salatschleuder:* Funktioniert wunderbar. Füllen Sie Blattsalat, Radieschen und feuchtes Gemüse vorsichtig in den Fuß und gehen Sie nach draußen. Halten Sie den Strumpf am oberen Ende und schwingen Sie ihn wie eine Schleuder um den Kopf. Aber nicht loslassen, sonst bescheren Sie einem Ihrer Nachbarn die Überraschung seines Lebens.

3 *Hängematte für Plüschtier an der Windschutzscheibe:* Wenn Sie so arm dran sind, dass Sie so etwas haben wollen, besorgen Sie sich eines dieser Fensterdinger mit Saugnäpfen, und los geht's.

4 *Abflusssieb:* Sind Sie es leid, dass ständig Abfallstückchen im Abfluss verschwinden? Strumpf zusammenknüllen, in den Abfluss stopfen, und *voilà!*, fertig ist das Abflusssieb.

5 *Mehlsieb:* Mehl abwiegen, sich auf einen Stuhl stellen und wie üblich sieben.

6 *Tennisballhalter:* Was könnte einfacher sein?

7 *Haarnetz:* Die sind ein bisschen aus der Mode gekom-

men, Sie könnten aber einen neuen Trend kreieren – die Ena Sharples von heute. Das Mittelstück des Strumpfes verwenden und am einen Ende zunähen.

8 *Hundeballschleuder:* Einen Tennisball hineinbugsieren und direkt über dem Ball abbinden. Um den Kopf schwingen und durch den Park sausen lassen wie den Kometen Hale-Bopp. Hasso bringt ihn brav zurück.

9 *Wohndekor:* Strumpf seitlich aufschneiden, flach an die Wand stecken und mit Hummerkorb, Krebs, Seestern, getrocknetem Blasentang und Schwimmer dekorieren. Echter Seventies-Schick. Entzückend!

10 *Maske für klaustrophobischen Bankräuber:* Für den eher neurotischen Räubertyp.

11 *Wäschebeutel:* Slips, Socken etc. in den Strumpf stecken, lose zubinden und wie gewohnt waschen. Und *bingo!* – die Wut über den verlorenen Socken hat ein Ende.

12 *Rankhilfe:* Das Strumpfbein über ein Zeltgerüst aus drei Stäben im Blumentopf ziehen. Die Samen von Schwarzäugiger Susanne und Trichterwinde werden in die Höhe schießen.

13 *Zugluftdackel:* Den Strumpf mit alten Lumpen und einer schweren Kette stopfen. Vor die Tür legen (nicht *Sie*, den *Strumpf*), damit der Wind nicht darunter durchpfeift.

14 *Zwiebel- und Schinkennetze:* Hängen Sie damit Zwiebeln, Salami und Schinkenkeulen an die Deckenbalken in der Küche. Total rustikal.

15 *Schmetterlingsnetz:* Einen Drahtkleiderbügel geradebiegen und durch den oberen Rand eines engmaschigen Netzstrumpfes fädeln. Bügel zum Kreis biegen, Drahtenden zusammendrehen und in einen Bambusgriff stecken. Zubinden und überstehendes Strumpfende abschneiden.

15 *Seifenblasenzauberstab:* Das Schmetterlingsnetz in Spülmittelwasser tauchen und herumschwenken. *Oooh.*

16 *Futtersack:* Strumpf mit Löwenzahnblättern füllen und in die Ecke des Kaninchenkäfigs hängen.

17 *Vogelfuttersack:* Strumpf mit altem Brot und Speckstückchen füllen und draußen neben dem Nistkasten aufhängen.

Und falls Sie, nachdem Sie eine der obigen Sachen gemacht haben, den anderen Strumpf hinterm Sofa wiederfinden, geben Sie ja nicht mir die Schuld.

** Fischernetze werden aus synthetischen Polyamiden hergestellt. **

Die richtige BH-Größe

Als ich neulich mit der Queen plauderte, erzählte ich ihr, welche Probleme ihre Untertaninnen häufig haben, einen richtig passenden BH zu finden. Sie wissen schon: einen, der Sie nicht zum Wahnsinn treibt, weil er wie ein Gummiband um eine rohe Wurst einschneidet und dicke Fettpolster hervorquellen lässt. Aber es nützte nichts – sie konnte mich da oben auf dem Balkon nicht hören.

Wenn es um BH-Land geht, hat die Queen allerdings die besten Berater. Das weiß ich, weil sie 1960, als sie Somalia in die Unabhängigkeit entließ, auch Rigby & Peller – die berühmte BH- und Slip-Firma in Knightsbridge – zu Hoflieferanten ernannte und sie zu ihren offiziellen »Corsetieres« machte, womit sie ihre Rolle als Staatsoberhaupt stärkte.

Massnehmen

Laut Rigby & Peller tragen 80 Prozent der Frauen, die zum Maßnehmen zu ihnen kommen, schlecht sitzende BHs, was *ich* ihnen auch hätte sagen können. Sie sollten meinen roten mit den ausgeleierten Trägern sehen: Der fühlt sich an wie eine Zwangsjacke. Sie empfehlen, das Ding professionell anpassen zu lassen, und glauben außerdem, dass ein Maßband bei der Ermittlung der richtigen BH-Größe viel zu wünschen übrig lässt. Da von den Maßen so viel abhängt und wir alle verschieden gebaut sind – mit einer grenzenlosen Vielfalt an Körperformen –, kann ein Zentimetermaß nur grobe Anhaltspunkte liefern.

Es lässt sich ohne Übertreibung sagen, dass es nichts Besseres gibt als eine professionelle BH-Anpassung. Frauen verändern mit der Zeit, bisweilen dramatisch, Figur und Größe, also sollten Sie sich regelmäßig eine richtige Anprobe gönnen. Probieren Sie verschiedene Modelle unterschiedlicher Hersteller durch: Sie werden merken, dass Ihnen manche Schnitte besser passen als andere.

Wie Sie herausfinden, was Ihnen passt

1. Um uns das Leben zu erschweren, gibt es so etwas wie eine definitive BH-Größe nicht. Die Größe variiert je nach Schnitt und Material.
2. Wenn Sie einen neuen BH anprobieren, bücken Sie sich und senken Sie Ihre Brüste in die Schalen. Dann richten Sie sich auf, winden sich nach alter Art und stopfen alles hinein, was noch heraushängt.
3. Haken Sie den BH zunächst mit der weitesten Einstellung zu – solange das Band stramm sitzt. Es weitet sich durch Tragen, Waschen und Bewegung.

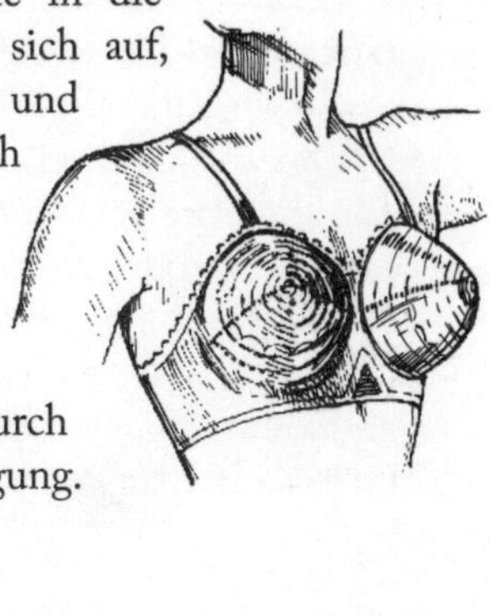

Dann können Sie es immer noch enger stellen. Falls Sie einen gut gepolsterten Rücken haben, sind drei Haken besser als zwei.

4 BHs sollte man *von Hand* waschen. Niemals in den Trockner stecken oder über die Heizung hängen.

5 Das Band sollte glatt mittig an der schmalsten Stelle Ihres Rückens anliegen, auf derselben Höhe wie die BH-Vorderseite. Sitzt der BH korrekt, sollten Sie innen mit dem Finger daran entlangfahren können, ohne den Finger absägen zu müssen, um ihn wieder herauszubekommen.

6 Probieren Sie den BH unter einem eng anliegenden Oberteil an. Sie sollten glatt und kurvig aussehen. Falls Sie aussehen wie ein Sack Jackfrüchte, stimmt etwas nicht.

7 Die BH-Bügel sollten bequem an Ihren Brüsten anliegen. Niemals sollten sie einschneiden. Um zu testen, ob sie ihre Aufgabe erfüllen, ziehen Sie den BH an und drücken gegen die Bügel. Falls sie weich nachgeben, liegen sie auf Ihren Brüsten auf, also probieren Sie größere Körbchen. Falls sie sich hart anfühlen, liegen sie auf den Rippen auf, und genau da gehören sie hin.

8 Bewegen Sie sich mit Ihrem neuen BH und heben Sie die Arme über den Kopf. Er sollte dabei nicht hochrutschen, es darf nichts herausrutschen, er muss weiterhin stützen und die Form bewahren.

9 Zu den verbreitetsten Problemen gehören der »Michelinmännchen-Effekt«, der durch ein zu enges Band verursacht wird, und der »Brötcheneffekt«, an dem zu kleine Körbchen schuld sind.

10 Falls Ihre Brüste vorne herausquellen, Ihre Silhouette plump wirkt oder etwas unter den Bügeln herausrutscht, probieren Sie einen BH mit schmalerem Rücken und größeren Körbchen.

11 Falls der BH an den Rändern nicht anliegt, versuchen Sie es mit einer kleineren Körbchengröße.

12 Falls das Band hinten hochrutscht oder die Träger einschneiden, probieren Sie die nächstkleinere Weite.
13 Falls die Bügel unter der Achselhöhle einschneiden, probieren Sie die nächsthöhere Körbchengröße.
14 Falls Sie schwere Brüste haben, geben unelastische Träger besseren Halt.
15 Falls Ihre Größe sich ständig verändert (normal), nehmen Sie einen elastischen BH. Falls die Größe stark variiert, schaffen Sie sich mehrere BHs in unterschiedlichen Größen an.
16 Probieren Sie verschiedene BHs für diverse Outfits und Gelegenheiten aus: nahtlos, trägerlos, Sport …

Und schließlich sollten Sie daran denken, dass dies nur Tipps und Anhaltspunkte sind. Vor allem vergessen Sie nicht, dass Sie mit Do It Yourself auf diesem Gebiet nicht weit kommen. Wahrscheinlich geht sogar alles schief. Also werfen Sie das Maßband weg und gönnen Sie sich eine richtige Anprobe bei den Profis. Sie werden es nicht bereuen.

** Mae West rieb ihre Brüste jeden Tag zwei Stunden lang mit Cold Cream ein. **

Der berühmte Bleistifttest

Bis zu seiner Pensionierung war mein Onkel Bob Vertreter für eine Schreibwarenfirma. In seiner Freizeit war er außerdem ein gewiefter Snooker-Spieler und gewann zahlreiche Pokale. Als ich ein Teenager war, nahm er mich mit in Pubs und Billardcafés im ganzen Land, damit ich ihm seine Queues tragen half, und in einer Turnierpause in der Stadthalle von Ryme Intrinseca in Dorset weihte er mich in die Geschichte des Bleistifts ein. Ich weiß noch, wie er mir erzählte, die ersten Bleistifte seien um 1558 in Keswick hergestellt worden, aber erst die Italiener hätten die hölzerne »Hülle« entwickelt.

Onkel Bob brachte mir auch den Bleistifttest bei. Er erzählte, seine zweite Frau habe sehr darunter gelitten und stundenlang vor ihrem Schlafzimmerspiegel gestanden und ihr Aussehen wieder und wieder überprüft. Falls Sie noch nie vom Bleistifttest gehört oder ihn ausprobiert haben: Hier ist Ihre Chance. Es ist ein simpler Test, um Zustand und Straffheit der weiblichen Brust zu ermitteln, und Sie können ihn jederzeit an sich und für sich durchführen.

Was Sie brauchen

Einen Bleistift. Die besten Bleistifte für diesen Zweck bestehen aus glattem, unlackiertem Holz. Lackierte Bleistifte neigen eher zum »Festkleben« und verfälschen damit das Ergebnis.

Anleitung

1. Gehen Sie nach oben (falls Sie ein Oben haben) und sorgen Sie dafür, dass Sie ungestört bleiben.
2. Ziehen Sie sich aus und stellen Sie sich vor einen großen Spiegel.
3. Legen Sie einen Holzbleistift waagerecht unter die Brust Ihrer Wahl, wo sie an den Brustkasten angrenzt.
4. Stehen Sie still.

Ergebnisanalyse

Ein korrekt angelegter Bleistift, der trotzdem herunterfällt, ist ein Indikator für erstklassige, nach oben weisende Brustdrüsen. Entweder haben Sie noch nicht das BH-Alter erreicht (Sie müssen jung sein) oder Sie sind festigkeitsmäßig gesehen in Hochform. Falls der Bleistift durch das Gewicht der Brust gehalten wird und nicht herunterfällt (Wackeln gilt nicht), haben Sie den Test nicht bestanden. Aber: Dies soll keine Kritik an Ihrem Körperbau sein – womöglich genau das Gegenteil. Jayne Mansfield war eine Bleistifttest-Versagerin erster Güte und dabei eins der begehrtesten Pin-up-Girls. Trotzdem sei darauf hingewiesen, dass, falls sich der Bleistift nur durch Ziehen mit beiden Händen und Wälzen auf dem Boden entfernen lässt, ein wirklich guter Stütz-BH angesagt und hoffentlich schon angedacht ist.

Der vertikale oder Mae-West-Test

Das ist etwas für Ehrgeizige.

Legen Sie Ihren verführerischsten BH, an und stecken Sie einen Bleistift senkrecht ins Dekolleté. Wenn er feststeckt und nicht herausfällt, ist das Dekolleté perfekt.

** Der größte Bleistift der Welt wird in Malaysia ausgestellt und ist 19,5 m lang. **

Farbberatung: die schmeichelhaftesten Farben

Die besten Farben zu Ihrer Haut, Ihrem Haar und Ihren Augen auszuwählen ist in der Praxis eher eine Kunst denn eine Wissenschaft – was nicht heißen soll, dass nicht auch etwas Wissenschaft mit im Spiel ist. Und es ist eine Kunst, die die meisten Menschen ohne Ausbildung beherrschen. Aber selbst wenn Sie wissen, welche Farben am besten zu Ihrem Haar und Teint passen, können Ihnen immer noch leicht Fehler unterlaufen. Bestimmt haben Sie schon einmal im Laden etwas anprobiert, das auf dem Bügel toll aussah, und es sich dann voller Abscheu vom Leib gerissen, als Sie sahen, was es für Ihr Gesicht bewirkte. Es ist ein guter Test, sich bei hellem Tageslicht vor den Spiegel zu stellen und sich das Kleidungsstück unters Kinn zu halten. Wenn Ihnen die Farbe steht, merken Sie, dass

- Ihre Augen »lebendig werden« und die Farbe zu strahlen beginnt

- Ihre Haut besser, jünger und glatter wirkt
- Ihr Gesicht wirkt wie vom Profi ausgeleuchtet
- Sie attraktiver und interessanter aussehen
- die Leute Ihnen mehr zulächeln

Es ist ungefähr so wie der richtige Rahmen für ein Bild – ergänzend, ohne zu überstrahlen. Mit dem besten Rahmen wirkt auch ein langweiliges Bild schön. Der falsche Rahmen kann ein gutes Bild einfach ersticken.

Wenn eine Farbe Ihnen nicht steht, merken Sie, dass

- Ihre Haut fleckig und irgendwie merkwürdig aussieht
- das Kleidungsstück mehr auffällt als Sie (wie oben im Beispiel mit dem Rahmen)
- dunkle oder farbige Schatten Kinn und Hals entstellen
- Sie genau wie Vincent Price in *Das Wachsfigurenkabinett* (1953) aussehen

Bei der Auswahl der richtigen Farben gibt es ein paar recht zuverlässige Faustregeln, und wahrscheinlich haben Sie noch ein paar eigene, an die Sie sich halten. Zum Beispiel wirken blaue Augen und blondes Haar fast immer mit Blau besonders hübsch, während Braun, Beige und Weiß häufig die richtige Wahl für Brünette sind. Falls Sie rothaarig oder rotblond sind, wissen Sie wahrscheinlich, dass Grün eine fantastisch schmeichelhafte Farbe für Sie ist. Passt immer. Auch die Farbtemperatur ist wichtig. Warme Blautöne sind oft den kalten vorzuziehen; kühle Rottöne sind ansprechender als ein grelles Zinnoberrot.

Wenn Sie eine besonders schmeichelnde Farbe tragen, bekommen Sie Komplimente für Ihr Aussehen. Merken Sie sich diesen Farbton und beginnen Sie, eine Palette für Ihre Garderobe anzulegen, die *für Sie* genau das Richtige ist.

** Lippenstift ist der beliebteste Artikel der dekorativen Kosmetik. **

French Manicure selbst gemacht

Dass der Zeigefinger bei Männern in der Regel länger ist als der Ringfinger und bei Frauen das Gegenteil zutrifft, stellte man zum ersten Mal im 19. Jahrhundert fest. Neuere Forschungen lassen außerdem vermuten, dass das Fingerverhältnis ein Indikator für Aggressivität sein kann. Je größer der Unterschied zwischen kurzem Zeige- und langem Ringfinger, desto aggressiver (*sprich* maskuliner). Fest steht auf jeden Fall, dass kurze, ölverschmierte Wurstfinger, die einen Schraubenschlüssel halten, männlich wirken, lange, schlanke, wohlmanikürte dagegen weiblich.

Die Anleitung auf dieser Seite verhilft Ihnen zum Inbegriff der hausgemachten Maniküre und zu lang wirkenden Fingern, ohne dass Sie einen Kredit fürs Nagelstudio aufnehmen müssen – es kostet Sie nur ein Fläschchen Nagellack.

Frauen färben ihre Fingernägel schon seit über 5000 Jahren, jedenfalls habe ich so etwas irgendwo gelesen, die Herkunft der »French Manicure« jedoch liegt eher im Dunkeln. »Französisch« ist eines dieser Adjektive, wie es Werbeleute und Marketingmenschen lieben, weil es allem von Küssen bis zu Unterhosen einen gewissen exotischen Chic verleiht. Kein Wunder, dass die Kosmetikfirma Orly sich die Bezeichnung »Original French Manicure« für ein Maniküreset 1978 als Markenzeichen eintragen ließ und die »Frenchie« in heutigen Nagelstudios eine der gefragtesten Maniküren ist.

Was die French Manicure auszeichnet, ist die milchweiße Nagelspitze, durch die der Nagel in Verbindung mit dem »natürlichen« Hautton lang wirkt.

Für eine perfekte französische Maniküre folgen Sie einfach meiner Anleitung. Aber sorgen Sie dafür, dass Ihre Nägel vorher in einem anständigen Zustand sind. Seien Sie ehrlich: Falls Sie eine unverbesserliche Nägelkauerin sind, leisten Sie sich besser falsche Nägel aus dem Studio. Und falls Sie Harfenistin sind oder den ganzen Tag in der Töpferei verbringen, sind lange Nägel einfach nur lästig; lesen Sie lieber eine andere Seite.

Was immer Sie tun, bitte *üben* Sie Ihre Frenchie, bevor Sie zu einem Date mit einem neuen Verehrer gehen. Sie wollen doch nicht mit Nägeln das Glas erheben, die aussehen wie von Jackson Pollock angemalt.

Was Sie brauchen

- *Weißen Nagellack*
- *Farblosen oder »hautfarbenen« Nagellack*
- *Einen Nagelhautschieber*
- *Nagelschere (oder Zange/Knipser)*
- *Nagelfeile mit grober und feiner Seite*
- *Selbstklebende Verstärkerringe aus dem Schreibwarenhandel*

Anleitung

1. Bevor Sie die Nägel lackieren, entfernen Sie den alten Lack mit normalem Nagellackentferner und einem Wattebausch.
2. Waschen Sie sich die Hände und weichen Sie die Finger eine Weile in einer Schale mit warmem Wasser ein, damit Haut und Nägel etwas weicher werden (falls sie schrumpeln, sind Sie zu weit gegangen), danach gründlich abtrocknen.
3. Mit einem Nagelhautschieber oder einem anderen geeigneten Instrument die Nagelhaut vorsichtig zurückschieben, sodass sie einen präzisen Bogen bildet.
4. Die Nägel mit Schere, Zange und Nagelfeile sorgfältig kürzen und in Form feilen. Dann kurz abspülen und abtrocknen.
5. Nun kommt der schwierige Teil. Die Nagelspitzen mit weißem Nagellack lackieren. Er muss mit ruhiger Hand in einer sicheren, abgezirkelten Bewegung aufgetragen werden. Das kann kompliziert sein, aber es gibt einen raffinierten Trick: Einen Verstärkerring vom Papier ab-

ziehen und halbieren. So auf das Nagelende kleben, dass er einen mathematisch perfekten Radius beschreibt. Nun die Nagelspitze weiß lacken und dann wie üblich mit der Hand wedeln und pusten, bis der Lack nur noch leicht klebt. Je nach Deckkraft müssen Sie eine zweite Schicht auftragen, aber lassen Sie die erste zunächst gut trocknen, sonst sieht es scheußlich aus. Den Verstärkerring vorsichtig abziehen, und *voilà!*, eine schöne saubere Kante.

6 Sobald alle Spitzen weiß sind, lackieren Sie den ganzen Nagel mit farblosem oder blassrosa Nagellack. Nicht zu dick auftragen – Sie brauchen nur etwa drei Striche. Den ersten genau über die Mitte, die beiden anderen an den Seiten. Dann rühren Sie nichts mehr an. Ihre Malerei wird zunächst etwas impressionistisch aussehen, aber nach und nach glatt trocknen. Vielleicht brauchen Sie mehrere Schichten, aber fummeln Sie nicht dauernd daran herum; damit ruinieren Sie nur alles und müssen ganz von vorn anfangen. In diesem Moment kommt in der Regel ein Mann herein und bittet Sie, ein nasses Fischernetz oder ein verkohltes Auspuffstück zu halten. Tun Sie es nicht. Lassen Sie sich auch nicht verführen, die Türschwelle zu schrubben oder die Wollmäuse unter Ihrem Bett aufzusammeln. Sehen Sie sich stattdessen etwas Geistloses im Fernsehen an oder Ähnliches und warten Sie, bis der Lack wirklich ganz trocken ist.

Sobald alles ganz durchgetrocknet ist, tragen Sie noch eine letzte Schicht farblosen Nagellack auf, um Ihre glamouröse French Manicure zu schützen. Sie können deren Lebenszeit verlängern, indem Sie jeden Abend eine neue Schutzschicht auftragen. Das können Sie allerdings nicht ewig machen, sonst bekommen Sie scheußlich schorfige, zolldicke Nägel.

* *Fingernägel bestehen aus einem harten Protein namens* Keratin. *

Frisieren I: der normale Zopf

Erinnern Sie sich noch an Mr Teazy Weazy, der wie ein Wirbelwind sämtliche modischen Frisuren im Swinging London der 1960er-Jahre durchmachte? Am Ende ist er wohl in Haarspray erstickt. Ich erinnere mich an das Foto einer schlecht gelaunten Twiggy aus dieser Zeit, auf dem ihr ein riesiger Zopf über die Schulter hing, woran man sieht, dass Zöpfe nie wirklich aus der Mode waren. Es gibt einen Mann in meiner Umgebung, der – sogar heute noch – voller Stolz Zöpfe trägt. Ich bin nicht überzeugt, dass sie zu seiner Wachsjacke passen, aber bitte, was Kleopatra recht war, sollte uns allen billig sein.

Falls Sie sich noch nie die Haare geflochten haben, hier kommt die Anleitung. Am leichtesten bekommt man die Sache in den Griff, wenn man zunächst an jemand anderem übt.

Was Sie brauchen

- *Nicht ziepende Haargummis*
- *Haarbürste*
- *Eine Haarspange zum Festhalten von Lagen und Strähnen (zur Not tut es auch eine Flügelklammer)*

Anleitung

Sobald Sie den Rhythmus erst einmal heraushaben, geht der einfache Zopf ganz leicht. Ihr Haar sollte ziemlich lang (was sollte man sonst flechten?) und trocken sein.

1 Die Haare bürsten, um sie zu entwirren. Dauert etwa drei Stunden.
2 Nach hinten in den Nacken bürsten und in drei gleich dicke Strähnen teilen (Abb. A).
3 Zwei Strähnen, durch einen Finger getrennt, in die linke Hand und die dritte in die rechte Hand nehmen. Führen

Sie die rechte Hand oben über die mittlere Strähne, und legen Sie die rechte Strähne von der rechten in die linke Hand, während die mittlere Strähne in die rechte Hand wandert. (Ergibt das für Sie irgendeinen Sinn?) Jetzt sollten Sie wieder zwei Strähnen in der linken Hand halten, es sind allerdings andere Strähnen als zu Anfang (Abb. B).

4 Die äußere Strähne in der linken Hand über die neue Mittelsträhne legen. Sie können sie mit der rechten Hand greifen und hinüberziehen, sodass Sie nun zwei Strähnen in der rechten Hand haben (Abb. C). (Verstehen Sie das Prinzip?)

5 Die äußere rechte Strähne über die mittlere legen.

6 Sie sollten nun etwas sehen, das einem Zopf ähnelt. Sehen Sie etwas, das eher wie eine Explosion in einer Rosshaarsofafabrik aussieht, ist etwas schiefgegangen. Egal … nehmen wir an, Sie machen es richtig. Legen Sie abwechselnd die rechte und die linke Strähne über die mittlere (Abb. D). Das ist der Schlüssel zum Verständnis der Flechtkunst.

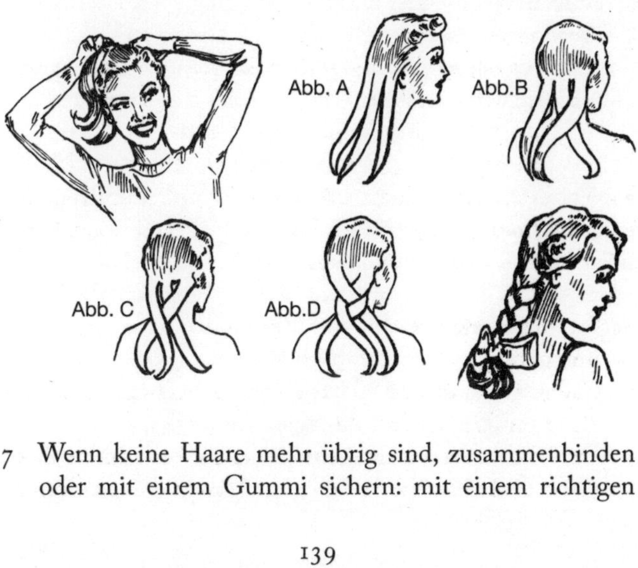

7 Wenn keine Haare mehr übrig sind, zusammenbinden oder mit einem Gummi sichern: mit einem richtigen

Haargummi, nicht einem dieser wurmfarbigen Dinger, die der Postbote unterwegs verloren hat. Oder tunken Sie den Zopf in Teer wie die Seeleute vergangener Zeiten.

Der einfache Zopf eignet sich auch gut zur Herstellung von Locken, wenn Sie mit eingeflochtenen Haaren schlafen.

** Twiggys Mutter arbeitete bei Woolworth. **

Frisieren II: der französische Zopf

Bodybuilding-Wettbewerbe begannen (natürlich) in den USA mit Galas wie der Show *Miss Physique*, die mir wie ein altmodischer Bikiniwettbewerb mit zusätzlichen Proteinen vorkam. Im Lauf der Jahre jedoch trainierten die Bodybuilderinnen, bis ihr Bizeps hervortrat wie Fleischpastete, ihr Bauch einem Sixpack glich und sie kaum noch von Arnold Schwarzenegger zu unterscheiden waren, bevor der zum Intellektuellen wurde und in die Politik ging.

Warum ich das erwähne? Weil der französische Zopf erfordert, dass Sie Ewigkeiten mit erhobenen Armen dastehen, und das ungeheuer anstrengend ist. Alles Blut entweicht aus Ihren Händen, und die ermüdeten Gliedmaßen beginnen zu schmerzen. Nach einer Weile wanken sie selbsttätig herum wie Schilf im Teich, und schließlich werden sie schlapp und fallen taub und leblos herunter, häufig auf Ihren Kopf, wobei sie Ihnen die Brille herunterschlagen. Aber lassen Sie sich so leicht abschrecken, oder sind Sie bereit, sich in die Riege der hyperaktiven Frauen, Miss Physique und all der Flechterinnen voll stählerner Entschlossenheit einzureihen und Ihre Haare zum französischen Zopf zu flechten? Sehr gut, ich habe gehofft, dass Sie das sagen würden.

Der Hauptunterschied zwischen dem einfachen Zopf und dem französischen Zopf besteht darin, dass bei Letzterem nicht nur drei, sondern noch mehr Haarsträhnen beteiligt sind. Falls Sie ihn an sich selbst ausprobieren, bedenken Sie, dass Sie Durchhaltevermögen brauchen.

Anleitung

1 Die vorderen Haare (einschließlich der Seiten) von den hinteren abtrennen, das abgeteilte Haar wieder zum Scheitel hochziehen und in drei gleich große Strähnen teilen (Abb. A).

2 Zunächst rasch einmal links über Mitte, rechts über Mitte flechten (wie beim einfachen Zopf). Beim Lernen brauchen Sie nicht sauber zu arbeiten (Abb. B). Bei Anfängern sieht es meist aus wie die Arbeit eines blinden Korbflechters beim ersten Versuch. Sobald Sie den Rhythmus gefunden haben, können Sie sich auf Spannung und Strähnendicke konzentrieren, und die Sache sieht schon etwas ordentlicher aus.

3 Beim Weiterflechten nehmen Sie weiteres Haar *direkt unterhalb jeder neuen Strähne* auf, die als Nächste herübergekreuzt wird. Nehmen Sie jedes Mal die gleiche Menge dazu. Die Strähnen mit dem kleinen Finger abteilen. So können Sie den Hauptstrang festhalten, während Sie neue Haare dazunehmen. Dabei eng am Kopf flechten (Abb. C).

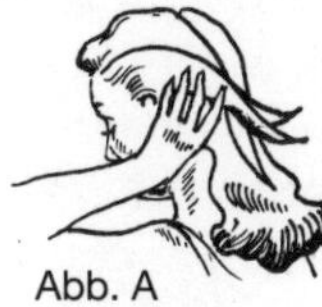

Abb. A

Abb.B

Abb. C

4 Weiterflechten, bis Sie am Nacken angelangt und keine Haare mehr ungeflochten sind.
5 Als einfachen Zopf weiterflechten und mit Haargummi festhalten.

** Der Hauptbestandteil von Haar ist Keratin, genau wie bei Fingernägeln. **

Frisieren III: der Knoten

Als ich jung und dumm war, dachte ich immer, Ladys, die einen Haarknoten trügen, seien mindestens 60. Vielleicht hatte es mit dem Wort »Knoten« zu tun: irgendwie tantig und braun, mit einer Erinnerung an Stricknadeln, Tweedröcke und lange, graue Sonntagnachmittage ohne irgendetwas Interessantes, Aktives oder überhaupt etwas außer dem Geruch nach Jagdstöcken, Blaustrümpfen, vertrockneten Gewächshäusern, Wollunterwäsche, Pfefferminzbonbons, tropfnassen derben Schuhen, dem Kreuzworträtsel der *Times* und Lebertran. Ein Look, dachte ich mir, der zu vermeiden ist.

Dann sah ich eines Tages beim Shoppen in Mayfair eine große, gazellengleiche junge Frau die Bond Street auf so hinreißende Art entlangschlendern, dass ich es ihr gleichtun wollte. Sie trug – ich konnte es kaum glauben – die Haare zum Knoten hochgesteckt. Als ich sie in Richtung Bruton Place verschwinden sah, zog sie eine lange Nadel aus ihren Flechten und schüttelte das Haar über ihre Schultern aus wie Sophia Loren in irgendeinem Film. *Aha*, dachte ich, *Knoten können auch cool sein.*

Falls Sie es probieren wollen, ist hier die Anleitung. Sie werden gern hören, dass Sie das nicht ordentlich machen müssen. Viel besser wirkt ein zufälliger, lässiger Look. Ihr Haar muss allerdings mehr als schulterlang sein.

Anleitung

1 Streichen Sie mit den Fingern das Haar zu einem Pferdeschwanz im Nacken. Das verleiht Ihnen einen verwegenen, sexy und lässigen urbanen Look. Falls Sie einen Brave-Bibliothekarin-tobt-sich-nach-Feierabend-aus-Look anstreben, bürsten Sie die Haare, damit es ordentlicher aussieht. Mit Haargummi befestigen.

2 Den Pferdeschwanz zwirbeln, bis das Haar steif wird und sich von selbst einrollt (Abb. A).

3 Für eine lässigere Wirkung zupfen Sie jetzt einige kurze Strähnen aus dem Pferdeschwanzende.

4 Den Pferdeschwanz im Nacken um sich selbst zum Knoten drehen (Abb. B).

5 Nun das Ende unter das Haargummi schieben und mit Haarnadel oder Haarklammer fixieren. Nehmen Sie keine Wäscheklammer; das sieht nicht aus (Abb. C).

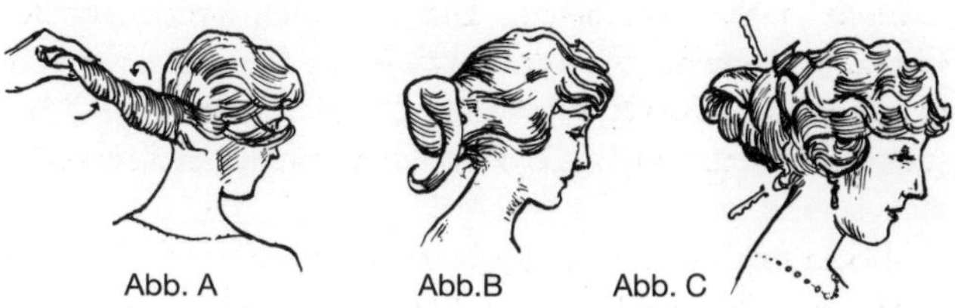

Abb. A Abb.B Abb. C

Sie können den Look variieren und trotzdem auffallen, wenn Sie das Haar hinten von einem tiefen Seitenscheitel hochkämmen oder nur oben auf dem Scheitel zum Knoten hochstecken und die restlichen Haare verführerisch offen tragen.

** Das englische Wort für einen Haarknoten ist* bun, *gleichzeitig die Bezeichnung für ein Brötchen. **

Der Imelda-Marcos-Schuhknigge

Während des Parteitags der Republikaner 1992 gab ein Mann namens Pat Robertson der Allgemeinheit eine Probe seines intellektuellen Denkvermögens. »Der Feminismus«, verkündete er, »ermutigt Frauen, ihre Männer zu verlassen, ihre Kinder zu töten, Hexerei zu betreiben, den Kapitalismus zu vernichten und Lesbierinnen zu werden.« Manche fanden, er übertreibe ein wenig, und 2006 ließ die 77-jährige Imelda Marcos – die frühere First Lady der Philippinen – in dem trotzigen Versuch, Mr Robertson zu zeigen, wie Feministinnen wirklich sind, einen Haufen Schmuck, Taschen und Turnschuhe auf die Menschheit los, den sie selbstlos die *Imelda Collection* nannte. Die sehr pinkfarbene und möglicherweise ganz und gar nicht so feministische Website verkündet: »Aus den Abfallprodukten ihres bunten Lebens, dem Treibgut ihres eigenen Dramas, kreiert Imelda ihren Schmuck.« Nicht zu fassen! Sind diese Leute nicht witzig?

Um aber mal einen Augenblick in die wirkliche Welt zurückzukehren, hier ist ein Schuh-Leitfaden, für den Imelda getötet hätte, wenn sie davon gewusst hätte, bevor die Ballenentzündung sie erwischte.

Top-Tipps

- Kaufen Sie Schuhe gegen Abend, wenn die Füße etwas dicker sind. Sonst passen Ihre neuen Schuhe Ihnen nur morgens.
- Probieren Sie beide Schuhe an, falls Ihre Füße unterschiedlich groß sind. (Das versteht sich wohl von selbst.)
- Wie sagte Margaret Halsey: »Die Schuhe der Engländerinnen sehen aus, als ob sie jemand gemacht hätte, dem man schon oft Schuhe beschrieben hat, der aber noch nie welche gesehen hat.« Das trifft vielleicht nicht mehr ganz zu, zeigt aber trotzdem, wie wichtig es ist, Schuhe sorgfältig auszuwählen.

- Lassen Sie Ihre Füße einmal im Jahr richtig ausmessen. Das bedeutet nicht, dass Sie und Ihr Freund sich nach ein paar Camparis kichernd mit einem Lineal herumwälzen.
- Tragen Sie Strumpfhosen, wenn Sie Schuhe kaufen, die Sie mit Strumpfhosen tragen wollen. Man glaubt ja nicht, dass es einen Unterschied macht, aber es macht einen.
- Lederschuhe putzt man am besten, wenn sie vom Tragen noch warm und weich sind.
- Nass gewordene Schuhe nicht heiß trocknen, davon werden sie ganz hart. Langsam trocknen lassen und mit Zeitungspapier ausstopfen, damit sie nicht schrumpfen.
- Die Schuhe wechseln. Natürlich nicht beim Gehen. Ich meine, nicht zwei Tage hintereinander dasselbe Paar tragen.
- Für wohlriechende Fußbekleidung sorgen, indem man über Nacht Orangenschale in die Schuhe legt. Oder etwas Lavendel- oder Zitronengrasöl auf ein Papiertaschentuch träufeln und über Nacht in die Schuhe stecken.
- Alte Wildlederschuhe frischt man auf, indem man sie über Wasserdampf hält. Aber dabei nicht die Hand abkochen.
- Nicht getragene Stiefel mit Zeitungspapier ausstopfen. Ungetragenen Schuhen tun Schuhspanner gut.
- Im Winter können Lederschuhe nach einem Gang auf salzbestreuten Wegen fleckig werden. Einen Esslöffel Essig mit einer Tasse Wasser mixen und die Flecken einfach wegwischen.
- Stoffschuhe werden mit Teppichshampoo wieder wie neu.
- Wenn Sie wie Fats Waller glauben, Ihre Füße seien zu groß, dann tragen Sie doch hohe, kräftige Absätze. Spitze Schuhe lassen Ihre Füße länger wirken. Und in hellen Schuhen wirken Füße größer als in dunklen – also meiden Sie Erstere. Verzierungen aller Art lassen Ihre Füße kleiner wirken, also her mit Federn, mit Lack und Perlen, Spangen und Schleifen.

* *Fats Wallers Hit* Your Feet's Too Big *erschien 1941.* *

Gekonnt gezupfte Augenbrauen

Eine gezupfte Augenbraue hat etwas ganz einzigartig Architektonisches an sich, das sich weder mit Mascara noch mit Botox-Einspritzungen erreichen lässt. Wirklich künstlerisch gezupfte Brauen lenken die Aufmerksamkeit auf Ihre Augen (ganz wie ein guter Bilderrahmen), betonen und »vergrößern« diese und zeichnen die Knochenstruktur Ihrer Brauenwölbung nach. Bei extrem buschigen Augenbrauen oder der »durchgehenden« Augenbraue ist ausgiebiges Zupfen erforderlich. Nun ist ein Hauch von Eleganz oder Akkuratesse zwar in Ordnung, aber Sie sollten es nicht übertreiben. Der größte Fehler ist, sich fast kahl zu zupfen oder nur zwei insektengleiche »Fühler« über den Augen stehen zu lassen. Es dauert Monate, bis Augenbrauen nachgewachsen sind, also seien Sie vorsichtig; lassen Sie da oben mehr als nur ein mickriges Gekritzel stehen. Und so machen es die Fachleute:

Was Sie brauchen

- *Augenbrauenstift*
- *Korrekt abgeschrägte Augenbrauenpinzette*

Anleitung

1 Sie brauchen gutes Licht. Am besten ist Sonnenlicht, also setzen Sie sich vor ein Fenster. Sitzen Sie nicht die ganze Zeit mit der Nase am Spiegel. Lehnen Sie sich ab und an zurück, um sich Ihr ganzes Gesicht und die Gesamtwirkung anzuschauen.

2 Reinigen Sie Ihre Augenbrauen mit Seife. Dadurch werden sie dicker und lassen sich leichter packen.

3 Planen Sie. Entscheiden Sie, welche Form Sie wollen, und zeichnen Sie mit dem Augenbrauenstift eine Linie in Ihre Augenbrauen. Die Augenbrauen sollten auf Höhe des inneren Augenwinkels ansetzen. In der Mitte sollte

man sie dicker und zum Ende hin in einem eleganten Bogen auslaufen lassen. Zupfen Sie einen glatten, attraktiven Bogen, dessen höchsten Punkt Sie festlegen, indem Sie eine gedachte Linie von dem Punkt, an dem der Nasenflügel an die Wange grenzt, durch die Mitte der Pupille nach oben ziehen. Ihre Brauen wirken am attraktivsten, wenn sie ein wenig über den äußeren Augenwinkel hinausragen. Der Abstand zwischen beiden sollte mindestens eine Augenbreite betragen. Sehen Sie sich die Models in Ihrer Lieblingszeitschrift an, und kopieren Sie deren Brauen.

4 Benutzen Sie eine richtige Augenbrauenpinzette. Mit anderen Pinzetten endet die Aktion leicht in Tränen, und zupfen Sie *unter* statt über den Brauen Haare aus.

5 Ziehen Sie die Haut an der Schläfe straff, und beginnen Sie in der Mitte der Braue mit dem Zupfen. Arbeiten Sie sich zum äußeren Ende vor, wobei Sie jeweils nur ein Haar auf einmal auszupfen. Beginnen Sie wieder in der Mitte und arbeiten Sie sich zur Nase vor. Bearbeiten Sie beide Augenbrauen abwechselnd. So erhalten Sie zwei gleiche Brauen statt einer großen dicken und einer kleinen dünnen.

6 Zum Schluss reiben Sie Ihre frisch gelichteten Brauen mit einem mit adstringierendem (zum Beispiel Hamamelis-)Gesichtswasser getränkten Wattebausch ab.

** Die älteste bekannte Pinzette stammt aus dem dritten vorchristlichen Jahrtausend. **

Schnellkurs in richtigem Benehmen

Als mein Freund Antonio ein kleiner Junge war, musste er beim Spaghettiessen das *Dizionario Enciclopedico Italiano* auf dem Kopf balancieren. Jetzt hat er wunderbare Manieren und eine großartige Haltung und kneift fast nie Mädchen in den Po.

In längst vergangenen Zeiten war gutes Benehmen eine wichtige Sache, besonders für junge Ladys – eine ganze Industrie lebte davon, und frau hätte sich auf der Straße nicht einmal tot ohne Perlen erwischen lassen. Es war die Zeit, als Schweizer Internate und Charme-Schulen Debütantinnen in den Feinheiten guter Manieren, Etikette und Haltung unterwiesen und Redeschulung gang und gäbe war, wenn man das Pech hatte, nicht von adeliger Geburt zu sein, aber trotzdem weiterkommen wollte. In glitzernden Salons bestand die Version des italienischen Enzyklopädie-Tricks darin, dass eine junge Lady, wohlfrisiert und gut gekleidet, vor ihresgleichen promenieren konnte, ohne dass ihr die gebundene Ausgabe des *Collins Book of Birds* von der Birne plumpste.

Wie auch immer, hier kommt ein rascher Überblick über die Grundbegriffe. Ein komplettes weiteres Kapitel habe ich dem Problem gewidmet, wie man aus dem Auto steigt, ohne dass der Slip blitzt. Ansonsten sind diese Hinweise relativ simpel und leicht verständlich.

Haltung

Auf die richtige Haltung kommt es an. Wenn Sie in Plastikregenhut und Omamantel herumschlurfen, in jeder Hand eine Supermarkttüte, sehen Sie garantiert alt aus, aber wenn Sie dazu noch in sich zusammensacken und auf Ihre Füße starren, werden Sie den Herzog niemals beeindrucken.

Gerade Stehen ist das Wichtigste: Schultern zurück, Bauch rein, Po rein, Rücken und Hals gerade, aber nicht steif. Ohren, Schultern, Hüften, Knie und Fesseln sollten säulengerade sein. Ein an Ihrem Ohrläppchen aufgehängtes Lot sollte mitten durch Ihre Fessel gehen.

Ratschläge zu hohen Absätzen, die Ihnen das Geradestehen erleichtern, finden Sie bei »Treppab auf High Heels«.

Benehmen

1 Stützen Sie beim Essen nicht die Ellbogen auf den Tisch. Ihre Mama hatte recht.

2 Wenn Sie Suppe essen, neigen Sie Schale und Löffel von sich *weg*.

3 Zeigen Sie Selbstvertrauen und sehen Sie den Menschen in die Augen, wenn Sie mit ihnen reden.

4 Zeigen Sie nicht mit dem Finger – nicht weil es unhöflich, sondern weil es männlich ist. Nehmen Sie die ganze Hand oder neigen Sie den Kopf in die entsprechende Richtung. Machen Sie es wie die Frauen von der Wettervorhersage.

5 Eine Anweisung von 1845, die auch heute noch gilt: Unterlassen Sie es unbedingt, sich in Gesellschaft am Kopf zu kratzen, in den Zähnen zu stochern, sich die Nägel zu säubern oder, am allerschlimmsten, in der Nase zu bohren – das alles ist abstoßend. Spucken Sie so wenig wie möglich – und niemals auf den Boden. Letzteres ist besonders wichtig. Wenn es eine goldene Regel gibt, die wichtiger ist als alle anderen zusammen, dann diese.

** Aufstoßen wird auch als Rülpsen, Eruktieren oder Eruktation bezeichnet. **

Makellos rasierte Beine

Zu Elisabethanischer Zeit war das Rasieren von Stirn und Augenbrauen groß in Mode, und Elisabeth I. zeigte zu ihren hinreißenden langen, schwarzen Zähnen die berühmte hohe Stirn, die sie vielleicht auch rasierte, damit all diese hohen Perücken besser saßen. Ich weiß nicht, wie ihre Beine aussahen, weil sie immer unter ihren Röcken in einem Paar feiner Seidenstrümpfe steckten, die ihr 1560 so gut gefielen und die sie so angenehm, fein und zart fand, dass sie nie wieder Wollstrümpfe tragen wollte. Ich habe aber das Gefühl, dass

Elisabeths Beine unrasiert waren und in etwa so aussahen wie die der Comicfigur Beryl the Peril in Strumpfhosen oder die nackten Beine ihres Artgenossen Desperate Dan.

Der moderne Trend zu glatten Beinen und Achselhöhlen begann natürlich in Amerika, und zwar 1915 in der Mai-Ausgabe von *Harper's Bazaar*, in der ein Model mit haarlosen Achselhöhlen in einem ärmellosen Abendkleid abgebildet war. In den 1920er-Jahren veranstalteten Rasiererfirmen Werbekampagnen, um die jungen Mädchen zu überzeugen, dass Behaartheit unweiblich sei, und im Lauf der Jahrzehnte, als die Röcke kürzer und die unteren Gliedmaßen immer mehr zu sehen waren, griffen mehr und mehr Frauen zum Rasierer. Im Zweiten Weltkrieg führte die Knappheit an Nylonstrümpfen dazu, dass junge Damen sich die Beine rasierten, um leichter durch cleveren Einsatz des Augenbrauenstifts Nahtstrümpfe zu imitieren.

In der guten alten Zeit konnte noch der Anblick eines Knöchels schockieren, mittlerweile aber sind alle Grenzen gefallen, und die Neigung der Promis, alles zu rasieren, was sich bewegt, hat zur heute üblichen »brasilianischen« (teilweisen) oder »Hollywood-« (kompletten) Enthaarung unter der Gürtellinie geführt.

Aber bleiben wir für den Augenblick ganz altmodisch bei den Beinen. Es gibt ein paar Tipps, die das Rasiererlebnis für Sie angenehmer gestalten. Ich kann allerdings nicht versprechen, dass ein Mann im Ferrari Sie zu einem romantischen Dinner entführt, sobald Sie mit der Sache fertig sind. Tatsächlich muss ich an Deana Carters traurigen Song *Did I Shave My Legs For This?* denken. Aber egal, man soll die Hoffnung nicht aufgeben, hier also das Wichtigste.

1 Benutzen Sie wirklich gute Rasierklingen. Nehmen Sie ein Markenprodukt.
2 Machen Sie vor der Rasur ein Peeling. Durch das Entfernen abgestorbener Hautpartikel können Sie eingewach-

sene Härchen verhindern. Außerdem sehen Ihre Beine dann besser aus.

3 Weichen Sie die Beine vorm Rasieren mindestens drei Minuten ein: Wasser macht die Haare weich.
4 Verwenden Sie ein richtiges, dickes Rasiergel oder Schaum (ob für Männer oder Frauen spielt keine Rolle). Seife ist nicht gleitfähig genug, Haarfestiger dagegen funktioniert ausgezeichnet.
5 Den Rasierer nach jedem Strich abspülen.
6 Die Rasierklinge häufig wechseln.
7 Am glattesten wird die Rasur, wenn man von den Fesseln nach oben arbeitet; bei sehr empfindlicher Haut in Wuchsrichtung der Härchen vorgehen.
8 Rasieren Sie langsam, es eilt ja nicht.
9 Passen Sie bei den Knöcheln auf, man schneidet sich leicht. Alaunstift!
10 Hinterher immer eincremen.

** Die interosseale Membran trennt die vorderen von den hinteren Beinmuskeln. **

Haarentfernung in der Bikinizone

Die nach ihrem Ursprungsland benannte »brasilianische« Wachsmethode ist eine besonders gründliche Haarentfernung in der Bikinizone. Sie unterscheidet sich insofern von der gewöhnlichen Haarentfernung in diesem Bereich, als praktisch die gesamten Haare vorn und hinten im Schambereich entfernt werden und nur ein schmaler Streifen stehen bleibt, wie eine Glyzinienranke über der Haustür. Diese Methode ist nicht zu verwechseln mit der sogenannten »Hollywood-« oder »Sphinxmethode«, bei denen eine Totalenthaarung vorgenommen wird.

Araberinnen, Türkinnen und Perserinnen, aber auch Albanerinnen und mediterrane Ladys entfernen sich schon seit Jahrhunderten die Schamhaare, und heute gibt es sogar eine männliche Variante, als *boyzilian* oder, ganz entzückend, *back, crack and sack* (Rücken, Ritze und Sack) bekannt. Früher verwendete man zuckerhaltige Enthaarungsmittel, heute ist Wachs der Hauptbestandteil.

Die Ausrüstung bekommen Sie überall. Sie haben die Wahl zwischen hartem und weichem Wachs. Bei Letzterem wird ein Musselin- oder Baumwollstreifen fest aufs Wachs gedrückt und nach dem Abkühlen abgezogen. Die Hartwachstechnik funktioniert ohne Stoffstreifen – man packt einfach das hart gewordene (noch biegsame) Wachs und zieht es ab. Weiches Wachs ist oft klebrig und hinterlässt Rückstände, Hartwachs macht das nicht und ist daher sanfter und weniger schmerzhaft, und es reißt die Haare aus, ohne an der Haut zu kleben.

Wenn Sie das erste Mal Ihre Bikinizone enthaaren, nehmen Sie eine halbe Stunde vorher zwei Schmerztabletten. Das erleichtert die Sache ein bisschen. Manche Enthaarten berichten von einem leichten »Jucken danach«, aber ansonsten ist es eine harmlose Sache. Aber nicht vergessen: Niemals Wachs auf eine bereits enthaarte Stelle auftragen. Aua!

Und so enthaaren Sie in der Abgeschiedenheit Ihrer vier Wände die Bikinizone, und das zu einem Bruchteil der Kosten, die Sie im Salon hätten. Beginnen Sie vorn, und arbeiten Sie sich nach hinten vor, wobei Sie nicht vergessen dürfen, wie beschrieben einen kleinen Landestreifen zu lassen. Sie müssen alle möglichen merkwürdigen Positionen einnehmen, um überall heranzukommen, aber versuchen Sie ja nicht, die Sache durch Klebeband zu vereinfachen. Das Ergebnis könnte hässlich ausfallen.

Also dann, Mädels, viel Glück – und keine Hemmungen.

Was Sie brauchen

- *Wachs-Set für die Bikinizone (empfohlen: Hartwachs)*
- *Eine Mikrowelle*
- *Einige Holz- oder Plastikspachtel (nicht im Küchenformat – kleiner)*

Anleitung

1 Duschen und die Haare schneiden. Sie brauchen nur etwa einen halben Zentimeter, damit das Wachs greift.
2 Das (Hart-)Wachs nach Gebrauchsanweisung in der Mikrowelle erwärmen. Umrühren, bis es dick und honigartig ist, aber nicht zu heiß werden lassen, sonst tun Sie sich weh. Testen Sie die Temperatur mit einem Finger, bevor Sie sich an die Bikinizone wagen.
3 Mit einem Spachtel eine dicke Wachsschicht in Haarwuchsrichtung auftragen und etwa eine halbe Minute abkühlen lassen, es muss aber noch biegsam sein – die beiliegende Gebrauchsanweisung beachten.
4 Jetzt kommt der Moment der Wahrheit: Die Haut straff halten und das Wachs mit einer ruckartigen Bewegung gegen die Haarwuchsrichtung abziehen, sodass die Haare mit den Wurzeln ausgerissen werden. Oh je, schon der bloße Gedanke treibt Ihnen das Wasser in die Augen, nicht wahr?
5 Sofort Finger oder Handfläche fest auf die enthaarte Stelle drücken, um eventuelle Wachsreste zu entfernen.
6 Zum Schluss besonders hartnäckige Härchen mit der Pinzette auszupfen.
7 Wenn Sie fertig sind, die behandelten Stellen mit einer hautberuhigenden Lotion einreiben.

Die Behandlung sollte 20 bis 30 Minuten dauern, und es dauert bis zu zwei Monate, bis Stoppeln erscheinen, sodass Sie einen minimalistischen Bikini tragen können, ohne einen Kamm zum Strand mitnehmen zu müssen. In dieser Hinsicht ist Wachs besser als eine Rasur, nach der Sie sich schon ein paar Stunden später kratzen wie ein Eichhörnchen.

** Brasilien ist das fünftgrößte Land der Erde. **

Turbo-Abnehmen: sechs Pfund in sechs Stunden

Vielleicht droht Ihnen die allwöchentliche Wiegezeremonie im Diätclub, vielleicht hat Ihnen jemand für heute Abend ein Blind Date aufgedrückt und Sie *müssen* einfach in diese Jeans passen, mit der Sie schon an Ihren besten Tagen auf dem Boden liegen und sich hineinwinden müssen, während zwei Freundinnen mit Zangen bereitstehen, um den Reißverschluss zuzuziehen. Ist das der Fall, ist dies die Antwort.

Stufe eins

- *Sauna (häufig gut für ein oder zwei Pfund)*
- *Abführmittel (Löwenzahn-, Brennnesseltee)*
- *Haare kurz schneiden*
- *Leichte Kleidung: kein Gürtel (natürlich), Sandalen, hauchdünnes Kleid*

Stufe zwei

- *Brille ablegen*
- *Billige luftgefüllte Flip-Flops statt dieser großen, schweren Sandalen*
- *Allen Schmuck abnehmen, auch winzige Ohrringe, Nasenpiercing und Ehering*
- *Haare extrem kurz schneiden*
- *Blut spenden (ein Armvoll wiegt eine ganze Menge). Tee und Gebäck ablehnen!*
- *Weite Unterhose gegen winzige G-Strings oder Netzhöschen austauschen*
- *BH ablegen*

Stufe 3
(verzweifelte Letzte-paar-Gramm-Maßnahmen)

- *Zehen- und Fingernägel ganz kurz schneiden oder beißen*
- *Augenbrauen zupfen*
- *Beine rasieren*
- *Bikinizone enthaaren*
- *Im G-String (oder ganz ohne) und barfuß gehen*
- *Abschminken*
- *Nase putzen*
- *Schorf abpulen*
- *Ohren säubern*
- *Alle verbleibende Körperbehaarung abrasieren*
- *Etwas Trauriges lesen und sich ausweinen*
- *Kopf rasieren*
- *Peeling, zwei Mal*
- *Pickel ausdrücken*
- *Hornhaut von den Fußsohlen hobeln*
- *Ausspucken*
- *Tief ausatmen, bevor Sie auf die Waage steigen – die winzigen Wasserdampftröpfchen, die dabei entweichen, könnten das Zünglein an der Waage sein*

Falls das alles nicht hilft, lassen Sie sich die Beine amputieren.

** Die Muttergesellschaft der Weight Watchers ist H. J. Heinz. **

Das Kleine Schwarze aus dem Müllsack

Das Kleine Schwarze wurde 1926 von Coco Chanel erfunden und erfreut sich seit über 80 Jahren ungeheurer Beliebtheit. Mlle Chanel sagte über ihre Kreation, Scheherazade sei einfach, das Kleine Schwarze hingegen schwierig. Das erinnert mich an eines dieser Zitate, über die man in Oberstufenklausuren schreiben soll und die einen ob der totalen Plattheit des Materials verblüfft und sprachlos zurücklassen. Ich glaube, selbst Literaturkritiker täten sich schwer, dazu etwas Vernünftiges zu sagen.

Das Kleine Schwarze ist immer schmeichelhaft und passt zu fast jedem Anlass oder Ort, von der Cocktailparty bis zum Kasino. Es steht jeder, kennt keine gesellschaftlichen, stilistischen oder größenmäßigen Grenzen, und wie bei allen Klassikern liegt das Geheimnis in seiner Schlichtheit. Es kann seriös, chic *und* sexy wirken und wird all Ihre trendigen Kleider überdauern, ohne selbst aus der Mode zu kommen. Sie können sogar Schmuck dazu tragen, von Perlen über Pailletten bis Plastik, und es sieht immer noch gut aus. Um sich im Notfall eines aus einer Mülltüte zu basteln, befolgen Sie meine simple Anleitung.

Was Sie brauchen

- *2 Müllsäcke*
- *Tesafilm*
- *Scharfe Schere*
- *Textilklebeband*

Anleitung

1. Den Müllsack mit dem Boden nach oben nehmen und in der Mitte ein ausreichend großes Loch für den Kopf schneiden.
2. Vorn kunstvoll einen runden oder spitzen Ausschnitt schneiden. Machen Sie glatte, fließende Schnitte; Sie brauchen eine klare Linie, kein fransiges Geschnipsel.
3. An den Seiten Armlöcher ausschneiden, sodass das klassische ärmellose Etuikleid entsteht. Die Löcher sollten so groß sein, dass Sie bequem mit den Armen hineinschlüpfen können, ohne die Blutzufuhr abzuschneiden und ohne dass die Arme weiß und kalt werden. Für die gestresste Hausfrau sind Müllsäcke mit schwarzen Griffen an den

Seiten ein Geschenk des Himmels, denn sie liefern Halsausschnitt und Armlöcher gleich mit. Sie müssen nur noch für die Beine den unteren Rand abschneiden. Aber hüten Sie sich vor Müllsäcken mit einem weißen Plastikzugband, das ist weder nützlich noch schön.

4 Verzieren Sie die Schulternaht mit einem breiten 15-cm-Streifen, den Sie aus einem zweiten Müllsack schneiden. Auf jeder Schulter eine kleine Schleife binden. *Anmerkung:* Weniger ist mehr. Was Schleifen angeht, orientieren Sie sich an Jackie Kennedy, nicht an Margaret Thatcher.

5 Das Kleid in der Taille mit einem Gürtel aus einigen Bahnen doppelt gelegtem und zusammengeklebtem Müllsack raffen. Das geht leichter, wenn Sie es dabei tragen. Versuchen Sie, das Projekt nicht wie ein Schneider mit einem Stück Kreide anzugehen. Die haftet auf glänzenden Müllsäcken nicht.

6 Das Kleid sollte knielang sein. Für den Saum gibt es mehrere klassische Varianten:
(A) Ein gerader Schlitz an einer Seite oder im Rücken.
(B) Asymmetrischer Saum, vorn kürzer als hinten oder an einer Seite kürzer als an der anderen.

Für den Liz-Hurley-Look schneiden Sie wie oben beschrieben ein Loch für den Kopf und dann den Müllsack an den Seitennähten von der Schulter abwärts auf (Messer oder Schere müssen scharf sein – Sie wollen doch keinen ausgefransten Riss). Das Kleid über den Kopf ziehen und die Nähte an der Seite fest zukleben, dazu Textilklebeband in Kontrastfarbe verwenden (vielleicht passend zu Handtasche oder Lippenstift). So entsteht ein Schlitz, der viel Haut zeigt – achten Sie also darauf, das Klebeband so zu platzieren, dass alle Partien, die Sie lieber nicht vorzeigen wollen, ordentlich bedeckt sind.

- Dazu nackte Beine oder hauchdünne Strümpfe.
- Tragen Sie klassische Ohrringe und vielleicht eine minimalistische silberne oder goldene Halskette oder Perlen. Das Kleine Schwarze ist dazu gedacht, Ihre Accessoires zu ergänzen.
- Nicht bügeln.

** »Coco« Chanels Taufname war Gabrielle. **

V

Puderdosenmechanik

Turbotechniken für ehrgeizige Mädels

Ich habe nicht dafür gekämpft, die Frauen
hinter dem Staubsauger hervorzuholen, nur um sie
in den Vorstand von Hoover zu bringen.
GERMAINE GREER

Die elegante Handbremsenwende

Die Handbremsenwende ist eine Fahrtechnik, mit der sich der Wendekreis Ihres Wagens in einer engen Kurve verkleinern oder das Fahrzeug rasch um 180 Grad drehen lässt, sodass es in die entgegengesetzte Richtung fährt: ein rascher Richtungswechsel, der kein Wenden in drei Zügen erfordert. Das ist nicht schwierig; schnell und sicher gelingt es aber nur nach fleißigem Üben. Man erreicht den gewünschten Effekt durch Anziehen der Handbremse, sodass sie die Hinterreifen »blockiert« und der Wagen kontrolliert schleudert. Sobald der Wagen in der richtigen Richtung steht, lösen Sie die Bremse und zischen los.

Das Manöver ist ideal, um Männer zu beeindrucken oder ängstliche Schwiegermütter einzuschüchtern. Also Sturzhelm auf, und los geht's.

Anleitung

1 Suchen Sie sich eine glatte, freie Fläche ohne Hindernisse.

2 Fahren Sie mit circa 50 km/h im ersten oder zweiten Gang vorwärts.

3 Gehen Sie etwas vom Gas, treten Sie auf die Kupplung und drehen Sie das Lenkrad mit der rechten Hand schnell bis zum Anschlag nach rechts. (Wenn Sie nach links wenden wollen, machen Sie es umgekehrt.)

4 Sobald die Wendung beginnt, ziehen Sie mit der rechten Hand die Handbremse an und halten während der Wendung den Knopf gedrückt. Die Hinterräder blockieren, und das Heck des Wagens schleudert nach links (in diesem Fall). Dabei bekommen Sie deutlich die Fliehkraft zu spüren.

5 Während des Schleuderns bringen Sie das Lenkrad langsam wieder auf Mittelposition.

6 Bei Bedarf das Schleudern durch Treten aufs Bremspedal begrenzen. Dies verhindert auch eine eventuelle Rück-

wärtsbewegung des Wagens. Falls Sie es nicht mehr geradeaus schaffen und sich immer weiter im Kreis drehen, nennt man das – beleidigenderweise – »ein Donut«.

7 Sobald Sie in die gewünschte Richtung schauen, lösen Sie die Handbremse und – *brrrrrrmmmmmm!* – brausen los. Ach, könnte man im wahren Leben doch auch manchmal eine Handbremsenwende machen.

Wichtige Tipps

- Am leichtesten geht eine Handbremsenwende bei Wagen mit Frontantrieb, sie funktioniert aber auch bei anderen.
- Bei Fahrzeugen mit Hinterradantrieb müssen Sie außerdem die Kupplung treten, um den Motor nicht abzuwürgen.
- Machen Sie keine Handbremsenwende auf öffentlichen Straßen. Üben Sie auf einem verlassenen Flugplatz oder Ähnlichem mit einer glatten Asphaltoberfläche.
- Es hilft, wenn es gerade geregnet oder geschneit hat.
- Häufige Handbremsenwenden ruinieren Ihre Reifen und führen zu spröden Händen. Eine gute Feuchtigkeitscreme ist unerlässlich.

** Wer Musik hört, beginnt später zu bremsen. **

Einparken für Ladys

E. B.White bemerkte einmal: »Alles im Leben ist irgendwo anders, und man fährt mit dem Wagen hin.« Wenn Sie also nicht wollen, dass immer jemand anderes für Sie einparkt, lernen Sie es lieber. Als mein Onkel Bob es mir beibrachte, sagte er: »Du lernst erst richtig fluchen, wenn du einparken lernst.« Was genau ist daran so schwierig? Vielleicht die Sache mit dem Rückwärtsfahren. Ich weiß noch, wie meine Mama einmal rückwärts in einen gigantischen, mit Luftballons dekorierten Doppeldeckerbus setzte. Als mein Vater sie fragte, wie sie es in Gottes Namen geschafft habe, auf einem ansonsten verlassenen Parkplatz und wie eine Lenkwaffe auf diesen gewaltigen Ausflugsbus loszusteuern, gab sie die denkwürdige Antwort: »Ich habe ihn nicht gesehen.« Hier jedenfalls kommt, falls Sie zu denen gehören, für die Einparken eine Art Rückwärtsgehen unter verschärften Bedingungen ist, die ausführliche Fassung.

Anleitung

Wenn Sie einparken, müssen Sie an ein paar Dinge denken. Kommen Sie dem rechts von Ihnen geparkten Wagen nicht zu nahe und fahren Sie nicht über den Bürgersteig. Aber versuchen Sie, so nah heranzufahren, dass Sie nicht einen halben Kilometer bis zum Bordstein laufen müssen. Schauen Sie immer in den Spiegel, und signalisieren Sie, was Sie vorhaben, wobei Sie ständig den Durchgangsverkehr im Auge behalten. Sie können den Wagen während des Manövers jederzeit anhalten.

1 Halten Sie parallel zu einem geparkten Wagen an, hinter dem ein Parkplatz frei ist. Ein Freund von mir, der längst kein Fahranfänger mehr ist, versucht gar nicht erst einzuparken, wenn die Parklücke nicht mindestens anderthalbmal so lang wie sein Wagen ist. Das ist ein exzellenter

Ratschlag, den ich immer befolge. Je mehr Platz, desto einfacher ist es. Jedenfalls sollten Sie neben dem Wagen zu Ihrer Rechten halten und höchstens einen knappen Meter davon entfernt.

2 Legen Sie den Rückwärtsgang ein, und schauen Sie sich in alle Richtungen um – auch im Rückspiegel –, um zu sehen, ob die Bahn frei ist. Setzen Sie sehr langsam gerade zurück, und halten Sie über die Schulter durchs Seitenfenster Ausschau nach der hinteren Ecke der Fahrerseite des geparkten Autos.

3 Sobald die auftaucht und die Luft rein ist, schlagen Sie das Lenkrad *um eine komplette Drehung* nach rechts ein. Dadurch schert die Nase Ihres Wagens auf der Fahrerseite aus, sodass dieser diagonal steht.

4 Wenn immer noch freie Bahn ist, fahren Sie weiter rückwärts, bis die Nase Ihres Autos sich neben der berühmten hinteren Ecke des Nachbarwagens befindet. An diesem Punkt schlagen Sie das Lenkrad ganz nach links ein. Dadurch schwingt die Nase Ihres Wagens nach rechts, an den Bordstein. Passen Sie gut auf, dass Sie dem geparkten Fahrzeug nicht die Seite aufreißen. Jedes ohrenbetäubende reißende Geräusch oder metallische Kreischen wie von Fingernägeln auf einer Wandtafel sagt Ihnen, dass Sie wahrscheinlich etwas zu nah dran sind.

5 Nun sind Sie vermutlich dicht am Bordstein und nächsten Wagen, und Ihre Kampf-oder-Flucht-Hormone schäumen über wie blöde. Vielleicht beginnen Sie auch zu keuchen und zu schwitzen. Fahren Sie den Wagen ganz langsam rückwärts weiter in die richtige Position, und schlagen Sie dabei das Lenkrad stückweise ein wenig nach rechts ein, damit Sie nicht zu weit ausscheren und feststecken. Behalten Sie den Abstand zu Bordstein und Nachbarwagen im Auge. Falls Sie Widerstand spüren, berühren Sie wahrscheinlich den Bordstein, es könnte aber ebenso gut ein Baum, eine Plastikmülltonne oder

ein Briefkasten sein. Diesen Kampf können Sie nicht gewinnen, also ziehen Sie ein bisschen vor und versuchen es noch einmal.

6 Nun sollten Sie einigermaßen nah und parallel zum Bürgersteig stehen – aber nicht zu nah. Falls Sie Ihre Position korrigieren wollen, können Sie vor- und zurücksetzen, bis Sie zufrieden sind (der leichtere Teil).

Denken Sie stets daran, dass von vorn und hinten Fahrzeuge kommen können. Plötzlich in den fließenden Verkehr auszuscheren ist keine gute Idee. Ebenso wie das Zurücksetzen in große, luftballongeschmückte Busse.

* *Eine durchgezogene gelbe Linie bedeutet in Großbritannien »Halteverbot während der aufgeführten Zeiten«.* *

Die Flucht vor dem Bienenschwarm

Anleitung

- Bienen greifen normalerweise nur an, wenn sie sich bedroht fühlen. Passen Sie auf, wenn Sie sich in der Nähe von Nestern oder Bienenkörben befinden. Sobald sie zustechen, wird ein Pheromon freigesetzt, das andere gesunde, ausgewachsene, bienenfleißige Bienen erregt, die dann in den Verteidigungsmodus gehen und lustig drauflosstechen. Hier ist Flucht die erste Bürgerpflicht. Streifen Sie Ihre High Heels oder anderes unpassendes Schuhwerk ab, und rennen Sie, so schnell Sie können. Am besten suchen Sie wahrscheinlich das Innere eines Gebäudes auf. Aber vergessen Sie nicht, die Tür hinter sich zuzumachen. Ihre gewöhnliche Honigbiene wird die Jagd vermutlich nach etwa 45 Metern aufgeben (1½-fache Länge eines Korbballfeldes), afrikanische

Honigbienen dagegen fliegen drei Mal so weit – 4 ½ Korbballfelder.

- Bienen zielen instinktiv auf Ihren Kopf. Versuchen Sie also, Ihr Gesicht auf der Flucht mit allem zu bedecken, dessen Sie habhaft werden können (natürlich kein Zuckersirup oder Johannisbeersaft, ich meine so etwas wie eine Decke oder Jacke).
- Durchs Gebüsch zu rennen ist eine gute Methode, um ausschwärmende Bienen zu bremsen, und auch Gegenwind macht es ihnen schwerer. Einen Laubbläser anzuwerfen und auf sie zu richten wäre einen Versuch wert, aber meistens ist man während dieser Bieneneskapaden zu sehr mit Rennen und Schreien beschäftigt, um noch viel anderes zu machen. Wenn Sie unbedingt schreien müssen, tun Sie das mit geschlossenem Mund. Bienenstiche am oder im Mund können Schwellungen verursachen, die die Luftröhre blockieren.
- *Wichtige Warnung:* Niemals ins Wasser springen, denn Bienen sind zwar lausige Schwimmer, aber hervorragende Schweber und warten wahrscheinlich auf Sie, wenn Sie nach Luft schnappend auftauchen.
- Falls Sie gestochen werden, entfernen Sie den Stachel so schnell wie möglich, indem Sie Ihren Fingernagel oder Ihre Kreditkarte darüberziehen. Anders als Wespen begehen Bienen beim Stechen Selbstmord und geben eine Giftblase frei, die losgelöst vom Bienenkörper noch bis zu zehn Minuten weiter Gift pumpt. Wenn Sie nicht gerade eine echte Bienengiftallergie haben (bei der Sie einen anaphylaktischen Schock erleiden können – einen lebensbedrohlichen medizinischen Notfall, bei dem die Luftröhre rasch zuschwillt), werden Sie kaum ernsthaften Schaden erleiden, selbst wenn Sie mehrfach gestochen werden.
- Falls der Stich keine Allergie auslöst, helfen Eis, Antihistamintabletten und Kalaminlotion recht gut. In den

meisten Fällen lässt der Schmerz nach ein paar Stunden nach, die Schwellung tritt aber vielleicht erst am nächsten Tag auf. Empfehlenswert sind auch Hinsetzen und ein Glas Wein.

** Bei den Mumien der Pharaonen wurde Honig in tadellosem Zustand gefunden. **

Die Kunst des Gurkenanbaus

Die Gurke *(cucumis sativus)* ist eine schnell wachsende subtropische Kletterpflanze und mit der Melone verwandt. Gurken werden schon seit 3000 Jahren kultiviert, und es gibt über 100 Sorten, von der Cornichon-Größe bis zum Monsterzeppelin. Mein Onkel Vivian züchtete Gurken im nach Süden liegenden Gewächshaus seines Regency-Hauses in Brighton. Seine Gurkensandwiches waren in ihrer Art vorbildlich und wurden ohne Brotrinde auf einem Silberding serviert, das aussah wie drei fliegende Untertassen an einem Stock.

Treiben und Frühbeet

»Treiben« ist nur so ein Wort, das das beschleunigte Wachstum durch zusätzliche Wärme bezeichnet, und mit etwas liebevoller Pflege können Sie selbst Gurken unter Glas antreiben. Im Kasten, Gewächshaus oder Frühbeet (ein niedriger, von Glas abgedeckter Erdhügel, der durch verrottenden Mist erwärmt wird) gezogene Exemplare können in zwei oder drei Monaten 45 cm lang werden, solange Sie sie schön warm halten und sie regelmäßig gießen und düngen.

Säen, Keimen und Pflanzen

Säen Sie die Kerne Ende Februar oder Anfang März aus. Jeder Kern kommt quer gut 1 cm tief in einen kleinen, mit Anzuchterde gefüllten Torftopf. Ziehen Sie Ihre Setzlinge unter Glas, und halten Sie sie warm: 21–26 °C sind ein Muss. Sie keimen nach vier bis fünf Tagen. Verpflanzen Sie die Keimlinge – einen pro Topf oder zwei pro Pflanztüte – Ende März ins geheizte Treibhaus, Ende Mai ins ungeheizte oder ins Frühbeet. Nach dem Verpflanzen gründlich wässern und den Kompost feucht halten, bei Bedarf düngen. Lassen Sie die Triebe niemals schlapp werden.

Liebevolle Pflege

1 Ziehen Sie die Gurken bei mindestens 15 °C, möglichst in der prallen Sonne. Der Kompost sollte reichlich organische Bestandteile enthalten und feucht, aber niemals nass sein. Daher häufig, aber wenig gießen. Die Luft muss feucht und gut belüftet sein (subtropisch ist das Schlüsselwort). In einem heißen Treibhaus kann man dazu den Boden besprühen. Die Triebe nicht besprühen.
2 Den Stiel an Draht, Stab oder Spalier hochführen. Wenn der Haupttrieb das Dach erreicht hat, oben auskneifen. Auch die Spitzen der Seitentriebe zwei Blätter unter der weiblichen Blüte auskneifen. Weibliche Blüten bringen die Früchte hervor und sind an den Gurkenembryos am Ansatz zu erkennen.
3 Alle männlichen Blüten abkneifen (langweilige Arbeit), die Sie daran erkennen, dass sie keine Früchte tragen, nur einen Stiel. Befruchtete Gurken schmecken bitter.
4 Die Spitzen blütenloser Seitentriebe auskneifen, sobald sie 60 cm lang sind.
5 Sobald die ersten Gurken zu wachsen beginnen, die Pflanzen alle zwei Wochen mit einem guten Dünger verwöhnen.

Ernte

Solange Sie die Gurken pflücken, bevor sie überreif und gelb werden, werden die Pflanzen reichlich Früchte tragen: bis zu 25 pro Stück. Sie können sie in jeder beliebigen Größe ernten, sobald sie nicht mehr ganz so rund aussehen und die Seiten nicht mehr nach außen gewölbt sind. Wenn sie gelb werden, haben Sie den richtigen Zeitpunkt verpasst; sie schmecken dann bitter und trocken. Die Gurken nicht abziehen, sondern abschneiden. Durch häufiges Pflücken regt man zu reichlicher Blütenbildung und weiteren Früchten an. Der Duft der Blüten ist einfach wunderbar gurkig.

** Die größte Gurke der Welt wog über 26 kg. **

Ein Komposthaufen, wie er im Buche steht

Also, bevor wir loslegen. Wissen wir eigentlich, wovon wir reden? Was genau ist Kompost? Das Wort stammt vom lateinischen *composita*, »etwas Zusammengesetztes«, ab, was Ihnen einen Eindruck davon vermittelt, dass ein Haufen alter Zweige mit einem Sofa obenauf oder ein Berg Grasschnitt, der einen bösartig aussehenden braunen Saft absondert, kein echter Kompost sind. Sie brauchen eine ausgewogene Mischung an organischen Stoffen, bevor Sie irgendetwas bekommen, das sich gut als Dünger für Ihren Rhabarber eignet.

Den besten Kompost macht man, indem man pflanzliche Stoffe (zum Beispiel Heu) an einem Ende in einen Komposterzeuger (zum Beispiel ein Pferd) steckt und es kurz danach am anderen Ende wieder abholt. So geht es auch am schnellsten.

Um Kompost in einem Haufen zu erzeugen, müssen Sie die aeroben (Sauerstoff liebenden) Bakterien und Pilze mit Luft, Wasser und Stickstoff versorgen, damit sie die pflanzliche Zellulose aufspalten können. Je mehr Stickstoff Ihr Komposthaufen erhält, desto schneller die Verrottung und desto größer die Hitze – ein nützliches Beiprodukt zur Unkrautvernichtung.

- *Luft:* kommt durch Löcher in Ihren Komposthaufen
- *Wasser:* etwas Regen oder bei heißem Wetter eine regelmäßige Dosis Brauchwasser reichen aus
- *Stickstoff:* gute Quellen sind Tiermist, Urin, Fischmehl und Blut
- *Kohlenstoff:* pflanzliche Zellulose (etwa Zweige, Kohlblätter und 5-Euro-Scheine)

Die nötigen Bakterien sind bereits im Garten vorhanden, durch Mist führen Sie aber noch weitere zu.

Das Kompostklo

Einer der raffiniertesten Komposthaufen ist das Strohklo.

1 Binden Sie eine Ladung trockener Strohhalme zu einem fassförmigen Bündel zusammen, und stellen Sie dieses aufrecht wie eine Mülltonne in den Garten.
2 Wann immer Sie müssen, pinkeln Sie einfach oben aufs Stroh. Für Gentlemen ist dieser Vorgang weniger kratzig. Schwerkraft und Kapillarwirkung verteilen Stickstoff und Wasser zwischen den Kohlenstoffstängeln, und Luft und Zeit arbeiten zusammen mit den Gartentierchen an der Zersetzung der pflanzlichen Zellulose. An kalten Morgen können Sie den Dampf dieser Reaktion sehen. Das Ganze ist geruchlos und macht auch Besuchern Spaß.

Der traditionelle Komposthaufen

1 Mehrere Reihen Ziegelsteine auslegen, dazwischen Lücken lassen.
2 Senkrecht zu den Steinen Stöcke oder dünne Äste legen, damit Luft einströmen kann.
3 Vier Holzpaletten zusammennageln oder einen Mann darum bitten. Paletten sind ideal, weil durch die Ritzen Luft eindringt. Eine Seite als »Tür« beweglich lassen, damit sich der Kompost später leicht entnehmen lässt.

4. Den Komposthaufen mit einer 25-cm-Lage aus pflanzlichen Stoffen beginnen. Nicht zu viel Holz dazugeben; es braucht Ewigkeiten zum Verrotten. Sie brauchen eine Mischung von Weichem und Hartem (Obst- und Gemüseschalen, Obst, Grasschnitt, die Steuerplakette vom letzten Jahr, ein paar Rindenschnipsel), darauf eine dünnere Schicht stickstoffreiches Material – am besten Mist.
5. Bei trockenem Wetter regelmäßig wässern.
6. In der gesamten Pflanzsaison immer neu aufschichten, dabei auf Ausgewogenheit achten. Werfen Sie niemals Fleisch, Eier (abgespülte Eierschalen sind okay), Ihre Schwiegermutter oder andere tierische Stoffe auf den Haufen, die Füchse oder Ungeziefer anlocken könnten.
7. Zu Winteranfang nichts Neues mehr auflegen.
8. Im Februar oder März die Kompost»tür« aufmachen und den Kompost von unten entnehmen. Um Stangenbohnen und Himbeeren anhäufeln und über Rittersporn und Gänseblümchen streuen.

** Gertrude Jekyll schuf über 400 Gärten. **

Sind diese Perlen echt?

Bei echten Perlen unterscheidet man zwischen Naturperlen und Zuchtperlen. Naturperlen entstehen, wenn sich ein kleiner Fremdkörper in einer Auster einnistet. Die Muschel sondert eine Mischung aus kristallinen und organischen Substanzen – das sogenannte Perlmutt – ab, das den Fremdkörper mit Schutzschichten einkapselt, bis schließlich eine Perle entsteht. Zuchtperlen sind in jeder Hinsicht natürlich, nur dass der Fremdkörper absichtlich eingeführt wird, um die Perlenbildung anzuregen. Heutzutage sind über 95 Prozent aller Perlen auf der Welt Zuchtperlen.

Falsche Perlen dagegen werden hergestellt, indem man einen Kunststoff- oder Perlmuttkern mit einer Farbe überzieht, die aus gemahlenen Fischschuppen oder perlmuttartigem Kunststoff besteht.

Selbst diese Imitationen werden die Leute bei schummriger Beleuchtung von Ihren Falten ablenken. Wollt ihr aber den wahren Wert einer Perlenkette ermitteln, die irgendein Gentleman euch gerade geschenkt hat, dann, Mädels, müsst ihr sie testen. Gute Fälschungen sind heutzutage schwer auszumachen, aber ihr könnt Folgendes probieren:

- *Zahntest:* Die Perle behutsam an den Kauflächen Ihrer Schneidezähne reiben. Perlen bestehen hauptsächlich aus Kalziumkarbonat ($CaCO_3$), und die echten fühlen sich körnig oder sandig an, eine synthetische Perle dagegen fühlt sich glatt an.
- *Vergrößerungstest:* Die Perlenoberfläche mit einer starken Lupe inspizieren. Echte Perlen sehen glatt und fein granuliert aus, Imitationen dagegen grobkörniger.
- *Lochtest:* Untersuchen Sie das Bohrloch mit einer Lupe. Bei echten Perlen sind die Löcher scharfkantig, vielleicht sogar eingerissen. Bei Imitationen wirkt das Loch weich und unregelmäßig.
- *Gewichtstest:* Werfen Sie die Perlen behutsam in der Hand hoch. Echte fühlen sich dicht und schwer an, unechte leicht und hohl – es sei denn, sie bestehen aus Glas.
- *Kratzertest:* Suchen Sie nach Unregelmäßigkeiten auf der Oberfläche. Die gibt es bei echten Perlen reichlich. Falls Ihre Perlen makellos aussehen und zu schön, um echt zu sein, sind sie es wahrscheinlich auch.

Perlende Namen

Der Name Margarita bedeutet »Perle« – genau wie Margaret, Peggy, Marjorie, Margot, Maggie, Gretchen, Greta, Gretel und Rita. Die Namen stehen für Reinheit, Bescheidenheit, Unschuld und Sanftmut.

Vor allem aber bedeutet der Name Pearl »Perle«. Ich glaube, es ist Zeit für meine Tabletten.

* Hänsel und Gretel (1893) *ist eine Oper von Engelbert Humperdinck.* *

Bluffen mit Handwerkern

Die meisten Frauen in meinem Bekanntenkreis fühlen sich wie ein Fisch auf dem Trockenen, wenn sie mit Handwerkern reden müssen. Das Problem ist insofern ein doppeltes, als Handwerker (A) ihr Handwerk verstehen, Sie dagegen nicht, und (B) Männer sind. Das heißt, Sie haben das Mit-einem-Mann-über-technische-Dinge-reden-von-denen-Sie-keine-Ahnung-haben-Problem.

Mein Bruder hat sich gestern mit mir gestritten, wie sie das mit den Landkarten hinter den Wettermännern im Fernsehen hinkriegen. Er behauptete, die Wetterleute müssten die Farbe ihrer Kleidung sorgfältig aussuchen, damit sie nicht »verschwänden«. Ich sagte, sie würden sie wahrscheinlich eher passend zu ihrer Augenfarbe auswählen. Er sagte, sich mit mir zu streiten sei, als würde man bei starkem Wind versuchen, eine auf Luftpostpapier gedruckte *International Herald Tribune* zusammenfalten.

Vor allem vergessen Sie nie, dass Männer und Frauen unterschiedlich reden. Für eine Frau ist zwei Uhr morgens die richtige Zeit für eine Diskussion über die Zukunft ihrer Beziehung. Für einen Mann ist zwei Uhr morgens Zeit zum Schlafen. Und wenn Sie einfach nur Ihren Kummer bei einem Glas Wein loswerden wollen, bieten Frauen Ihnen ihr

Mitgefühl, Männer dagegen eine Lösung an. Wenn Ihnen ein Automechaniker also zum Thema Ihrer Gangschaltung kurz und bündig widerspricht, ist er wahrscheinlich nicht absichtlich gemein. Und wenn Sie einen Fliesenleger bitten, die bunten Fliesen sensibel anzuordnen, ernten Sie vermutlich nur einen leeren Dorfidiotenblick. Vor diesem Hintergrund hier einige Gedanken zum bestmöglichen Umgang mit Handwerkern.

- Ungeachtet der Kapitelüberschrift: Bluffen Sie nicht. Das ist der Schlüssel zum Erfolg in dieser Beziehung. Wenn Sie etwas nicht wissen, fragen Sie.
- Machen Sie sich klar, was genau Sie wollen, und kontrollieren Sie, ob es auch gemacht wird. Denken Sie daran: Sie sind diejenige, die zahlt.
- Klopfen Sie nicht an die Wände eines Hauses, das Sie kaufen wollen. Es sagt Ihnen nicht das Geringste und verrät nur, dass Sie leicht hinters Licht zu führen sind.
- Aus demselben Grund sollten Sie nie gegen die Reifen eines Wagens treten, den Sie kaufen wollen.
- Falls Sie nach einer Probefahrt einen Geländewagen in einer winzigen Parklücke einparken müssen, lassen Sie es! Steigen Sie aus und überlassen Sie das dem Verkäufer.
- Wenn Sie Ihre Fliesen auf eine bestimmte Art verlegt haben wollen, bleiben Sie dabei und geben Sie Anweisungen. Vielleicht ist er gut im Aufkleben, aber wahrscheinlich kein ostgotischer Mosaikkünstler.
- Dachdecker lieben keine Vorschläge in letzter Minute, welche interessanten Muster man am Kamin legen könnte.
- Gleichen Sie Ihren Mangel an technischem Wissen durch Freundlichkeit und sexy Selbstvertrauen aus. So können Sie Hunderte von Pfund sparen.

** In England werden 80 Prozent des Materials für Reetdächer importiert. **

Reifenwechsel ohne abgebrochene Fingernägel

Ich weiß noch, wie ich eines abscheulichen Tages durch Dartmoor zu einer Hochzeit in Stoke Fleming unterwegs war. Als ich so zwischen den wild fuhrwerkenden Scheibenwischern hindurchblinzelte, fuhr ich über einen riesigen Hubbel, gerade als ein blauer Blitz das Moor erleuchtete, genau wie in David Leans *Oliver Twist* (1948). Und dann reagierte die Lenkung des Wagens irgendwie komisch.

Ich hielt neben ein paar Schafen, steckte den Kopf hinaus und sah sofort, dass ich einen Platten hatte. Natürlich trug ich ein neues, schönes und teures Kleines Rotes und musste jetzt bei Sturm und Gewitter einen Reifen wechseln. Ich breite einen Schleier über den weiteren Verlauf des Morgens, wozu – wie ich zu meiner Schande gestehen muss – ein Erguss profaner Rhetorik gehörte, bei dem Captain Blackbeards hartgesottenstem Briganten das Mark in den Knochen gefroren und das Blut gelb geworden wäre.

Falls Sie sich jemals in einer »Platten-Notlage« befinden sollten, kommen hier ein paar Tipps, damit Sie mit sauberen, ordentlichen Nägeln aus der Sache herauskommen. Hoffen wir nur, dass Sie das niemals bei Regen tun müssen.

Was Sie brauchen

- *Auto (natürlich)*
- *Kreuzschlüssel (ein, manchmal kreuzförmiger, Hebel mit einer schraubenschlüsselartigen Kappe an einem Ende zum Lösen der Radmuttern)*
- *Wagenheber*
- *Lappen*
- *Alkoholhaltige Feuchttücher*
- *Vaseline*
- *Handschuhe (lebenswichtig)*

Anleitung

1 Sobald Sie den Platten bemerken, fahren Sie an eine sichere Stelle, so langsam Sie sich mit dem kaputten Reifen trauen. Falls Sie auf der Autobahn sind, wechseln Sie den Reifen nicht auf der Standspur. Halten Sie an einer Notrufsäule und rufen Sie Hilfe. Auf Landstraßen suchen Sie einen Parkplatz auf. Aber achten Sie selbst dort auf den Verkehr. Ich wurde einmal fast von einer fliegenden Gerüststange erschlagen, die von einem LKW fiel.

2 Halten Sie an einer gut beleuchteten, ebenen Stelle, stellen Sie den Motor ab und legen Sie den Rückwärtsgang ein. Handbremse anziehen und Warnblinklicht einschalten.

3 Nun schweres Gepäck und Leichen aus dem Kofferraum nehmen.

4 Ziehen Sie die Schuhe aus, falls es elegante sind. *Mit denen hätten Sie sowieso nicht fahren sollen.*

5 Die Hände mit einer dünnen Vaselineschicht einreiben und Handschuhe anziehen. Diese können aus Wolle, Leder oder sonst was bestehen. Ich habe immer ein Paar Wildleder-Gartenhandschuhe und ein Paar eng anliegende Gummihandschuhe im Kofferraum. Wollen Sie

Ihr Kleid schützen, könnten Sie den Mantel verkehrt herum (mit dem Rücken nach vorn) anziehen.

6 Reserverad herausholen. Das ist oft der Zeitpunkt, an dem Sie merken, dass es (A) kein Reserverad gibt oder es (B) platt ist. Springen Sie vor Wut auf und ab und schreien Sie aus voller Kehle. Mehr können Sie sowieso nicht tun. Wenn Sie das Glück haben, das Reserverad zu finden, werden Sie ganz schön Mühe haben, es herauszuheben – es ist extrem schwer.

7 Das Werkzeug herausnehmen. Kein Wagenheber? Kein Kreuzschlüssel? Zeit für weitere markerschütternde Schreie und den Vorsatz, einige höfliche Worte mit Ihrem Typ zu wechseln.

8 Schauen Sie im Handbuch nach genauen Anweisungen, und ermitteln Sie den korrekten Ansatzpunkt für das zu ersetzende Rad. Setzen Sie den Wagenheber an keinem anderen Punkt an, da der Wagen abrutschen, die Karosserie ernsthaft beschädigen und Ihnen den Fuß abreißen könnte.

9 Falls die Radkappe die Radmuttern verdeckt, hebelt man Erstere mit dem Kreuzschlüssel ab.

10 Die Radmuttern eine halbe Umdrehung lösen. Bedenken Sie, dass die Muttern in der Werkstatt häufig maschinell angezogen werden. Wenn sie sehr fest sitzen, treten Sie auf den Kreuzschlüssel. Funktioniert das nicht, versuchen Sie, darauf herumzuspringen.

11 Das Fahrzeug mit dem Wagenheber anheben. Sobald die Karosserie nach oben gegangen ist, das Rad aber noch nicht vom Boden abgehoben hat, schieben Sie das Reserverad unter, um ein Sicherheitspolster zu schaffen, falls das Auto vom Wagenheber abrutscht. Das kann leicht passieren, selbst auf ebenem Untergrund, deshalb: *Kriechen Sie nie unter einen aufgebockten Wagen!*

12 Weiter hochheben, und wenn das Rad knapp vom Boden abgehoben hat, die Radmuttern diagonal paarweise lösen.

Dazu benutze ich meine *Gummi*handschuhe, weil ich damit mehr Gefühl habe. Die Muttern in die Handtasche oder Kopfbedeckung legen, damit sie nicht wegrollen oder in einen Gully fallen. Dazu in ein Stück altes Papier oder Tempotuch wickeln, damit Sie Ihre Sachen nicht schmutzig machen. Wischen Sie alles immer gleich mit dem Lappen ab – so bleiben *Sie* sauber.

13 Rad abnehmen. Zwei kleine Worte, die so simpel klingen. Es ist eine Höllenarbeit, wenn man es alleine macht, denn das Rad ist ungeheuer schwer und dazu noch schmutzig. Es war schon schwer genug, das Reserverad aus dem Wagen zu holen; dies ist noch viel schwieriger. Sobald Sie es abgenommen haben, schieben Sie es neben dem neuen unter den Wagen.

14 Nun das Reserverad an seinen Platz bugsieren. Noch mehr Ächzen, Stöhnen und leises Fluchen. Sitzt es richtig herum? Falls nicht, nehmen Sie es ab und fangen von vorne an. (Grauenhaft, nicht wahr?) Die Radmuttern paarweise diagonal wieder aufsetzen und mit den Fingern festdrehen.

15 Den Wagen absenken, bis das neue Rad gerade den Boden berührt. Dann die Muttern mit dem Kreuzschlüssel etwas weiter anziehen.

16 Das platte Rad unter dem Wagen herausziehen und das Fahrzeug ganz absenken. Den Wagenheber abnehmen und die Radmuttern ganz festziehen. Dabei nach Wunsch auf den Kreuzschlüssel springen. Das kaputte Rad in den Kofferraum legen: noch mehr wuchten, eingeklemmte Finger und fluchen wie ein Medizinstudent. Das schmutzige Werkzeug wegräumen und die Radkappe wieder aufsetzen.

17 Die Handschuhe in den Kofferraum werfen, und die Vaseline mit ein paar alkoholhaltigen Tüchern von den Händen abwischen. Sie sollten prima aussehen, ohne abgebrochene Nägel. Okay, Ihre Frisur sieht wüst aus, Ihr

Kleid ist ruiniert und Ihr Gesicht schwarz. Aber Ihre Nägel sind perfekt.

18 Besorgen Sie so schnell wie möglich einen neuen Reifen.

** Giovanni Battista Pirelli gründete Pirelli & C. 1872 in Mailand. **

Wie holt man Spinnen aus der Badewanne?

Eines herrlichen Frühlingsmorgens im letzten März, als die Amseln in den Magnolien sangen, bekam ich eine E-Mail – früher wäre es ein Brief gewesen – von einer gewissen sam. woodyard. Es war ein Name, den ich sofort als den einer ehemaligen Mitschülerin erkannte, von der ich über tausend Jahre nichts mehr gehört hatte – oder jedenfalls mehrere Jahrzehnte. Samanthas Vater hatte als Handlanger in einer kleinen Schlosserei begonnen, sich hochgearbeitet und aus dem Geschäft einen viele Millionen schweren Security-Konzern gemacht, dessen Hauptgeschäftsführer er war. Das war zu einer Zeit, als die Leute noch nicht ständig Job, Schule, Haus, Land, Ehepartner und Frisur wechselten – eine Zeit, als es noch angesagt war, ganz unten anzufangen und sich hochzuarbeiten.

Wie auch immer, als ich mich über die Kluft der Zeit hinweg an seine Tochter erinnerte, dachte ich an eine grazile, lebenssprühende, geschmeidige, gertenschlanke Schönheit, die Schauspielerin werden wollte. Wir verabredeten uns in der Victoria Station, aber als sie dann kam, war sie eine grotesk dicke Frau – ganz anders als die Nymphe meiner Erinnerung – mit fetten Zehen in Pantoffeln, und ihre gelb gefleckten Wurstbeine erzählten von einem durch Krankheiten und Niederlagen ruinierten Leben. Sie begrüßte mich mit »Lange nicht gesehen und doch noch erkannt«, der vielleicht sinnlosesten und aufreizendsten Redensart überhaupt. Sie hatte sich verändert.

Der einzige Grund, warum ich das alles erzähle, ist der, dass Samantha eins der wenigen Mädchen in meinem Bekanntenkreis war, das bereitwillig die riesigen, grässlichen, braunen Spinnen mit den haarigen Beinen beseitigte, die widerwärtig in den Schulbadewannen lauerten. Hier einige ihrer Methoden.

- *Gewalt:* Das Ding mit einem Tennisschläger, Handtuch oder anderen Gegenstand ins Jenseits befördern. Aber passen Sie auf die Glasflaschen auf.
- *Einen Mann bitten:* Falls Sie einen Mann zur Hand haben, versuchen Sie, ihn zu bitten. Das Problem ist, dass Männer offenbar genauso schwache Nerven haben wie Frauen. Daher ist diese Methode etwas unsicher. Besser eine andere ausprobieren.
- *Spezialfalle:* Es gibt spezielle Spinnenfallen. Aber spülen Sie das Tier dann nicht in den Abfluss, denn es schüttelt sich trocken und kriecht wieder heraus, bevor Sie »Achtbeiner« sagen können.
- *Spray:* Ein Insektenspray (Arachnizid) verwenden. In Ermangelung dessen »friert« auch Haarspray die Spinnenbeine fest, sodass sie nicht die Stöpselkette hochklettern kann.
- *Handtuchmethode:* Zerquetschen Sie das Ding. Falls Sie ihm nicht so nahe kommen möchten, werfen Sie erst das Handtuch darüber, um es zu betäuben, und erledigen es dann mit dem Luffah-Schwamm.

** Luffah ist eine tropische Kletterpflanze, keine Schwammart. **

Vom richtigen Umgang mit Regenschirmen bei Wind

Der Umgang mit einem Regenschirm bei Wind ist heutzutage genauso riskant wie in Edwardianischer Zeit, obwohl das moderne Gerät anders gebaut ist. Als ich klein war, waren Regenschirme noch schöne Gegenstände, und es war eine Freude, sie anzusehen. Aber auch damals hatte man keine, die zu schreien begannen, wenn man sie im Zug vergaß. Mein Großvater kaufte seine bei einem Händler in der Nähe des British Museum. Schwarz, schlank und spitz waren sie, mit einem gelben Bambusgriff wie die knotigen Finger eines arthritischen Zauberers. Das moderne Gegenstück ist ein zusammenklappbares Plastikteil, das nur einige wenige Regengüsse übersteht.

Einen Regenschirm bei Wind zu öffnen erfordert Geschick. Wenn Sie nicht aufpassen, stechen Sie mit den kleinen Knubbeln an den Speichenenden jemandem ein Auge aus. Die Menschen springen oft in Panik zur Seite, wobei sie häufig andere Passanten rammen oder auf die Fahrbahn stürzen, wo sie Aufruhr und Zusammenstöße verursachen. Aber machen Sie sich um die keine Sorgen, schließlich haben Sie alle Hände voll zu tun, kämpfen Sie doch gegen eine Kreuzung aus einem wütenden schwarzen Schwan und einem Drachen. Hier kommen ein paar Tipps.

Anleitung

1 Zunächst einmal öffnen Sie den Regenschirm immer gegen den Wind. Wenn Sie den Wind im Rücken haben, klappt er das Ding lediglich mit einem gewaltigen Knall um. Davon erholt man sich nicht nur schwer, es sieht auch albern aus.

2 Halten Sie den geöffneten Regenschirm weiter gegen den Wind. Im Sturm bedeutet das, ihn wie einen Schild vor sich herzutragen, die Krücke fast in der Horizontalen.

Sie sind jetzt effektiv blind und rammen Leute mit der scharfen Spitze (falls er eine solche hat). Das Schlimmste sind zwei blinde Regenschirm-waagerecht-Halter, die in entgegengesetzter Richtung gehend aufeinanderstoßen. Werfen wir einen Schleier über diese Szene.

3 Ein plötzlicher Umschwung der Windrichtung kann Sie kalt erwischen. Eine Lady aus meinem Bekanntenkreis wurde einmal hochgehoben und über eine niedrige Mauer geweht, während sie sich verzweifelt an dem nun zum Gleitschirm gewordenen Regenschirm festklammerte. Falls Sie merken, dass der Wind plötzlich von hinten kommt, werfen Sie den Schirm einfach in die Gosse. Vorbeugen ist besser als Nachsehen.

4 Bleiben Sie nach einem Regenschauer nie mit offenem Regenschirm stehen und lassen ihn abtropfen. Ich sah einmal, wie ein Komiker an einer Bushaltestelle Tischtennisbälle und Watte in den offenen Schirm einer Dame fallen ließ, gefolgt von einem brennenden Streichholz. Als sie den Rauch sah, schwenkte sie das Ding herum und fachte das Feuer damit so weit an, dass der Regenschirmbezug Feuer fing. Das war eine ziemliche Show, kann ich Ihnen sagen.

5 Wenn all das zu sehr nach Schwerstarbeit klingt, besorgen Sie sich eine von diesen durchsichtigen, zusammenfaltbaren Regenhauben, die man unter dem Kinn festbindet. Macht sehr alt, aber weniger Arbeit.

** Den Duft nach trockener Erde nach einem Regenguss erzeugt ein pflanzliches Öl. **

Begegnung mit der Neuen vom Ex

Ich nahm einmal als Gast eines alten Verehrers an einem Hochzeitsempfang teil und saß mit einigen seiner anderen Exfrauen zusammen. Ich sage »einige«, aber tatsächlich waren wir elf und besetzten zwei große Tische. Und was war das für eine muntere Gesellschaft! Das Gelächter war schlichtweg markerschütternd, als wir Geschichten austauschten über die – wie soll ich sagen? – *Macken* dieses Herrn. Ja, das ist es. Uns allen tat damals die Braut ein wenig leid – teils, weil wir so viele waren und sie uns allen vorgestellt werden musste, aber auch, weil wir alle wussten, was auf das arme Mädchen zukam.

Das Treffen mit der neuen Flamme unseres Ex ist immer eine etwas seltsame und häufig angespannte Begegnung. Ist sie: hübscher, schlauer, aus besserer Familie, charmanter, sexyer – mit einer hinreißenden Eieruhrfigur? Besitzt sie die drei Dinge, die am wichtigsten für ein Mädchen sind: gute Herkunft, Verstand und Schönheit? Ist sie – kurz gesagt – eine gertenschlanke nordische Prinzessin, ein professionelles Model und Pin-up mit Abschlüssen von Oxbridge, Harvard und der Sorbonne? Insgeheim hoffen Sie natürlich, dass sie eine hirnlose, tölpelhafte Versagerin ist, um deren zahnlosen Kopf, Anorak und Latzhose die Fliegen schwirren. Leider ist sie meist ein hinreißendes Mädchen voller Charme und Intelligenz. Was ja eigentlich nur zu erwarten war. Schließlich hat Ihr Ex einen guten Geschmack: Deshalb hatte er Sie erwählt. Das hält Sie aber nicht davon ab, die ganze Zeit äußerst *nachteilige* Vergleiche anzustellen.

Auf jeden Fall ist es Zeit, Ihre Lenden zu gürten. Rechnen Sie mit dem Schlimmsten und hoffen Sie das Beste. Hier ein paar Tipps.

- Gehen Sie die Sache immer mit Anmut und Stil an (aber halten Sie sicherheitshalber Ihr Pulver trocken).
- Wenn Sie »sie« treffen, dann zu Ihren Bedingungen. Wenn irgend möglich, sollten Sie Ihren neuen Partner am Arm haben (oder einen Begleiter engagieren).
- Manchmal ist es besser, wenn Ihr Neuer nicht weiß, dass dieser Typ Ihr Ex ist. Die subtile Wirkung besteht darin, dass Ihre alte Flamme und seine neue Freundin sich unbedeutend fühlen, wenn Sie sie so leichthin vorstellen und sie dem Mann an Ihrem Arm in aller Unschuld schlechtmachen – und dabei Namen und Umstände der Neuen ein ganz klein wenig durcheinanderbringen.
- Sie dürfen niemals aussehen, als hätten Sie sich zu viel Mühe gegeben, aber sorgen Sie dafür, dass Ihre Frisur sitzt und Sie gut aussehen – und so groß wie möglich sind.

Falls Sie Rachegefühle hegen

- Kommen Sie mit einer schmuddeligen (durchsichtigen) Plastiktüte, die grässliche, von widerlichen Websites heruntergeladene Bilder von ältlichen Omas und Tieren, mehrere Stücke schmutzige Damenunterwäsche, eine billige Perücke, eine Pfadfinderuniform und eine Eisenbahn-Fanzeitschrift enthält. Sagen Sie: »Guck mal, was du alles bei mir vergessen hast.«
- Dann schicken Sie Ihren tuntig schwulen Freund zu ihm, der ihn begrüßt mit: »Wohin warst du letzte Nacht plötzlich, du böses, böses Mädchen?«
- Falls Treffen Nummer eins ganz besonders schlecht verläuft, verabreden Sie Treffen Nummer zwei hinten im Flugzeug in einer Meile Höhe kurz vor »ihrem« ersten Fallschirmsprung. Nehmen Sie eine Schere mit.

** Nell Gwynns richtiger Name war Eleanor. **

Kofferpacken für den Urlaub: Es geht auch unter fünf Schrankkoffern

Ist Ihnen schon aufgefallen, dass Männer anders sind als Frauen? Mir auch. Mein Bruder Tom behauptet, wenn er mir erzählen würde, er fahre weg und schließe sich einer Sekte im Himalaya an, die auf Non-Stop-Orgien, Kannibalismus und wahlloser *unfreiwilliger* Euthanasie bestehe, würde ich, wie die meisten Frauen, als Erstes fragen: »Ach, und mit wem fährst du?« Das ist unfair, denn wenn er sich tatsächlich einer solchen Sekte anschließen wollte, wäre meine erste Frage sicherlich: »Ist das alles, *was du an Gepäck mitnimmst*?« Er wurde einmal ausgiebig von der Einwanderungsbehörde in Minneapolis verhört, die ihm nicht glauben wollte, dass die winzige Tragetasche in seiner Hand *tatsächlich* sein Gepäck für einen dreimonatigen Aufenthalt war.

Wenn er in Urlaub fährt, findet er wie die meisten Männer, dass eine Hose und drei oder vier Hemden für zwei Wochen genügen und er im Notfall dank seiner patentierten Hoteldusche-und-Heizkörper-Technik (fragen Sie nicht!) mit *einem einzigen Satz Kleidung* auskommen kann. Im Gegensatz zu ihm packe ich gern genug ein, um für alle Eventualitäten gerüstet zu sein, und wie die meisten Frauen erinnere ich mich an jedes Outfit, das ich in den letzten zwei Jahrzehnten im Urlaub getragen habe. Mein Bruder kann sich nicht erinnern, was er gestern getragen hat, ohne auf dem Boden neben dem Bett nachzusehen.

Jedenfalls kassieren die Fluglinien immer höhere Gepäckgebühren. Hier also ein paar Methoden zur Vermeidung von Extrakosten.

- Nehmen Sie doppelt so viel Geld mit wie geplant, und packen Sie nur halb so viele Sachen ein. Kaufen Sie vor Ort, was immer Sie brauchen.
- Bedenken Sie: Je weniger Sie mitnehmen, desto mehr können Sie mit nach Hause bringen. Denken Sie nur an all die aufregenden Geschäfte.
- Nehmen Sie nicht literweise Shampoo, Haarfestiger, Parfüm und so weiter mit. Es gibt kaum einen Ort auf der Welt, an dem man keine Kosmetik kaufen kann.
- Kaufen Sie Geschenke für Ihre ausländischen Gastgeber erst vor Ort. Billige Becher, T-Shirts und derlei lassen sich mit Last-Minute-Inschriften wie *Ein Geschenk aus dem berühmten europäischen England* in wasserfestem Filzstift verzieren.
- Gehen Sie nicht bergsteigen, Ski fahren oder auf Dschungel- oder Polarexpeditionen, weil man dafür immer eine riesige Ausrüstung braucht. Entscheiden Sie sich lieber für einen heißen Badeort, wo Bikini und Flip-Flops alles abdecken. Na ja, Sie wissen, was ich meine.
- Wohnmobile sind eine Art fahrender Koffer. Wenn Sie

nicht gerade ein Hippie sind, meiden Sie die mit den aufgemalten Blumen und Regenbögen. Es sieht albern aus, wenn Sie in High Heels und Perlen herausklettern. Und nach Venedig passen sie auch nicht.

- Bieten Sie an, auch die Sachen Ihres Freundes einzupacken, und vergessen Sie das dann versehentlich. Nutzen Sie den Platz für Ihre eigenen Sachen.
- Verpacken Sie Ihre Kleidung mit einem dieser speziellen Vakuumgeräte. Sie können auch mit Staubsauger und Müllbeutel improvisieren.

** Die britische Monarchin trägt keinen Pass bei sich. **

Kartenlesen auf Autofahrten

Es gibt diese stereotype Vorstellung, dass Männer besser Karten lesen können als Frauen – und sie scheint sogar zuzutreffen. Wir Frauen orientieren uns an typischen Erkennungszeichen, Männer dagegen bevorzugen die altmodischen, langweiligen Kompasspunkte Norden, Süden, Osten und Westen, um ihren Weg zu finden. Außerdem denken sie eher in Entfernungen.

Typischerweise beschreibt eine Frau eine Fahrt folgendermaßen: »Fahr an dem neuen Frisör vorbei, da arbeitet Tracy jetzt, du weißt schon, diese Lady mit dem komischen Hund, und bieg am Peter-Pan-Brunnen links ab, warum räumt eigentlich niemand den ganzen Dreck weg, den sie da hineinschmeißen, und dann siehst du einen großen Metalltank für Wasser, oder ist es Gas, irgendwas jedenfalls, an der Stelle, wo Colins Mama mit dem orthopädischen Schuh ihren Unfall hatte, dann fährst du da vorbei, wo der russische Wein letztes Jahr so gewuchert ist, und dann um einen großen Kreisverkehr, und dann biegst du ab, wo dieses hübsche Hotel mit dem Vogelhäuschen auf dem Rasen steht, und Omas Haus ist direkt am Ende der Häuserreihe neben dem Apartmenthaus mit der echt hohen rosa Treppe und dem Gartenzwerg davor, der seinen Hintern zeigt.« Männer sagen eher etwas wie: »Immer geradeaus, dann links abbiegen und vier Minuten bis zu einer 48°-Haarnadelkurve weiterfahren und dann eine halbe Meile nach Norden. Moloch Terrace ist die zweite Abfahrt – 11 Uhr – vom Kreisverkehr.«

Interessanterweise fand man bei einer Studie der University of East London heraus, dass *schwule* Männer männliche *und* weibliche Navigationstechniken verwenden, wohingegen *lesbische* Frauen Karten genauso lesen wie heterosexuelle. Jedenfalls gehört Kartenlesen zu den Dingen, die Frauen angeblich nicht gut können. Mir ist es auf jeden Fall lieber, wenn die Karte in Fahrtrichtung zeigt, und ich drehe sie während der Fahrt, was ich nur vernünftig finde. Jedenfalls kommen hier ein paar Tipps, die Ihnen helfen sollen, wenn Sie das nächste Mal im Auto die Navigatorin sind.

- *Denken wie ein Mann:* Seien Sie kurz und bündig. Geben Sie Zahlen, Zeiten, Kompasspunkte an.
- *Symbole lernen:* Es ist ein wenig enttäuschend, wenn Fahrer und Beifahrer entdecken, dass die Navigatorin die letzte halbe Stunde frohgemut dem Fluss gefolgt ist, weil sie ihn für die A4 hielt.
- *Aktuelle Karten benutzen:* Die beste Navigation hilft nichts, wenn sich die Straßenführung geändert hat.
- *Abkürzungen:* Das ist nur etwas für Leute, die *den Weg bereits kennen*. Andernfalls verlängert sich die Fahrt um etwa 20 Prozent.
- *Satellitennavigation:* Warum sich das Leben nicht leichter machen und Ihrem Liebsten zum nächsten Geburtstag ein Navigationssystem spendieren? Dann können Sie die Aussicht genießen oder ein Schläfchen halten.

** Die englische Firma Ordnance Survey stellt seit 1791 Landkarten her. **

Die Kunst der Fuge – an Mauern

Johann Sebastian Bachs »Kunst der Fuge« ist – im Gegensatz zu seinem allseits beliebten *Weihnachtsoratorium* – ein schon seit seiner Entstehungszeit heftig umstrittenes Werk. Die Kunst der Fuge beherrschen aber auch dicke Männer mit Handwerkerdekolleté. Mit Bach können Sie höchstwahrscheinlich nicht mithalten, aber was die dekolletierten Männer können, das können Sie auch.

Den Umbau Ihres Dachbodens überlassen Sie vermutlich eher Fachleuten, aber so ein bisschen Verfugen schaffen Sie bestimmt selbst. Erwarten Sie aber nicht, dass Ihre *Giornata* sich mit Michelangelos Arbeiten messen kann – beim ersten Versuch sieht alles meist noch ein wenig unbeholfen aus. Üben Sie an einer unauffälligen Mauerstelle irgendwo hinterm Haus oder am Heim eines ungeliebten Nachbarn, bevor Sie sich an die palladianische Backsteinfassade von Tabley House wagen.

Durch das Verfugen werden bröckelnde Fassaden nicht nur wieder schön, es schützt auch gegen Wind und Wetter. Wenn Sie zum Beispiel feuchte Flecken in Ihrem Boudoir bemerkt haben und die Fugen an der entsprechenden Stelle ganz ausgebröckelt wirken, greifen Sie zur Kelle und schlagen Sie zwei Fliegen mit einem Reibebrett.

Und so verfugt man Wände neu.

Was Sie brauchen

- *Hammer und Meißel*
- *Gießkanne*
- *Sand und Zement*
- *Fugenkelle*
- *Reibebrett*

Anleitung

1 Kratzen Sie den alten Mörtel mit dem Meißel etwa 2,5 cm tief aus. Das macht riesigen Spaß. Aber tragen Sie besser eine Schutzbrille. Ich weiß, man sieht damit dämlich aus, aber das lässt sich nicht ändern.

2 Die Zwischenräume mit einem Pinsel ausbürsten, dann die Ritzen mit Wasser tränken – durch die Feuchtigkeit hält die Fugenmasse besser. Das geht gut mit einer Gießkanne, aber Sie müssen vielleicht auf einen Stuhl oder eine Leiter steigen; die Schwerkraft verhindert ein Gießen nach oben.

3 Den Mörtel auf einem Reibebrett anmischen. Es ist eine simple Mixtur aus Sand und Zement. Experimentieren Sie mit unterschiedlichen Mischungsverhältnissen.

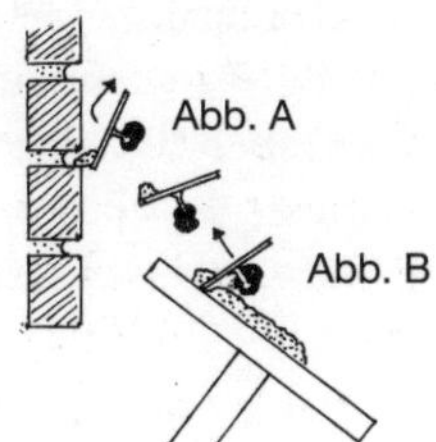

4 Mörtel lässt sich passend zu den vorhandenen Fugen einfärben. Das macht Spaß, aber üben Sie um Himmels willen erst, damit Sie keine Scheußlichkeiten produzieren.

5 Sie müssen den Mörtel innerhalb weniger Stunden verarbeiten, bevor er hart wird. Dies ist ein chemischer Prozess, der bei sehr kalten Temperaturen nicht funktioniert, denn dann gefriert das Wasser und Sie haben die Bescherung in Form von nicht abgebundenem Matsch, der einfach aus der Wand fällt.
6 Eine Kelle voll Mörtel auf dem Reibebrett zu einem Keil formen (Abb. A).
7 Mit einer Fugenkelle (zur Not auch mit einem Tortenheber) etwas Mörtel vom dünnen Ende des Keils aufnehmen und in die feuchte Fuge drücken (Abb. B). Anfängern fällt jede Menge herunter. Legen Sie deshalb eine Plane hin, sonst härtet der Mörtel auf dem Boden aus.
8 Sie können die Fugen unterschiedlich bearbeiten. Sogenannte Wetterfugen stehen leicht vor wie ein kleines Dach, sodass das Regenwasser daran abfließen kann. Dazu ziehen Sie die Kelle schräg über die Fuge. Falls Sie ein konkaves Profil wünschen, ziehen Sie ein Schlauchstück über den feuchten Mörtel. Oder Sie streichen den Mörtel bündig glatt, was sich bei besonders engen Fugen empfiehlt.
9 Gehen Sie keine großen Projekte wie die British Library oder die Cheops-Pyramide an, bevor Sie ein bisschen geübt haben. Sonst ist man Ihnen nachher sehr böse.

** Die British Library enthält über 150 Millionen Bände. **

Die Abseitsregel, leicht verständlich

Eine riesige Wolke der Unkenntnis umgibt die Abseitsregel beim Fußball. Selbst Männer geraten dabei leicht in Verlegenheit. Ich habe ein bisschen in der neuen und blitzblanken Stadtbibliothek herumgeschnuppert, um diesem großen Geheimnis auf den Grund zu kommen, und entdeckte in wenigen Minuten, dass wirklich *gar nichts* dabei ist.

Zur Verifizierung präsentierte ich meine Entdeckung einigen Gentlemen meines Bekanntenkreises, darunter meinem Onkel Vivian und meinem Onkel Bob. Onkel Vivian hielt sich zurück, da sein Interesse am Fußball ausschließlich »ästhetisch« sei. Onkel Bob hingegen gab mir eine so undurchsichtige Antwort, dass er damit nur seine mangelnde exegetische Wortgewandtheit demonstrierte.

Jedenfalls habe ich diese Sache nun aus allen Blickwinkeln studiert, sodass ich jetzt zuversichtlich versichern kann: Ich weiß, wovon ich rede.

Die Abseitsregel wurde eingeführt, um zu verhindern, dass die Spieler am gegnerischen Tor herumhängen und auf einen langen Pass vom anderen Ende warten. Sie besagt im Wesentlichen, dass angreifende Spieler den Ball nicht an Mitspieler abgeben dürfen, die sich weiter vorn befinden als irgendein Verteidiger der gegnerischen Mannschaft *mit Ausnahme des Torwarts.*

Drei Feinheiten

1 Sie befinden sich nicht im Abseits, wenn Sie auf gleicher Höhe mit dem am weitesten vorn befindlichen Verteidiger sind.

2 In der eigenen Spielfeldhälfte können Sie sich nicht im Abseits befinden.
3 Sie sind nicht abseits, wenn Sie den Ball aus einem Eckstoß, einem Einwurf oder Torabschlag bekommen.

Und das ist es auch schon. Wenn es das nächste Mal deswegen Streit gibt, können Sie die maßgebliche Erklärung beisteuern. Ich erwarte allerdings nicht, dass irgendein Mann es Ihnen dankt.

** »Ich habe Pelé natürlich nicht live gesehen, weil ich da noch nicht geboren war.« – David Beckham **

VI
Sport und Spaß

Tolle Sportarten, Hobbys und Spiele
für Mädchen

Ein Kleid muss so geschnitten sein,
dass eine Frau sich damit jederzeit
aufs Pferd setzen kann.
Coco Chanel

Ratschlag zum Radschlagen

In meinen jüngeren Tagen war ich recht akrobatisch, und Radschlagen war immer meine Lieblingsübung. Ich erinnere mich, wie ich das vor Freude nach dem Schulabschluss in einer Bar machte und dabei einem alten Mann mit Hut versehentlich glatt die Zigarette aus dem Mund schlug. Er sah mich so an, dass ich nur zusammenzuckte. Innenräume sind aber wahrscheinlich nicht der richtige Platz zum Radschlagen, die folgende Anleitung ist daher nur für draußen. Jeans sind die richtige Bekleidung für Radschlägerinnen. Flatternde Röcke können nicht nur die Ästhetik stören – und Ihnen die Sicht nehmen, wenn sie über Ihr Gesicht fallen –, sondern Ihnen auch Anklagen wegen Exhibitionismus einbringen.

Anleitung

1 Nehmen Sie Lipgloss, Kaugummi usw. aus den Taschen.

2 Heben Sie die Arme auf 10-Uhr- und 2-Uhr-Position, als würden Sie Applaus entgegennehmen.

3 Treten Sie mit leicht gebeugtem Knie mit dem linken Bein etwas vor.

4 Sie können nach links (linke Hand zuerst) oder nach rechts (rechte Hand zuerst) Rad schlagen, das liegt ganz bei Ihnen.

5 Nehmen wir an, Sie schlagen nach links Rad: Beugen Sie sich in der Taille, strecken Sie die linke Hand zum Boden und werfen Sie das rechte Bein hoch über Ihren Kopf in die Luft.

6 Die rechte Hand folgt rasch. Wenn sie den Boden berührt, sollte auch Ihr linkes Bein vom Boden abgehoben haben. Schwung und Trägheit verleihen dem Radschlagen Kraft und Stabilität – je langsamer Sie es also machen, desto wackliger wird es. Sie brauchen einen guten, zuversichtlichen Schwung.

7 Mitten im Radschlagen befinden Sie sich kurz in einer Handstandposition. Wenn Sie einen Handstand versucht haben, werden Sie wissen, wie schwer es ist, mit den Beinen in der Luft die Stabilität zu wahren. Beim Radschlagen ist es aber leichter. Mit etwas Übung, etwas Tempo und *genügend Platz* müssten Ihre Beine in die Höhe fliegen.
8 Sie landen zuerst mit dem rechten, dann mit dem linken Bein und enden in der Ausgangsposition, aber mit dem rechten Bein vorn.

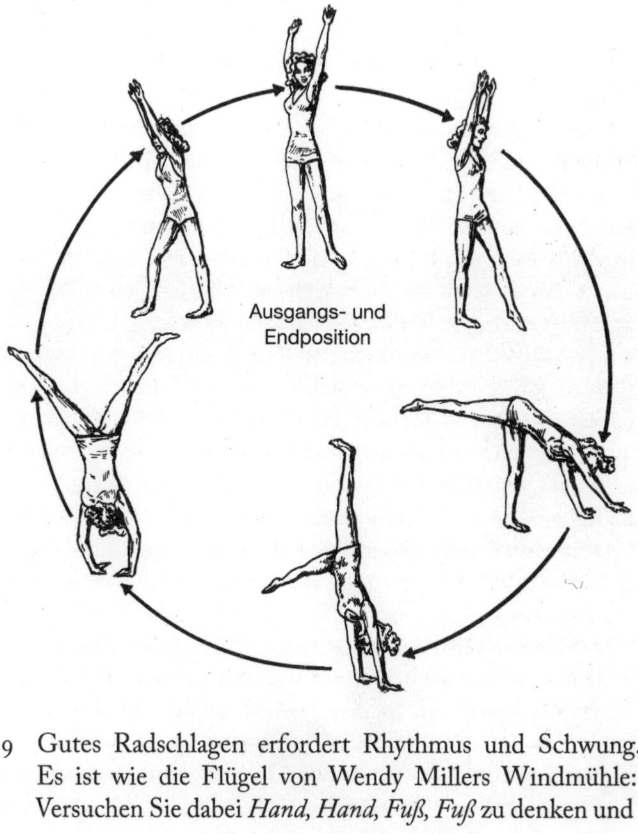

9 Gutes Radschlagen erfordert Rhythmus und Schwung. Es ist wie die Flügel von Wendy Millers Windmühle: Versuchen Sie dabei *Hand, Hand, Fuß, Fuß* zu denken und

sich in gerader Linie zu bewegen, als schlügen Sie auf einer schmalen Bank Rad. Versuchen Sie, den Körper *gerade* zu halten. Die meisten Anfänger knicken dabei in der Taille ein, aber dieser Fehler lässt sich durch Übung beheben.
10 Nichts überstürzen, aber auch nicht zögern: Gehen Sie die Sache *beherzt* an.

* *Ein Rad, bei dem man entgegengesetzt der Ausgangsposition auf beiden Füßen zu stehen kommt, nennt man* Radwende. *

Curling für Anfänger

Curlers – Lockenwickler – sind völlig aus der Mode gekommen. Ich erinnere mich noch, dass in Filmen aus der Kriegszeit jede Hausfrau sie in den Haaren trug, wenn sie am Samstagmorgen den Boden schrubbte. Ich nehme an, ihre liebestötenden Eigenschaften haben ihnen schließlich den Garaus gemacht. Natürlich ist »Curler« auch die Bezeichnung für jene Irren, die Curling betreiben. Curling ist auf jeden Fall ein wunderbarer alter Sport. Er stammt aus dem 16. Jahrhundert, als in Schottland Rock tragende Highlander mit zu viel Freizeit *loafies* genannte Steine über die zugefrorenen Lochs schleuderten.

Heute spielt man das Spiel in Viererteams in professionellen Hallen, mit hochglanzpolierten, fast 20 kg schweren Granitsteinen und ulkigen Eisbesen. Das Spielfeld ist auf dem Eis markiert und misst 44,5 m mal mindestens 4,75 m. Das Eis wird präpariert, indem man Wassertropfen auf die Oberfläche sprüht; die dadurch entstehenden Unebenheiten lenken den Stein aufgrund der Reibung von seiner Bahn ab.

Ziel des Spiels ist es, den Stein so zu werfen, dass er am Ende des Feldes so nah wie möglich am Mittelpunkt eines Zielkreises von 3,66 m Durchmesser – dem sogenannten *House* – zu liegen kommt (*siehe* Abbildung). Die Gegner versuchen nun, die Steine der ersten Mannschaft vom Ziel wegzuschießen und ihre eigenen an deren Stelle zu setzen – eine Art Eis-Boule. Die Steine müssen zwischen der *Hog Line* (dem Ausgangspunkt) und der *Back Line* (hinter den Zielkreisen) und den Seitenbegrenzungen zu liegen kommen. Die Teams spielen abwechselnd, bis jeder acht Steine geworfen hat: zwei pro Spieler. Dann ermittelt man die Punktezahl. Ergibt das *irgendeinen* Sinn?

Mannschaft

Die Bezeichnungen der Spieler richten sich nach der Reihenfolge, in der sie werfen. Der Lead spielt in der Regel als Erster, dann der Second, der Third und schließlich der Skip oder Mannschaftsführer. Aber nicht immer, nur um die Sache verwirrender zu gestalten.

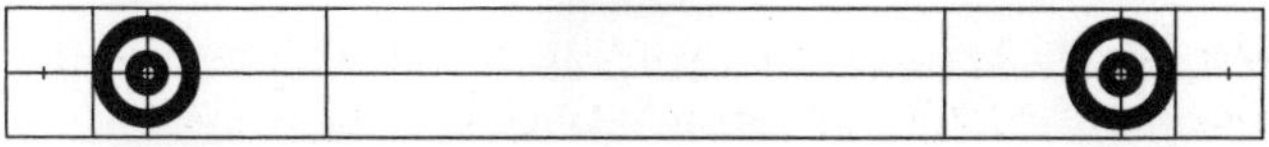

- *Lead:* Der Lead oder Erste wirft die ersten beiden Steine der Mannschaft und wischt für die anderen.
- *Second:* Der Second (Zweite) wirft den dritten und vierten Stein und wischt ebenfalls für die anderen Spieler.

- *Third:* Der Third (Dritte) wirft den fünften und sechsten Stein des Teams und wischt meist für den Second und den Lead. Er (oder sie natürlich) spielt vor dem Skip und hält den Besen so, dass der Skip darauf zielen kann. Die Thirds sind außerdem dafür verantwortlich, gemeinsam die Wertung auszurechnen.
- *Skip:* Der Skip ist der Mannschaftsführer und spielt die beiden letzten, häufig entscheidenden Steine. Er oder sie muss deshalb der beste Spieler im Team sein. Dieser hält den Besen, um zu zeigen, wohin die anderen Spieler zielen müssen, wischt aber nur sehr selten. Typisch!

Rekapitulieren wir: Der Lead wirft den ersten und zweiten, der Second den dritten und vierten, der Third den fünften und sechsten und der Skip die letzten beiden Steine. Ich hoffe, das ist klar.

Ausrüstung

- *Steine:* Spezielle Brocken, gibt's nicht beim Discounter. Versuchen Sie es zur Not mit einem Bügeleisen.
- *Besen:* Wildschweinborsten sind am schönsten, besser sind aber synthetische Materialien, weil sie auf dem Eis nicht flusen.
- *Schuhe:* Ein »glatter« Schuh links und ein »nicht rutschender« Schuh rechts. *Ehrlich*, ich erfinde hier nichts.
- *Kleidung:* Warm anziehen, kein Bikini.

Spiel

Vor dem Curling gibt es immer einen Händedruck und den Gruß: »Gut Curling!« Ist wahrscheinlich nur fair.

1 Stellen Sie sich mit dem Stein in der rechten Hand auf, das Gewicht auf dem linken Fuß und das rechte Bein nach hinten. Mit nach links gelegtem Besen, um das Gleichgewicht zu wahren, den Stein auf Wadenhöhe werfen.

2 Auf den vom Skip gehaltenen Besen zielen und dem Stein beim Loslassen einen leichten Drall geben, sodass er im Bogen übers Eis gleitet.
3 Auf Kommando des Skip verfolgen alle, die nichts zu tun haben, den Stein mit dem Besen übers Eis und wischen wie besessen *vor dem Stein*. Dadurch verringert sich die Reibung, und der Stein gleitet schneller, weiter und gerader.
4 Wenn alle 16 Würfe erfolgt sind, entscheiden die Third, wer wie hoch gewonnen hat. Jeder Stein, der einen gegnerischen schlägt, bekommt einen Punkt. Damit ist dieser Durchgang beendet. Ein Standardspiel besteht aus acht oder zehn Durchgängen.
5 Es sind die unterschiedlichsten Wurfvarianten gestattet; dafür gibt es sogar ein eigenes Wörterbuch. Wo Sie die Zeit hernehmen, ist mir ein Rätsel.

Sie können natürlich auch ein Glas trinken und sich einen Doris-Day-Film angucken.

** Während eines Spiels mit acht Durchgängen läuft man bis zu zwei Meilen. **

Die richtige Wurftechnik

Die ehemalige Mannschaftsführerin der englischen Frauen-Kricketnationalmannschaft mit dem schönen Namen Rachel Hayhoe Fint sagte einmal: »Ich habe nichts gegen männliche Kricketspieler, es sind ganz nette Leute darunter.« Sie fuhr jedoch fort, den hauptberuflichen Krickettrainer zu beschreiben als »einen Mann, der dich dazu zu bringen versucht, deine Beine zusammenzuhalten, wo andere Männer ein Leben lang versucht haben, sie auseinanderzukriegen«. Das zeigt, finde ich, dass sie eine Frau von Welt war.

Es gibt – seien wir ehrlich – nicht sehr viele erfolgreiche Kricketspielerinnen in England. Und wo wir schon dabei sind: Den Männern könnte ein bisschen Übung auch nicht schaden, wenn man einige ihrer Fehlleistungen in jüngster Zeit betrachtet. Daher dachte ich, eine Einführung in die Grundtechniken des Werfens könnte Mädchen nur guttun – mit einem *richtigen* Kricketball. Mit dem Werfen von unten können wir uns kaum Lorbeeren verdienen, und mit einem Tennisball sieht die ganze Sache erst recht schwach aus.

Wie alle Anweisungen in diesem Buch sind auch die folgenden für Rechtshänder. Falls Sie Linkshänderin sind, machen Sie es einfach umgekehrt. Und los geht's.

Was Sie brauchen

- *Einen richtigen harten Kricketball*
- *Weiße Kleidung einschließlich Hose*
- *Einen Satz Pfosten*
- *Jemanden zum Zuwerfen*

Anleitung

1 Stellen Sie sich seitlich zu Ihrem Ziel (der Dame am anderen Ende mit dem Schlagholz und den Pfosten), wobei die linke Seite in die Wurfrichtung zeigt (oder in die *erhoffte* Wurfrichtung). Den Anlauf lassen wir erst mal aus. Ich meine, seien wir doch realistisch.

2 Halten Sie den Ball in der rechten Hand. Das ist der einfache Teil.

3 Reiben Sie ihn an der Hose. Ich habe keine Ahnung, was das soll, aber es sieht professionell aus. *Anmerkung:* Ich erfahre gerade von meinem Bruder, dass das Reiben einer Ballseite die Wurfbahn (»Drall«) beeinflusst. Auf der beriebenen Seite fliegt er schneller – aber ich glaube, darüber sollten Sie sich jetzt keine allzu großen Gedanken machen.

4 Heben Sie den Ball in Kugelstoßermanier auf die Höhe Ihrer rechten Wange. Das ist die vorbereitende Stellung.

5 Mit dem ausgestreckten linken Arm auf das Ziel (meist Pfosten oder Schlagholz) zeigen.

6 Das Gewicht auf das rechte Bein zurückverlagern, und den rechten Arm Richtung Po fallen lassen.
7 Nun das Gewicht nach vorn aufs linke Bein verlagern, und den rechten Arm wie einen Windmühlenflügel vom Po zum Ohr heben.

Wurf mit Anlauf

8 Die Schultern wechseln die Position: Die linke geht nach hinten, die rechte nach vorn, und wenn die rechte Hand auf 12 Uhr ist, schnellen Sie das Handgelenk nach vorn und lassen den Ball am höchsten Punkt los.
9 Die rechte Hand abschließend nach vorn und abwärts bewegen.
10 Tee.

In den ersten Übungsstadien wird der Ball gelegentlich in Richtungen fliegen, die Sie nicht beabsichtigt haben. Ihre Schlagfrau sollte daher Helm, Schienbeinschützer und jenes

Teil tragen, das man schamhaft, aber korrekt »Tiefschutz« nennt.

** Kricket ist die weltweit zweitbeliebteste Sportart (nach Fußball). **

Skilift: So kommt man heraus

Nur um Sie zu erinnern, wie ein Skilift aussieht: Es ist eine Art Bank, die in einer Art Reifen sitzt, der an einer sich langsam über dem Kopf bewegenden Art von Konstruktion hängt. Sein Zweck besteht darin, Sie mühelos oben an den Hang zu bringen – Bergauf-Skilaufen ist nämlich ein äußerst frustrierender Zeitvertreib. Sich auf eines dieser Teile zu begeben ist schon mühsam genug, der Ausstieg aber gestaltet sich häufig zu einem fürchterlich nervenzehrenden Unternehmen – besonders beim ersten Mal. Wenn Sie nicht schnell genug abspringen und sich vor dem Teil in Sicherheit bringen, kann es Sie wieder einsammeln und Sie den ganzen Weg bergab mitnehmen. Lachen Sie nicht – ich habe so etwas schon gesehen. Also, nehmen Sie allen Mut zusammen und halten Sie sich an Ihrem Gummi fest. So wird's gemacht:

Anleitung

1 Vor dem Einsteigen Mütze, Handschuhe und Skibrille anlegen und Einzelteile sicher in den Taschen verstauen: Lippenpomade, Portemonnaie, Lesebrille, Flachmänner mit Schnaps.
2 Nehmen Sie in jede Hand einen Skistock, aber streifen Sie die Schlaufen nicht über.
3 Nehmen Sie nach Möglichkeit immer einen Außenplatz, und vermeiden Sie es, sich neben einen Snowboarder zu setzen (die können Ihren Skiern in die Quere kommen).
4 Die Stöcke unter dem äußeren Bein verstauen. Seien Sie

höflich, und legen Sie die spitzen Enden zum Ende der Bank, weg von Ihrem Sitznachbarn. Falls Sie zwischen zwei Leuten sitzen, klemmen Sie sie fest zwischen die Beine (die *Stöcke*), oder halten Sie die Griffe senkrecht auf Brusthöhe in der Hand, damit sie oben am Lift nicht im Schnee hängen bleiben.

5 Ziehen Sie kurz vor dem Ausstieg die Griffe der Stöcke vorsichtig hoch, damit sie nicht im Schnee hängen bleiben. Falls das passiert, werden Sie nämlich plötzlich und erbarmungslos um die eigene Achse gedreht wie ein umfallender Ständer mit Billardstöcken. Peinlich. Genauso gut könnten Sie ein Schild auf dem Rücken tragen: »Ich habe keinen blassen Schimmer, was ich hier mache.«

6 Halten Sie bei der Einfahrt in die Bergstation Ausschau nach Hindernissen wie Taschen, Bernhardinern und bewusstlosen Liftopfern. Strecken Sie die Beine nicht steif und verängstigt von sich, sonst brechen sie am Zielpunkt ab wie Salzstangen. Entspannen Sie die Beine, damit Sie glatt aus dem Lift kommen.

7 Nehmen Sie sich Zeit, Ihre Stöcke zu greifen und sich auf den Ausstieg vorzubereiten. Sobald Ihr Sitz das Hügelchen überquert hat, stehen Sie auf und stoßen sich behutsam ab. Aber stoßen Sie nicht zu fest, denn der Sitz wird gleich umdrehen und kann dabei auf äußerst unberechenbare Weise ins Schaukeln geraten.

8 Sie sollten wissen, dass Menschen ausgerechnet in diesem Augenblick hinten auf Ihre Skier treten werden, also seien Sie wachsam, sonst fallen Sie gleich wieder zurück.

9 Bleiben Sie nicht vor dem Lift stehen. Gleiten Sie so gemächlich und würdevoll wie nur möglich an eine sichere Stelle.

10 Freuen Sie sich über Ihre Errettung und flößen Sie sich etwas Schnaps ein.

* *Eine 37,5 cm große Schneeflocke fiel im Januar 1887 auf Montana.* *

Pferdeverstand I: korrekte Bezeichnung aller Körperteile

Wenn es darum geht, die Körperteile eines Pferdes zu identifizieren, schaffen wir es wahrscheinlich alle bis zu Kopf, Ohren und Hufen. Aber wie heißt diese Stelle ganz oben am Kopf, zwischen den Ohren? Und wo sitzt der Widerrist? Und wo ist der Unterschenkel? Nun, ein Blick auf die unten abgebildete »Pferdekarte« macht Sie auf der Stelle zur Fachfrau.

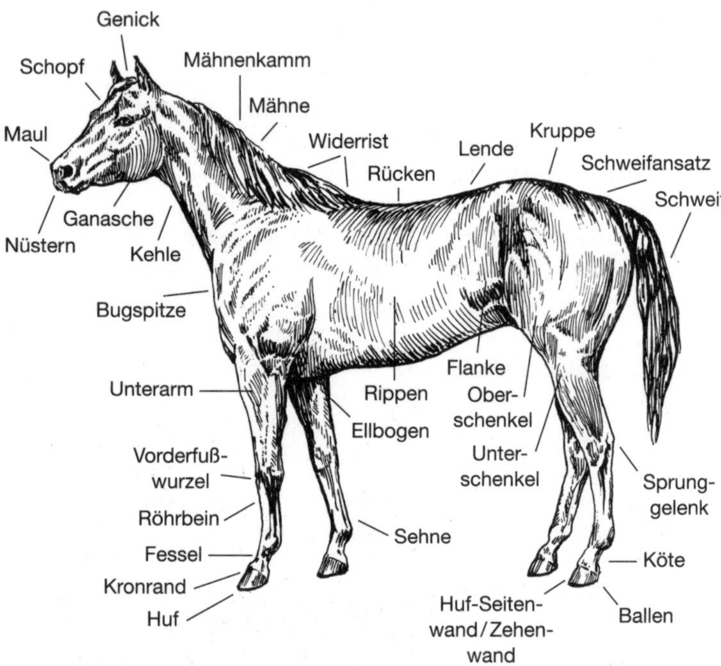

** Camarguepferde werden wie (fast) alle Schimmel dunkel geboren und erst später weiß. **

Pferdeverstand II: Putzanleitung

Wahrscheinlich durchlaufen die meisten von uns im jugendlichen Alter eine Pferdephase. Ich hatte zu Hause Ponyposter an der Wand hängen, nahm sie aber ab, als sich mein Interesse mehr den Jungs im Stall zuwandte, nachdem ein zähnefletschender Wallach mich an den Haaren hochgehoben hatte. Einige von uns entwachsen allerdings nie der Pferdephase.

Ein Pferd putzen können Sie aber auch, wenn Sie immer nur herunterfallen. Es ist eine gute isometrische und spirituelle Übung für das Pferd und auch für Sie. Hier die Grundtechniken.

Was Sie brauchen

- *1 Striegel: eine ovale Bürste mit Gummizähnen*
- *1 Wurzelbürste: eine Bürste mit harten Borsten*
- *1 Kardätsche: eine Bürste mit weichen Borsten*
- *1 Plastikmähnenkamm (Plastik-Mähnenkamm, nicht Plastikmähnen-Kamm)*
- *Handtuch oder Lappen*

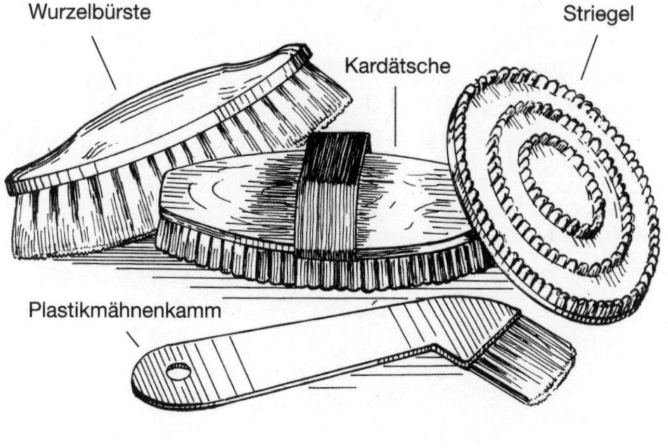

Anleitung

1 Zunächst das Pferd sicher anbinden. Anschließend vom Hals bis zum Schweif putzen.

2 Mit dem Striegel in kreisförmigen Bewegungen oberflächlichen Schmutz und tief sitzenden Staub lockern. Dabei löst der Striegel natürliche Öle, die dem Fell Glanz verleihen. Aber Vorsicht an den knochigen Stellen – Rücken, Schultern und Beine nie mit dem Striegel putzen. Niemals mit dem Striegel im Gesicht arbeiten, denn er ist viel zu hart und könnte Verletzungen verursachen.

3 Wenn man mit dem Striegeln fertig ist, wird das Fell gegen den Strich mit der Wurzelbürste behandelt, sodass der Staub in kleinen Wölkchen aufwirbelt. Das ist fast, als würde man einen Teppich abfegen.

4 Nach gründlichem Einsatz der Wurzelbürste wird das Fell mit der weichen Kardätsche geglättet, die letzte Schmutz- und Staubpartikel entfernt. Das Fell in Haarwuchsrichtung glatt bürsten. Danach sollte das Pferd makellos glänzend dastehen.

5 Nun die Mähne vorsichtig mit dem Kamm durchkämmen. Wie der Schweif ist auch die Mähne empfindlich. Deshalb eignen sich Plastikkämme am besten. Falls Sie die Mähne einflechten wollen, schauen Sie sich das nächste Kapitel an.

6 Den Schweif mit der Kardätsche bürsten. Aber vorsichtig, denn die Schweifhaare reißen leicht. Nicht heftig bürsten und niemals mit dem Mähnenkamm.

7 Zum Schluss mit Handtuch oder Lappen das Pferdefell polieren. Das verleiht ihm strahlenden Glanz. Mein Onkel Vivian benutzte zum Schluss immer einen Glanzfestiger. Damit polierte er das Pferd aber so hochglänzend, dass das Reiten gefährlich wurde und er immer herunterrutschte wie ein Pinguin von einer Eisscholle.

** Die längste Mähne aller Zeiten maß 5,40 m. Sie wuchs einer Stute namens Maude. **

Pferdeverstand III: Pferdemähnen einflechten

Die Fessel ist das Stück des Pferdebeins zwischen Köte und Huf, aber Dr. Johnson definierte es in seinem Lexikon als »das *Knie* des Pferdes«. Als eine lästige Frau ihn fragte, warum er das falsch gemacht habe, erwiderte er: »Unwissenheit, Madam, Unwissenheit«, was ebenso witzig wie ehrlich war. Übrigens, falls Sie wie ich davon ausgingen, Fesseln seien vor allem etwas für Sadomasochisten, sollten Sie sich vielleicht die exzellente »Pferdekarte« ansehen, wo alle Bestandteile eines Pferdes hilfreich etikettiert sind.

Um gute Zöpfe zu flechten, brauchen Sie eine nicht allzu ausgefranste Mähne und ein Pferd, das stillsteht. Das kann eine umständliche Prozedur werden, es wäre daher eine gute Idee, einen Baumwoll-Arbeitskittel zu tragen – oder notfalls einen alten gesteppten Morgenmantel, in dessen Taschen man Schere und Garn während der Arbeit aufbewahren kann. Sollte das Pferd zappelig sein, behilft man sich, indem man für jeden Zopf neues Garn einfädelt und ihn vorn feststeckt. Bitte keine Haare ausreißen.

Was Sie brauchen

- *1 Plastikmähnenkamm*
- *1 Waschbürste*
- *1 Schere mit abgerundeten Spitzen*
- *Stumpfe Stopfnadel(n) mit großem Öhr*
- *Baumwollgarn in der Mähnenfarbe*
- *1 Tüte Mähnengummis*

Anleitung

1. Zunächst die Putzanleitung für Pferde befolgen.
2. Mit Fingern und Mähnenkamm das Mähnenhaar in gleich dicke Strähnen aufteilen und jede mit einem Mähnengummi fixieren.

3 Im Genick beginnend jede Haarsträhne mit Waschbürste und Wasser anfeuchten und glatt bürsten. Diese Bürsten sehen aus wie die Scheuerbürsten, mit denen die Hausfrauen von gestern den Steinfußboden schrubbten; es gibt sie im Reitsportbedarf.

4 Ein 45 cm langes Fadenende am Nadelöhr festbinden, damit es nicht herausrutscht und die Nadel nicht in der Mähne oder am Boden verloren geht, falls man sie fallen lässt.

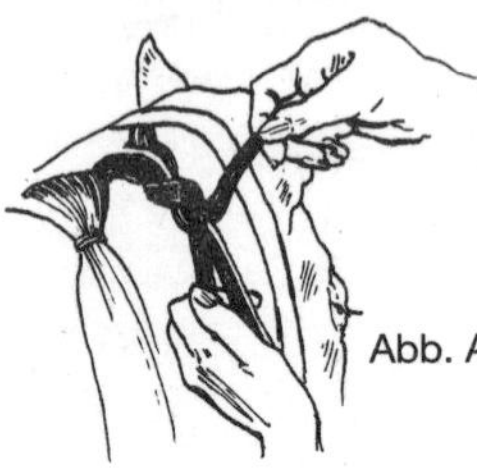
Abb. A

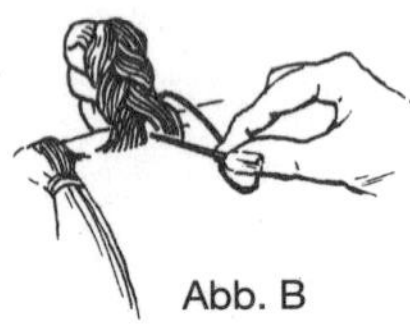
Abb. B

5 An den Ohren mit dem Flechten beginnen (ich nehme an, Sie können flechten, wenn nicht, schauen Sie sich das Kapitel *Frisieren I: der normale Zopf* an) und dabei den Faden ordentlich mit einflechten (Abb. A).

6 Flechten, soweit es geht. Dann den Faden um das Zopfende wickeln und mit einem Halben Schlag (also, da müssen Sie einfach einen Seemann fragen oder im Internet nachschauen oder so – *ich kann doch nicht alles machen*) festbinden.

7 Die Nadel dicht über dem Mähnenkamm durch den Zopf stechen, den Zopf auf die Hälfte und noch einmal auf die Hälfte zusammenlegen.

8 Die Nadel noch einmal durch den zusammengelegten Zopf stechen, und den Faden mit ein paar Stichen durch den Zopf befestigen (Abb. B).

9 Zum Schluss den Schopf einflechten.

** Dr. Johnson litt unter Hautjucken und Muskelzuckungen. **

Der Garten in der Flasche

Falls Sie in einer Etagenwohnung leben oder kaum Zeit für die Pflege eines großen Gartens haben, legen Sie doch einen Miniaturgarten in einer Glasflasche oder einem Demijohn (Korbflasche) an. Der Flaschengarten ist eine selbstgenügsame Welt, die Sie offen oder geschlossen kultivieren können. Im Gegensatz zur offenen Variante hält der geschlossene Flaschengarten die Feuchtigkeit und benötigt mehr Pflege. Der offene Garten ist pflegeleichter, und die Pflanzen wuchern häufig heraus und hängen dekorativ über den Rand.

Ob offen oder geschlossen – die Flaschengärtnerei kann zum faszinierenden Hobby werden und eine wunderbare Entspannung vom Alltagsstress sein. Sie sind die Königin dieses Miniaturuniversums, und es gibt nichts Schöneres, als an einem Sommerabend dazusitzen und Ihrer Biosphäre bei der Entwicklung zuzuschauen.

Was Sie brauchen

- *Eine dekorative Glasflasche mit ausreichend großer Öffnung, um Ihre Hand durchzustecken*
- *Normale Blumenerde*
- *Einen Beutel feinen Kies oder Ähnliches (fragen Sie den netten Mann im Gartencenter um Rat)*
- *Einige Miniaturpflanzen: alles, was dekorativ ist, nicht zu groß wird und die feuchte Umgebung verträgt*
- *Für Perfektionistinnen ein paar lange, schmale Gartenwerkzeuge (eventuell improvisieren)*

Der offene Garten

Ein offener Flaschengarten mit Bodenpflanzen und vielleicht ein paar kleinen Tieren wie Regenwürmern eignet sich für Menschen mit einem Händchen für die Architektur kleiner Räume, aber ohne den Luxus von unendlich viel Zeit.

Anleitung

1 Den Boden der Flasche als Dränageschicht etwa 5 cm hoch mit Kies auslegen.
2 Darauf Erde 5–8 cm hoch gleichmäßig verteilen.
3 Die Zwergpflanzen gleichmäßig verteilt in die Erde pflanzen. Selbst für große Flaschen sind vier oder fünf Pflanzen mehr als genug. Setzen Sie die höheren nach hinten oder in die Mitte, die kleineren nach vorn oder außen herum.
4 Noch etwas Kies auf die Erde streuen. Dieser dient als Mulchschicht, verhindert das Austrocknen und bildet einen hübschen Hintergrund für die Pflanzen.
5 Den Flaschengarten hell stellen und regelmäßig gießen. Aber Vorsicht: Die Erde nicht zu nass werden lassen. Eine Tasse Wasser drei Mal pro Woche sollte je nach Temperatur und Jahreszeit genügen.
6 Den Flaschengarten zwei Mal jährlich neu bepflanzen, um Krankheiten vorzubeugen und Ihren Minipflanzen weiteres Wachstum zu ermöglichen. Pflanzen vorsichtig herausziehen und mit etwas Dünger in kleine Töpfe pflanzen. Die Flasche gründlich reinigen und neue Pflanzen einsetzen. Die Kiesoberfläche glätten.

Dünger brauchen die Pflanzen im Flaschengarten nicht, denn die Blumenerde enthält genügend Nährstoffe für den kurzen Aufenthalt in der Flasche.

Der geschlossene Garten

Der geschlossene Garten eignet sich besonders gut, wenn Sie etwas mehr Zeit erübrigen können und bereit sind, ein letzten Endes sich selbst erhaltendes Ökosystem zu schaffen. Sie müssen allerdings die richtige Art Pflanzen verwenden und sich Zeit lassen, ein paar passende Tiere aufzutreiben, die das Ding am Laufen halten.

Anleitung

Die Methode ist so ziemlich dieselbe wie beim offenen Garten. Ihr geschlossenes System benötigt feuchte Erde, ein paar Pflanzen und ein paar kleine Tiere wie terrestrische Isopoden: Würmer, Kellerasseln und andere kleine Gliedertierchen sind die richtige Wahl.

Die Pflanzen müssen klein und extrem feuchtigkeitsverträglich sein – Wurzelfäule ist ein häufiges Problem bei geschlossenen Flaschengärten – und langsam wachsen.

Ein geschlossener Garten fühlt sich in kühler, heller Lage am wohlsten, *nicht unter direkter Sonneneinstrahlung*, damit Willi Wurm und Astrid Assel nicht unterm Glas braten.

* *Bonsai bedeutet im Japanischen* Schubladenpflanze. *

Der Schnee-Engel

Diese Sache mit dem Klimawandel ist schon eine Plage: Auf dem Mount Everest wachsen Palmen, vor Island schwimmen Haie, und unsere Schulkinder können ihre Schneemänner nur aus Regen bauen.

Aber ab und an schneit es doch noch. Und schon ein Hauch von einem Zentimeter Schnee bewirkt, dass Schulen und Fabriken schließen, Züge stillstehen und plötzlich alles zum Stillstand kommt. Wenn es also schneit, ist es Zeit, Ihre Lenden zu gürten, Ihre wärmsten Sachen anzuziehen und Schnee-Engel zu machen. Was soll das heißen, Sie haben noch nie einen Schnee-Engel gemacht? Ziehen Sie sofort die Handschuhe an und raus mit Ihnen.

Einen Schnee-Engel macht man, indem man sich auf den Rücken legt und mit Armen und Beinen durch den Schnee pflügt, sodass sich Flügel und Kleid des himmlischen Wesens auf dem Boden abzeichnen.

Anleitung

1 Warm anziehen, einschließlich Mütze und Handschuhen.
2 Ins Freie gehen und eine unberührte Fläche mit gefrorenem oder Pulverschnee finden. Mit feuchtem Schnee funktioniert es nicht so gut.
3 Sich platt hinlegen, Arme an den Seiten. (Vorher sollten Sie nach verborgenen, scharfkantigen Steinen und Zeltheringen suchen.)
4 Nun die Arme nach oben führen, bis sie die Ohren berühren. Dann wieder nach unten führen, bis sie die Hüften berühren. Ein paar Mal wiederholen. So entstehen die Flügel.
5 Nun die Beine so weit wie möglich spreizen und dann wieder zusammenlegen. So entsteht das Engelsgewand.
6 Jetzt kommt der schwierige Teil: Aufstehen, ohne das Werk zu zerstören. Eine Spur von Stiefel- und Hand-

abdrücken auf dem heiligen Engelsgewand verdirbt die Ästhetik. Eine gute Aufstehmethode ist die, sauber die Arme auszustrecken und sich von einem vor Ihren Füßen stehenden Helfer hochziehen zu lassen.

7 Betrachten Sie Ihr Werk. Sieht es nicht engelsgleich aus?
8 Mit dem Handy fotografieren und an alle schicken.
9 Wieder ins Haus gehen und sich bei einem Becher Glühwein und Keksen aufwärmen.

** Engel gibt es im Christentum, Islam, Judentum und Zoroastrismus. **

Tierpflege: die schonend entwurmte Katze

Als ich begann, mich mit diesem Thema zu beschäftigen, war ich der Überzeugung, es müsse doch möglich sein, einer Katze eine Wurmpille zu verabreichen, ohne das ausgemergelte Geschöpf in einem von diesen Körben ganz bis zum Tierarzt zu schleppen. Gerade als ich dachte, dass schon die Frage, wie man die Katze *in* einen dieser Körbe befördert, eine eigene Seite verdient, stieß ich in meinen Unterlagen auf ein altes Dokument, das in dürren Worten die Schwierigkeiten dieses Unterfangens umreißt. Der schiere Schrecken dieser Empfehlungen erschien mir lebensechter als die knappen Anweisungen auf der Tablettenschachtel. Deshalb habe ich sie unten unter der Überschrift »Reale Welt« für Sie aufgeschrieben. Möge Gott sich Ihrer Seele erbarmen.

Wie man Katzen in einer idealen Welt Pillen verabreicht

1 Katzenkopf festhalten und Maul öffnen.
2 Pille hinten in Rachen legen.
3 Maul geschlossen halten und Kehle massieren, bis Katze Pille schluckt.

Falls Katze Pille ausspuckt

1 Pille in Käsewürfel verstecken.
2 Pille in Räucherfisch verabreichen, um den grässlichen Geschmack zu überdecken.
3 In Suppenpulver wälzen (Pille, nicht Katze).
4 Falls Katze einfach das Suppenpulver von der Pille leckt, Pille zerbröseln und über Futter streuen.

Wie man Katzen in der realen Welt Pillen verabreicht

1 Katze in der linken Armbeuge halten, rechten Zeigefinger und Daumen rechts und links des Katzenmauls halten und sanft auf die Wangen drücken. Pille in den Rachen legen und Katze schlucken lassen.
2 Pille unterm Fernseher und Katze unterm Sofa hervorholen. Schritt 1 wiederholen.
3 Katze aus dem Schlafzimmer holen und durchgeweichte Pille wegwerfen. Neue Pille aus der schicken Folienverpackung drücken. Katze in linker Armbeuge halten und Hinterpfoten gut mit der linken Hand festhalten.

Maul gewaltsam öffnen und Pille mit rechtem Zeigefinger ganz nach hinten in den Rachen drücken. Maul zuhalten und bis zehn zählen.

4 Bisswunden mit lindernder Salbe behandeln, Pille unterm Bücherregal und Katze oben vom Kleiderschrank holen. Mann aus dem Garten hereinrufen. Auf den Boden knien, Katze fest zwischen die Knie klemmen. Vorder- und Hinterpfoten festhalten und unheimliches, urtümliches Knurren der Katze ignorieren. Mann greift den Kopf fest mit einer Hand und steckt der Katze ein Lineal ins Maul. Pille über Lineal ins Maul rollen und Katzenkehle massieren wie eine Mastgans.
5 Katze von teurer Gardine losreißen, neue Pille holen und zerschlagenes Porzellan und Figurinen aus dem Familien-

erbe zusammenfegen und entsorgen. Zerkratzte Arme unter fließendes kaltes Wasser halten.

6 Katze in großes Badehandtuch wickeln, sodass nur der Kopf herausschaut. Mann bitten, sich auf die Katze zu legen, und Pille in ein Trinkhalmende stecken. Katzenmaul mit Stift aufhebeln und Pille in die Katzenkehle blasen.

7 Auf Beipackzettel nachlesen, ob schädlich für Menschen. Mit Scotch gurgeln, um den Geschmack loszuwerden, und dabei die gröbsten Blutflecken mit dem Schwamm vom Teppich wischen.

8 Katze hinter Waschmaschine vorzerren und in Schrank stecken. Tür bis zum Katzenhals zudrücken, aber Kopf draußen lassen. Maul mit großem Löffel aufstemmen. Pille mit Gummiband in den Rachen katapultieren.

9 Eis auf gummibandförmigen Striemen an Wange auflegen und Pille suchen.

10 Feuerwehr rufen, um die Katze aus dem Wipfel der Pappel zu holen.

11 Vorder- und Hinterbeine der Katze wie beim Spanferkel zusammenbinden. An Tischbein binden. Schwere Gartenhandschuhe und Motorradhelm anlegen. Pille ins Maul schieben, gefolgt von einem großen Stück Steak. Kopf senkrecht halten und mit einem Liter Wasser nachspülen.

12 Flasche hochprozentigen Wodka öffnen. Mit der Hälfte die Wunden auswaschen, den Rest trinken.

Einem Hund eine Pille geben: in Schinken wickeln.

** Katzenbisse sind seltener als Hundebisse, entzünden sich aber leichter. **

Himmel und Hölle – so geht's

Ich erinnere mich an eine Mitschülerin mit dem Namen Gloria Oppenheimer, und einen schöneren Namen kann wohl niemand verlangen. Ihre Oberweite spross früher und großartiger als bei irgendjemand anderem, und wegen ihrer Initialen (*glaube* ich) nannte sie jeder nur »Go!«.

Jedenfalls, Jahre verstrichen – wie es in Büchern heißt –, und sie wurde Simultandolmetscherin bei der UN. Dann lief ihr eines Tages auf der Treppe in San Diego ein Mann über den Weg, und sie endete als Schauspielerin / Regisseurin in / von – wie soll ich sagen? – exotischen Filmen. Sie verdient ein eigenes Buch, diese Gloria. Die Sache war aber die: Sie hatte ein phänomenales Gedächtnis und kannte mehr Abzähl- und Himmel-und-Hölle-Verse als wir alle zusammen.

Das tut aber nichts zur Sache, hier kommen die Regeln für Himmel und Hölle.

Das Spiel

Himmel und Hölle kennt man überall auf der Welt. Seinen Beginn nahm es aber im römischen Britannien, als man die Soldaten zwang, in voller Montur dreißig Meter lange militärische Himmel-und-Hölle-Parcours zu absolvieren. Im Englischen heißt das Spiel *Hopscotch*, in den Niederlanden *hinkelbaan*. Was ihnen nur recht geschieht.

Jede Spielerin hat ihren eigenen Stein, der ihre Position im Spiel markiert. Der Zweck des Spiels ist es, den Stein mit diversen Sprüngen durch ein mit Kreide aufgemaltes Raster zu befördern. Diese Raster sind von Land zu Land, selbst von Stadt zu Stadt verschieden. Das hier abgebildete ist recht typisch und sieht aus wie zu unserer Schulzeit. Es dürfen weder der Stein noch der Fuß auf die Linien kommen, und man darf sich auch nicht mit der Hand abstützen. Das Spiel ist also eine Mischung aus Dame, Twister und Sumo. Gewonnen hat diejenige, die den Kurs als Erste beendet hat.

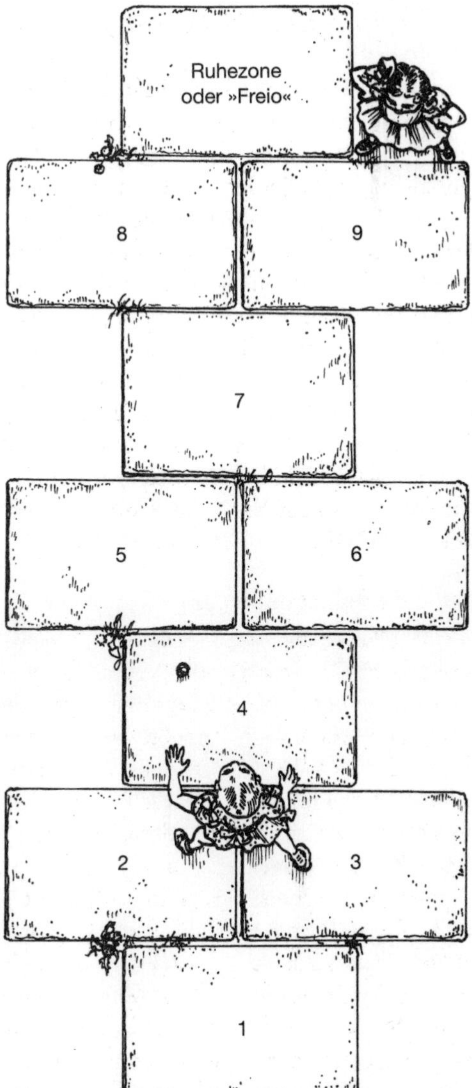
Ruhezone
oder »Freio«
8
9
7
5
6
4
2
3
1

Der Spielablauf

1 Das Raster und die Zahlen mit Kreide aufmalen (*siehe* Abbildung). Meine Schule stand auf einem Kreidefelsen, und Kreidestücke lagen überall in den Blumenbeeten. Wir benutzten sie als Steine und zeichneten damit auch das Spielfeld auf.

2 Durch Abzählreim festlegen, wer anfängt.

3 Diejenige, die anfängt, wirft ihren Stein in Feld 1. Das Ziel ist, dass er in diesem Feld landet. Falls ja, kann die Hopserei beginnen. Dazu ein paar Erklärungen: Sie dürfen jeweils nur einen Fuß in den Zahlenfeldern haben. In den einfachen Zahlenfeldern müssen Sie also auf einem Bein stehen, in Doppelfeldern dürfen Sie auf zwei Beinen stehen und anschließend auf den anderen Fuß wechseln. Bei Erreichen der Ruhezone oder dem »Freio« oben im Spielfeld dürfen Sie landen, wie Sie wollen. Wenn Sie bereit sind, wenden Sie mit einem Sprung und hüpfen zurück, wobei Sie Ihren Stein aufheben. Liegt er in Feld 1, heben Sie ihn auf, wenn Sie in Feld 2/3 stehen. Wenn Sie das schaffen, dürfen Sie mit Feld 2 weitermachen, und so weiter. Falls Sie den Stein nicht in das richtige Feld werfen, auf einer Linie landen, umkippen, ein Feld auslassen oder vergessen, den Stein aufzuheben, ist das nächste Mädchen an der Reihe. Manchmal gibt es auch die Regel, dass man jedes Feld, in dem ein Stein liegt, überspringen muss. Das kann ganz schön aufregend werden, wenn es mehr als drei Spielerinnen gibt.

Ich wüsste gern, was Gloria heute macht.

** Kreide bildet sich unter Wasser aus abgestorbenen Meeresorganismen. **

Aus Teeblättern lesen

Der Teebeutel macht unser modernes Leben leichter, ist aber schuld daran, dass die Kunst der Tasseografie oder des Teeblätterlesens vom Aussterben bedroht oder zumindest in Nischen zurückgedrängt ist. Liebe, Gesundheit, Arbeit und Geld sind die Lebensbereiche, auf die sich Tasseografen konzentrieren, und das Lesen aus Teeblättern ist der perfekte Zeitvertreib für jedes Mädchen, dessen Augen gut genug sind, um auf den Boden der Teetasse des Pfarrers zu sehen – ob zum Spaß oder zum Geldverdienen. Sie müssen aber echten losen Tee verwenden; die prophetischen Einsichten, die sich aus einem kalten Teebeutel pressen lassen, sind beschränkt. Hier die Grundzüge.

Anleitung

Eine Tasse mit Teeblättern und etwas Tee nehmen und den Bodensatz drei Mal kräftig im Uhrzeigersinn herumschwenken, sodass die Teeblätter sich an den Tassenwänden absetzen. Wenn sie sich beruhigt haben, spähen Sie weise in die Tasse. Es hilft, große Ohrringe zu tragen.

Die Teeblätter sollten sich in »Schwärmen« im Tasseninneren abgesetzt haben. Diese Formen sind die Symbole, die Sie lesen werden, und Sie sollten zunächst nach den einfachsten Figuren suchen. Den folgenden Formen wird traditionell eine bestimmte Bedeutung zugeschrieben.

- Dreiecke: ein Zeichen für gutes Karma
- Kreise: versprechen Erfolg
- Rechtecke: mahnen zur Vorsicht

Erinnert ein bisschen an die Straßenschilder im Autoatlas.

Wahrscheinlich sehen Sie auch Buchstaben – die auf Namen von Freunden oder Verwandten hindeuten –, Zahlen – die für Zeiten stehen – und, sehr häufig, menschliche Gesichter – freundliche und unfreundliche. Die meisten Formen sehen auf den ersten Blick nach gar nichts aus, aber je genauer Sie hinschauen, desto mehr nehmen sie Bedeutung an: ein Baum, ein Pferd, eine Schlange. Symbole nahe am Tassenrand sind wichtige, lebensverändernde Omen. Die auf den Tassenwänden sind wichtig, aber nicht welterschütternd. Figuren auf dem Boden deuten auf Veränderungen hin. Hier ein paar der einfacheren Formen und ihre Interpretationen:

Anker: Ruhe, Stabilität und Beständigkeit
Eichel: oben – Erfolg; unten – stabile Gesundheit
Elefant: Weisheit und Stärke
Ente: Geld ist unterwegs
Fächer: Liebe
Fingerhut: Veränderung zu Hause
Gabel: falsche Schmeichelei
Glocke: unerwartete Neuigkeiten – gute, falls nah am Rand
Harfe: Liebe
Horn: Verschwendung
Insekt: triviale Probleme
Känguru: häusliche Harmonie
Kohlkopf: Eifersucht; falls gesprenkelt: Eifersucht am Arbeitsplatz
Lampe: oben – ein Bankett; an der Seite – gelüftete Geheimnisse
Mann: nah am Henkel – ein Besucher
Pfeil: schlechte Nachrichten in der Liebe
Pferdekopf: ein Liebhaber
Pilz: oben – Umzug aufs Land
Rabe: schlechte Neuigkeiten
Regenschirm: Ärger
Ring: oben – ein Heiratsantrag; falls unterbrochen – aufgelöste Verlobung
Schere: Streit
Sonnenschirm: ein neuer Liebhaber
Spinne: Erfolg im Beruf
Strauß (Vogel): Reisen
Teller: Ärger zu Hause
Tintenfisch: Gefahr
Vase: ein Freund in Not
Wespe: Ende einer Romanze
Xylophon: Das habe ich erfunden. Noch nie hat jemand ein Xylophon in den Blättern gesehen.
Zebra: Abenteuer in Übersee
Zigarre: neue Freunde

Manchmal lässt sich ein Tintenfisch (Gefahr) nur schwer von einer Spinne (Erfolg im Beruf) oder ein Rabe (schlechte Neuigkeiten) von einer Ente (Geld unterwegs) unterscheiden. Tut mir leid, da sind Sie auf sich gestellt.

Das Wann

Die Teetasse Ihres Gegenübers ist wie eine Uhr. Der Henkel auf 9-Uhr-Stellung repräsentiert das Jetzt, Zeit und Ort der Teeblätterlesung, und jede Viertelstunde steht für ein Vierteljahr. Zum Beispiel bedeuten Formen um 12 Uhr Geschehnisse in drei Monaten, alles bei 3 Uhr liegt noch sechs Monate in der Zukunft, und Teeblätter auf 6 Uhr bezeichnen Dinge, die Ihrem Gegenüber in neun Monaten ins Haus stehen. Wenn Sie im Uhrzeigersinn herumgehen, können Sie Ereignisse bis zu einem Jahr im Voraus prophezeien und durch Unterteilung der Viertel Vorhersagen für kürzere Abschnitte als drei Monate treffen. Aber alles unter einem Monat ist ungenau.

Noch etwas Tee, Herr Pfarrer?

* *Ein Zarf (arabisch:* Umschlag, Umhüllung*)*
ist ein verzierter Halter für eine henkellose Tasse. *

Gute Figur beim Wasserski

Im Sommer 1922 hatte der 18-jährige Ralph Samuelson aus Lake City, Minnesota, wahrscheinlich *die* sportliche Eingebung des 20. Jahrhunderts, als er beschloss, nichts spräche dagegen, die Prinzipien des Skilaufens auf Schnee auch auf Wasser anzuwenden.

Und so geschah es, dass Ralph Samuelson – zwei Fassdauben unter die Füße geschnallt und von seinem Bruder Ben über den Mississippi geschleppt – majestätisch im Wasserskilaufen scheiterte und stattdessen mehrere Meter mitgeschleift wurde, bevor er eindrucksvoll versank.

Wie alle Besessenen machte er jedoch weiter und ersetzte die Fassdauben durch richtige Schneeskier. Nun spürte er, im Schlepptau eines Motorboots, das von einem gewaltigen umgebauten LKW-Motor angetrieben wurde, wie herrlich sich Erfolg anfühlt, als er tatsächlich über das Wasser glitt. Innerhalb weniger Tage hatte sich Ralph ein paar Lederriemen geleistet und verfeinerte seine Technik, indem er sich beim Vorwärtsgleiten mit fröhlich himmelwärts weisenden Skispitzen zurücklehnte. Von da an war klar, dass seine neue Technik Furore machen würde, und heute ist Wasserski zum glamourösen Sport geworden, beliebt bei schlanken Damen und Herren in eng anliegendem Dress, die anmutig über Wasserflächen wie den Genfer See gleiten.

Sicherheit geht vor

Denken Sie dran, dass *zum Wasserski drei gehören*: einer, der das Boot lenkt, einer auf Wasserskiern (Sie) und einer, der nichts anderes tut, als Sie vom Boot aus im Auge zu behalten – das ist *sehr wichtig*. Derjenige, der das Boot steuert, ist für Ihre Sicherheit verantwortlich; also sprechen Sie mit ihm vorher in aller Ruhe die Regeln ab. Planen Sie, wohin das Boot fahren soll, und sorgen Sie dafür, dass alle wissen, wer für was verantwortlich ist. Eine ruhige Wasseroberfläche ist ebenfalls wichtig. Wellen sind Ihr Feind.

Zu den weiteren selbstverständlichen Sicherheitsmaßnahmen gehört, es ganz zu unterlassen, wenn Sie nicht schwimmen können, sich bei den ersten Versuchen nicht von einem Profi unterweisen lassen können, es nicht am öffentlichen Badestrand zu probieren und so weiter. Sicherheit gewährleistet auch eine anständige Ausrüstung. Es bringt nichts, sich zwei Bügelbretter an die Füße zu schnallen und das Beste zu hoffen.

Die Top-10-Tipps

1. Eine für Wasserski geeignete Schwimmweste tragen und die Gurte festziehen, damit der Wind sie einem nicht auf die Haut peitscht.
2. Sämtlichen Schmuck ablegen.
3. Ein mindestens 25 m langes Schleppseil benutzen.
4. Niemals einen Teil der Leinen um den Körper wickeln.
5. Sich von der Schraube fernhalten. Immer!
6. Jemanden mit an Bord nehmen, der auf Ihre Signale achtet und dem Bootsführer mitteilt, wenn Sie stürzen.
7. Die Handzeichen durchgehen, bevor man sich aufs Wasser begibt.
8. Das Terrain erforschen. Der Bootsführer sollte Untiefen und versenkte Einkaufswagen vermeiden, aber achten Sie auch selbst auf mögliche Gefahrenquellen.
9. Darauf achten, was andere Boote tun, und einen großen Bogen um sie machen.
10. Nicht im Dunkeln oder nach Alkoholgenuss Wasserski fahren. *Selbstverständlich nicht!*

Acht Sicherheitssignale

1. Daumen hoch = *Schneller*
2. Daumen runter = *Langsamer*
3. Flache Hand = *Stopp*
4. Finger quer über Kehle = *Ich möchte das Seil loslassen*
5. Fingerzeig nach links oder rechts = *Boot in angezeigte Richtung lenken*
6. Auf den Kopf klopfen = *Ich möchte wieder ins Boot*
7. Kreis aus Daumen und Zeigefinger = *OK* oder *Signal verstanden*
8. Hände über dem Kopf verschränkt = *Nichts passiert* (nach Sturz)

Los geht's

Nichts daran ist kompliziert, aber es erfordert einige Übung und Anleitung von einem guten Lehrer.

1 Ins Wasser steigen und sich genügend weit vom Boot entfernen, bevor der Motor angelassen wird.
2 Signalisieren, wenn Sie bereit sind.
3 Wenn das Boot langsam anfährt, strafft sich die Leine. Wenn Sie den Daumen hochhalten, wird das Boot in gerader Linie mit so viel Schwung losfahren, dass Sie aus dem Wasser gehoben werden. Lehnen Sie sich zurück, und sobald Sie aufrecht stehen, geben Sie Signale, damit sich das Tempo des Boots Ihren Bedürfnissen anpassen kann. Dann halten Sie sich fest und entwickeln ein Gefühl für die Sache. Sie werden häufig stürzen – machen Sie sich deswegen keine Sorgen.
4 Falls Sie stürzen, geben Sie, sobald Sie können, das OK-Zeichen, damit die Leute im Boot wissen, dass Ihnen nichts passiert ist, und damit man Sie auflesen und von vorn anfangen kann.
5 Wenn Sie gestürzt sind, halten Sie einen Ski aus dem Wasser, während Sie darauf warten, eingesammelt zu werden. So sind Sie für andere Fahrzeuge zu sehen.
6 Das Boot wird zurückkommen und Sie langsam umkreisen, um Ihnen entweder wieder die Schleppleine zu reichen oder Sie aufzunehmen, falls Sie genug haben.
7 Warten Sie mit dem Einsteigen, bis der Motor abgestellt ist.

Eine letzte Warnung

Die Newton'schen Kräfte, die beim Wasserski wirken, sind äußerst stark und sollten Einfluss auf die Wahl des Badeanzugs haben. Er sollte eng und stabil sein und am Po sehr eng anliegen. Das ist nicht Eitelkeit, sondern Selbstschutz. Meine liebe Freundin Veronica erzählte mir – und ihre Geschichte wurde durch die Erfahrungen meiner guten Freundin Helen bestätigt –, dass sie beim Wasserski jetzt immer einen Taucheranzug trägt. Der Grund dafür war ein gruseliges Erlebnis nach einem Sturz beim Wasserskilaufen in Kanada. Sie erzählte, wie sie in hohem Tempo – Po voran – mitgeschleift wurde und die Kraft des einströmenden Wassers so gewaltig war, dass sie Opfer einer spontanen, kräftigen und ungewollten Darmspülung wurde. Wer solche Freunde hat, braucht keine Klistiere.

** Der Genfer See ist der zweitgrößte Süßwassersee Mitteleuropas. **

Der perfekte Cheerleader

Während ihrer Collegezeit war meine amerikanische Schwägerin Cheerleader. Sie meint, es war ein ganz schönes Stück Arbeit, die ganzen Mädels dazu zu bringen, synchron auf und ab zu hüpfen, dabei das starre Cheerleader-Lächeln aufzusetzen und den herrlichen Cheerleader-Song zu singen:

We must, we must, / We must increase our bust! / The bigger, the better, / The tighter the sweater; / The boys depend on us!

Das lautet auf Deutsch: Wir müssen, wir müssen, / wir müssen unseren Busen vergrößern! / Je größer, desto besser, / je enger der Sweater; / die Jungs verlassen sich auf uns!

Dieser Knittelvers kam mir in seiner Direktheit typisch amerikanisch vor. Ich weiß aber nicht, ob die Feministin Andrea Dworhin davon beeindruckt gewesen wäre. Meinen Onkel Bob dagegen hat die Emotionalität des Songs sehr bewegt, und er hat begonnen, ihn im Pub zu singen und dazu die Bewegungen mit den Pompons nachzumachen – in jeder Hand ein Kissen. Die gequälte Belustigung seiner Kumpane spiegelt sich in ihren wohlgesetzten Kommentaren, mit denen sie seine Hopserei begleiten.

Als Cheerleader braucht frau eine Reihe unterschiedlicher Fähigkeiten, nicht zuletzt Durchhaltevermögen, gute Lungen und ein kerngesundes Herz. Wünschenswert wären auch eine laute, durchdringende, weit tragende Stimme sowie zwei kräftige Beine. In der Liste unten finden Sie weitere Tipps.

Abb. A

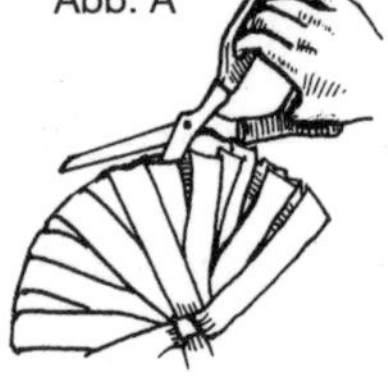

Abb. B

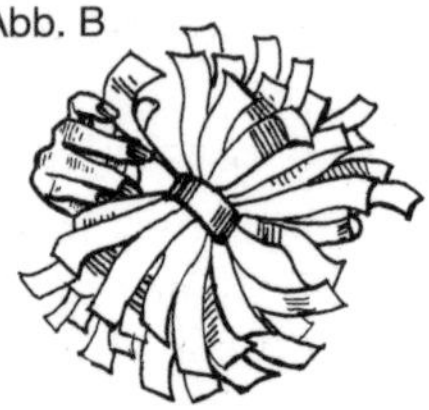

- Schmieren Sie sich gut zentimeterdick mit Make-up ein, bevor Sie Ihre *spankies* oder *lollipops* (Höschen) anlegen. Unter Flutlicht wirken Sie sonst völlig farblos.
- Langes, lockiges, fröhlich wippendes Haar ist am besten. Denken Sie an Olivia Newton-John in den Siebzigern, und besorgen Sie sich eine Brennschere.
- Leuchtend scharlachroter, den Mund betonender Lippenstift ist ein Muss, ebenso ein schöner, dicker, schwarzer Augenbrauenstift und dicke Wimperntusche. Das Licht ist Ihr Gegner – vergessen Sie das nicht!
- Ich habe hier keinen Platz, um die Bewegungen detailliert zu beschreiben – tun Sie es einfach den anderen Mädchen nach. Viele der Figuren sind nur eine Variante des Auf-und-ab-Hüpfens und dazu da, Ihre Weiblichkeit

auf eine Weise zu unterstreichen, die das Publikum auch auf den weit entfernten Plätzen erkennen kann. Krasser möchte ich es nicht formulieren.

- Trinken Sie reichlich Wasser.
- Lächeln Sie, selbst wenn Sie erhitzt und müde sind und nach Hause wollen.

Pompons selbst gemacht

1. Aus Pappe zwei Donut-förmige Ringe von circa 30 cm Durchmesser ausschneiden.
2. Aufeinanderlegen und etliche Meter Absperrband um den Ring wickeln. Nächstes Bandstück jeweils anknoten, bis der Ring dick umwickelt ist.
3. Ein Blatt einer sehr scharfen Schere durch das Band zwischen die Pappringe stecken und diese rundum aufschlitzen (Abb. A).
4. Mit einem Stück Band in der Mitte zwischen den Pappringen gut festbinden (Abb. B).
5. Die Pappringe durchschneiden und abziehen und den fertigen Puschel ausschütteln.
6. Einen Griff anbringen.

** Cheerleading begann in den 1880er-Jahren an der Universität Princeton. **

Gut geblufft bei klassischer Musik

Als ich zur Schule ging, gab es eine Reihe Musiklehrer, die uns etwas Geschichte, einen Schuss Theorie und jede Menge Praxis vermittelten und das ganze Fach gleichzeitig als reines Vergnügen erscheinen ließen. Besonders gut erinnere ich mich an Mr George. Er war ein kleiner, weißhaariger Schotte mit kurzen Fingern und einem Tweedanzug, hatte ein Klavier über den Bergzug der Cairngorms geschoben und machte diesen Umstand – und nicht etwa seine Gewohnheit, 20 Capstan Full Strength am Tag zu rauchen – für sein Herzleiden verantwortlich. Man konnte sich eine Melodie ausdenken, sie ihm an den Tasten vorsummen, und er begleitete sie sofort in jedem gewünschten Stil von Brahms bis Boogie-Woogie. Er war ein *richtiger* Musiker und hatte es daher nicht nötig, sich durchzubluffen. Wenn Sie aber keine besonders gute Musikkennerin sind, können Sie schrecklich clever *scheinen*, indem Sie einfach leichthin ein paar dieser Grundfakten nachplappern.

Ein paar nützliche Zahlen und Fakten zum Musikbluffen

- *Mittelalter:* 400er–1500er. Ab den 800ern wird Musik schriftlich notiert. Mittelalterliche Mönche entwickeln den »gregorianischen Gesang«, also liturgische Musik ohne Instrumentalbegleitung. Noch keine elektrischen Gitarren. Hildegard von Bingen – Nonne, Mystikerin und Musikerin – schreibt Oratorien für ihre Nonnen.
- *Spätmittelalter – Renaissance:* 1300–1600. Die Zeit schiefer Melodien mit krächzender polyphoner Harmonie. Zink, Pommer, Sordine, Rackett, Krummhorn, über zwei Meter lange Trompeten und andere skurrile Instrumente spielten die Begleitmusik zum Über-die-Schulter-Werfen zahlreicher Hühnerbeine. Das ulkigste Instrument aller Zeiten ist das Serpent: eine Kreuzung zwischen einer riesigen Blutwurst, einem Staubsauger und einem Saxofon, das 1590 von dem Kanonikus Edmé Guillaume im französischen Auxerre erfunden wird. Jede Menge Kirchenmusik entsteht, führend ist Palestrina. Außerdem viele Komponistinnen, darunter so schicke Namen wie Lucrezia Orsina Vizzana. Die erste Oper – *La Dafne* – wird 1597 von Jacopo Peri komponiert. Einen wirklich guten Namen trägt der Lautenspieler Bálint Bakfark (1507–1576).
- *Barock:* 1600er. Die Musik wird lockiger und schlauer. Die Briten können Henry Purcell, Lady Mary Dering

und Giles Farnaby (ein Virtuose am Virginal) vorweisen, international führend sind aber zwei Deutsche: Johann Sebastian Bach und Georg Friedrich Händel. Dann nimmt Herr Händel die britische Staatsbürgerschaft an und zieht als Mr Handel nach Upper Brook Street Nummer 25 – direkt neben Jimi Hendrix, Nummer 23.

- *Klassik:* 1750–1820. Die ersten Sinfonien erscheinen. Ein paar wirklich alberne Namen auch, darunter Florian Leopold Gassmann, August Carl Ditters von Dittersdorf und die exotisch klingende Anna Amalia, Herzogin von Sachsen-Weimar-Eisenach, sowie Fanny Krumpholtz Pittar. Eine Unmenge zutiefst langweiliger Musik kommt auf den Markt. Eigentlich eine Zeit der Verflachung, aber mit einigen Goldkörnchen inmitten des Mülls: Mozart, Schubert, Haydn, Beethoven. Und auch Frauen – zu meiner Freude –, darunter Maria Anna Walburga Ignatia »Nannerl« Mozart: Wolfis langatmige Schwester.
- *Romantik:* 1820er–1910. Gehemmte Emotionalität und das Drama des Geschichtenerzählens. Ludwig Spohr, Franz Liszt und Frédéric Chopin sind Frühromantiker, typisch für die Spätphase sind Tschaikowsky sowie der Meister der King's Musick, Edward Elgar. Es gibt Mahler, *Richard* Strauß (nicht der Walzermann, ein anderer Typ) und wieder reichlich Frauen, darunter die toll klingende Constance Faunt Le Roy Runcie. Es tauchen erste Fotos von Musikern auf sowie Engelbert Humperdinck (1854–1921): nicht der Typ mit dem Mikrofon, sondern der mit der hohen Stirn und dem fantastisch lockigen Schnurrbart. Exzellent!
- *Moderne:* 1900er–heute. Stimmung, Atmosphäre, Gehemmtheit und ein kalkuliertes Umwerfen aller Traditionen. Hier nur einige Namen ohne bestimmte Reihenfolge: Berg, Bartók, Britten, Boulez, Ives, Debussy, Strawinsky, Ravel, Prokofjew und jede Menge mehr. Und sie machen immer noch weiter – auch die Frauen, unter

denen mein Lieblingsname, kurz und bündig, Meredith Monk ist. Sie sagt: »Ich arbeite zwischen den Ritzen.« Exzellente Meredith. Mein Liebling in der Quietschende-Tore-und-zerbrochenes-Glas-Schule ist Elliot Carter. Ich finde, er hat wirklich was. Hören Sie mal rein.

** Johann Sebastian Bach hatte zwanzig Kinder, von denen zehn im Kindesalter starben. **

Omas Barometer

Kennen Sie Michael Fish, der früher die Wettervorhersagen im Fernsehen machte? Er war für mehrere Sachen berühmt, darunter seine lebhaft gemusterten Sakkos, seine bescheuerte Frisur und meteorologische Prognosen im Stile Nostradamus' wie »Wolkenzusammenballungen an der Ostküste« und »Also gibt es rechtzeitig für Ascot viel Sonnenschein« oder »Vorhin hat offenbar eine Frau bei der BBC angerufen und gesagt, sie habe gehört, ein Orkan sei unterwegs. Nun, falls Sie zuschauen, machen Sie sich keine Sorgen, es kommt keiner«. Er sagte das, kurz bevor der schlimmste Sturm, der England seit 290 Jahren traf, sechs der sieben Eichen von Sevenoaks umriss, Strandhäuschen über die Straßen fegte, Häuser zum Einsturz brachte und 19 Menschen das Leben kostete.

Wetterfachleute scheinen häufig Probleme mit ihren Vorhersagen zu haben (selbst mit Computerhilfe), und ich finde, wir sollten auf die alten Zeiten zurückgreifen, als es Vorhersagen in gereimter Form gab. Ein roter Abendhimmel bedeutete immer begeisterte Schäfer, und wenn es in Rye trocken *(dry)* und in Goole kühl *(cool)* war, wussten in Lissingdown alle, dass sie einen Regenschirm mitnehmen mussten.

Meine Großmutter hatte zur Wettervorhersage immer Seetang an ihrer Hintertür hängen. Damit erstellte sie ihre Wetterprognosen: War der Seetang trocken, wusste sie, dass schönes Wetter war, war er aber nass, dann hatte es geregnet. Mir wurde schon recht früh klar, dass sie komplett verrückt war. Ich mochte sie aber wegen ihrer dicken Arme, ihrer rosa Wollstrickjacken und wegen der Pralinenschachteln, die sie immer mitbrachte. Sie hatte noch weitere »Wetterorakel« im Haus, und so macht man mein Lieblingsgerät.

Mr Strauss, der Wettermann

Einen Tannenzapfen in einen warmen Backofen stecken und herausnehmen, wenn er so trocken ist, dass die Schuppen weit geöffnet sind. Er ist jetzt ausgesprochen sensibel für Veränderungen der Luftfeuchtigkeit: Bei trockener Luft und schönem Wetter öffnen sich die Schuppen weit. Droht unbeständiges Wetter, schließen sich die Schuppen halb. Bei drohendem Regen ist der Zapfen fest geschlossen.

Was Sie brauchen

- *Einen Tannenzapfen*
- *Ein 5x5 cm großes Quadrat Wellpappe*
- *Ein Stück dicken weißen Karton*
- *Biegsamen, aber steifen Draht*
- *Zange*
- *PVA-Kleber oder Knetgummi*
- *Scharfes Bastelmesser*
- *Wasserfarben*

Anleitung

1. Zunächst drei Drahtstücke miteinander verzwirbeln und an einem Ende für die Füße auseinanderbiegen.
2. Die Füße auf ein Wellpappe-Quadrat kleben und trocknen lassen. Sie haben jetzt genug Zeit, sich die Nägel zu lackieren *und* eine Tasse Kaffee zu trinken.
3. Die Füße am Körper (dem Tannenzapfen) mit Knetgummiklümpchen (schneller) oder PVA-Kleber (stabiler) befestigen. Trocknen lassen.

4 Herrn Strauß' Hals und Kopf aus festem weißen Karton ausschneiden, mit fröhlich lächelndem Schnabel und Augen bemalen und dann das Halsende in einen Schlitz am unteren Zapfenende stecken. Schlitz mit einem scharfen Messer machen, aber auf die Finger aufpassen.

Mr Strauß ist ein fantastisches Geschenk für Kinder und ebenso zuverlässig wie Mr Fish.

** Seetang ist ein anderes Wort für Meeresalgen. **

Wildblumen erkennen

William Blake schrieb in einem seiner Gedichte über jemanden, der beim Wandern zwischen den grünen Blättern des Waldes hörte, wie eine Wildblume ein Lied sang. Dazu fällt mir jetzt wirklich nicht viel ein. Genauso gut hätte er über einen Chorknaben schreiben können, der wie ein Gänseblümchen aussah; das ergibt auch nicht mehr Sinn.

Egal, ich wollte ja mit Ihnen über Wildblumen reden. Wenn Sie sich die Illustrationen ansehen, sollten diese botanischen Anmerkungen Ihnen helfen, ein paar der interessanteren Exemplare zu identifizieren.

1 Die Glockenblume ist wirklich eine *tolle* Blume. Ich weiß, dass Rosen herrlich sind, aber diese typische Waldblume erblüht im Frühjahr und bedeckt riesige Flächen in schattigen Wäldern und Parks auf eine einzigartige Weise. In Sussex gibt es eine alte Dampfeisenbahn, die *Bluebell Railway*, und im Sommer kann man in einem Waggon zwischen hochklassigem weißen Damast und weißen Mittelklassemenschen sitzen und sich ein köstliches, teures Dinner bei Kerzenlicht servieren lassen, während der Zug tutend durch die dämmrige Landschaft tuckert.

Allerdings gibt es dann keine Glockenblumen weit und breit, denn die sind bis dahin alle welk und braun.

2 Klatschmohn ist mit seiner signalroten Blüte und dem behaarten Stängel unverkennbar. Als ich ein kleines Mädchen war, war Klatschmohn selten. Heute wächst er wie Unkraut an allen Straßenrändern. Als ich letztes Jahr einen Ausflug ins Blaue machte, fiel mir ein rotes Feld am Horizont auf. Es war ein von Klatschmohn überwuchertes Weizenfeld. Wer glaubt, dass man daraus Heroin macht, der irrt.

3 Leinkraut ist eine Sommerblume, die häufig auf verlassenen Flugplätzen oder am Fuß von Mauern wächst. Es ist eine von diesen Blumen, die meine Oma immer wütend ausriss und dabei schimpfte: »Elendes Unkraut!« Aber mir gefallen ihr Nonkonformismus und ihre fröhliche Unbekümmertheit. Eine Anarchistenblume.

4 Die Primel wird oft als Frühlingsbote bezeichnet, ist aber im Gegensatz zu Klatschmohn und Leinkraut immer seltener zu finden. Eine zarte, gelbe Blüte mit blattsalatartigem Grün.

5 Die zwischen Mai und Dezember blühende Margerite ist eine tolle Wiesenblume. Sie ist starkwüchsig und sieht mit ihren großen, wilden Blütenköpfen und gezähnten Blättern in einer Vase auf dem Küchentisch fantastisch aus.

6 Wenn Sie die Sumpfdotterblume nicht ohne Hilfe identifizieren können, gibt es in der Welt der botanischen Taxonomie keine Hoffnung für Sie. Was soll man sagen? Sie ist gelb mit irgendwie wachsartig glänzenden Blättern.

7 Der Aronstab ist eine ganz unverwechselbare, Schatten liebende Pflanze, die im April und Mai blüht. Die grünen Beeren am Blütenstand werden nach der Blüte leuchtend rot.

8 Charakteristische lila Striche und Punkte schmücken die rosa-weißen Blütenblätter des Knabenkrauts. Auch eine Sommerblume, die in Deutschland übrigens unter Naturschutz steht.

12. Geißblatt
5. Margerite
2. Klatschmohn
4. Primel
3. Leinkraut

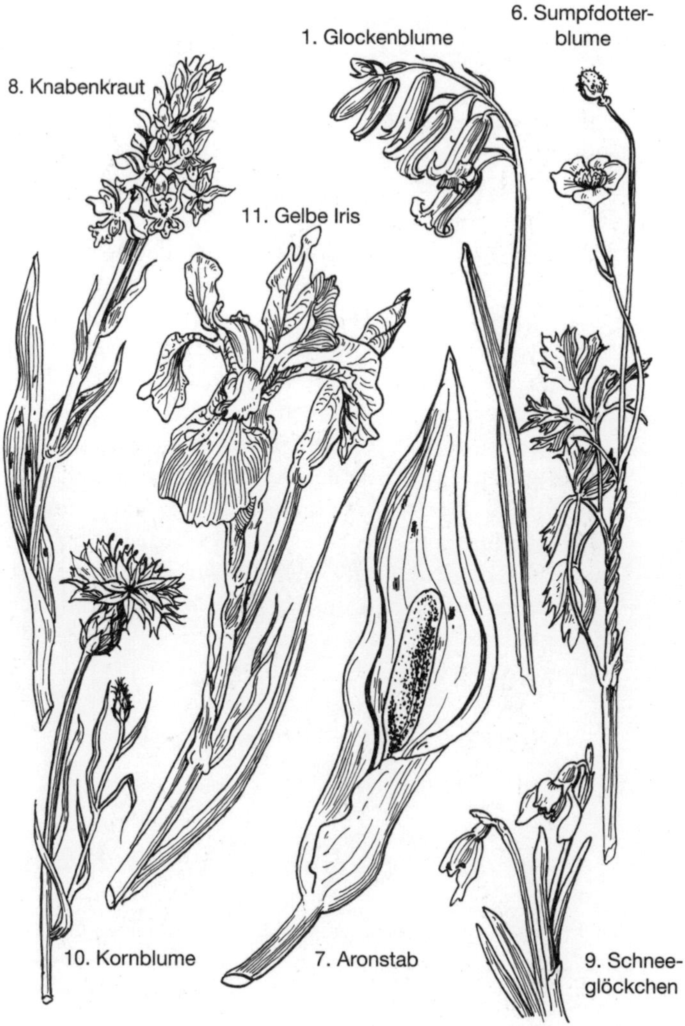
1. Glockenblume
6. Sumpfdotter-
blume
8. Knabenkraut
11. Gelbe Iris
10. Kornblume
7. Aronstab
9. Schnee-
glöckchen

9 Schneeglöckchen sehen eigentlich wie weiße Glockenblumen aus. Sie blühen sehr früh. Das ist alles.

10 Die Kornblume gehört zu den Flockenblumen und steht in Großbritannien unter Naturschutz. Sie besitzt leuchtend blaue runde Blüten und schmale graugrüne Blätter, die am Stängel hochwachsen. Sie blüht im Sommer, häufig auf mageren Böden. Ich hoffe, Sie bekommen eine zu Gesicht.

11 Die Gelbe Iris ist eine Iris, die gelb ist. Sie wächst gern an See- und Flussufern. Eine sehr schöne, eindrucksvolle Blume. Hochgewachsen, elegant und irgendwie mit dem Flamingo verwandt, so wie die Drossel irgendwie mit der Wespe und das Rotkehlchen mit der Biene verwandt ist. Sie blüht im Frühling und den ganzen Sommer.

12 Das Geißblatt oder Jelängerjelieber ist eine schlingende Kletterpflanze mit besonders für Schmetterlinge köstlich duftenden Blüten. Eine unbezweifelbar intellektuelle sommerblühende Pflanze mit Interesse an Philosophie und Musiktheorie. Man findet sie häufig in Hecken. Ich hatte aber auch eine an meinem Zaun, die irgendwann ganz seltsam und krank aussah. Ich habe ihr den Kopf abgerissen.

** Iris, Rose, Jasmin und Margarete sind beliebte Mädchennamen. Knabenkraut nicht. **

Schnitzanleitung für den Halloween-Kürbis

Wie herrlich ist es doch, an jedem 31. Oktober – auch bekannt als Halloween – drei gruselig verkleidete kleine Schurken vor der Tür zu finden, die unter Drohungen Geld erpressen. »Süßes oder Saures« erscheint mir als klassisches Dilemma: die Wahl zwischen zwei gleich unangenehmen Übeln. Diese Tradition könnte daher rühren, dass England schon seit Jahren Halloween und Mischief Night (4. November), den Tag, an dem jugendliche Scherzbolde ihren Nachbarn Streiche spielen – Ladenschilder vertauschen, Türen weißeln und Tore aushängen –, zusammenlegt.

Der Halloween-Kürbis ist das archetypische Symbol dieses herbstlichen Festes. Und so wird er gemacht:

Was Sie brauchen

- *Einen Kürbis von ansehnlicher Größe*
- *Einen Filzstift*
- *Ein scharfes Messer (auf die Finger aufpassen)*
- *Ein paar Teelichter*

Anleitung

1 Besorgen Sie sich einen Kürbis von ansehnlicher Größe.
2 Ein Gesicht auf die Schale zeichnen.
3 Den Kürbis skalpieren, um die Kerne herauszuholen. Ich bevorzuge einen sauberen Kreisschnitt, andere ziehen Zickzackschnitte vor.
4 Kerne und Membran mit den bloßen Händen herausholen. Eine ziemliche Schweinerei, wie sie Nichten und Neffen lieben. Die Kerne nicht wegwerfen, sondern von der »Schnur« abtrennen (nervtötend) und auf ein Backblech legen. Mit Salz bestreuen und bei niedriger Hitze knusprig backen. Sie schmecken lecker, aber passen Sie auf, dass sie Ihnen nicht verbrennen – passiert mir meistens.
5 Rund 99 Prozent der im Einzelhandel verkauften Kürbisse enden als Halloween-Laternen. Das Fruchtfleisch ist aber essbar und schmeckt gedünstet und mit Butter verfeinert köstlich.
6 Vorsichtig die aufgezeichneten Gesichtszüge ausschneiden: runde und aufwärtsgebogene Linien für freundliche, zackige und abwärtsgebogene Linien für böse Gesichter.
7 Einen witzigen »spuckenden« Kürbis erhält man, wenn man den Mund als großes Loch ausschneidet und Kerne

und Fasern durch diese Mundöffnung herauszieht. Ein sehr lebensechtes Arrangement, das Jungs sehr bewundern.

8 Ein paar Teelichter hineinstellen, warten, bis es dunkel wird, und Kerzen anzünden. Wenn Sie wollen, können Sie den Deckel wieder aufsetzen, je nachdem, ob Sie den Geruch nach verbranntem Kürbis mögen oder nicht.

** Eine Portion geröstete Kürbiskerne hat etwa 285 Kalorien. **

Selbst geknüpft: ein Makramee-Bikini

Makramee ist eine Art der Textilherstellung, die ohne Nadel oder Häkelnadel auskommt und keinen großen Maschinenpark erfordert, da sie ganz auf Knoten aufbaut. In dieser Hinsicht unterscheidet es sich vom Stricken und Weben. Die wichtigsten Makrameeknoten sind der Kreuzknoten sowie der ganze und doppelte halbe Schlag. Hanf ist das angesagte Material – das seilartige Zeug (nicht die Blätter natürlich, die zu überhaupt nichts gut sind und verbrannt werden sollten).

Makrameeverzierungen waren einst ein beliebter Zeitvertreib für lustige Matrosen in blauen Hosen zwischen Randalieren, Sextanten-Polieren und Shantys. Sie verzierten damit alle Ecken und Winkel auf dem Schiff und verbrachten Stunden damit, angestrengt über die Hängematte des Schiffsjungen Roger gebeugt, um eine Kurbel mit Makrameeverzierungen zu schmücken, bevor sie erschöpft in ihre Kojen fielen. Nun ja, wenn Ihr Leben aus kaum mehr als Rum, Krebsen und Ziehharmonika besteht, würden auch Sie jede Möglichkeit ergreifen, Ihrem Leben etwas mehr Fröhlichkeit einzuhauchen.

Es ist verbürgt, dass Seefahrer häufig darin wetteiferten, die kompliziertesten Makrameemuster herzustellen, und viele frohe Stunden damit zubrachten, ihre Messergriffe,

Flaschen und Ehefrauenprügel zu dekorieren. Nein, keine Ehefrauenprügel, das habe ich mir ausgedacht. Sie besserten ihr Einkommen auf, indem sie ihre Artefakte in Häfen in aller Welt verkauften. Falls sie großzügig waren, gaben sie einem Eingeborenenmädchen vielleicht etwas umsonst. Auf diese Weise gelangte die Kunst des Makramee in viele Kulturen auf der ganzen Welt. Zusammen mit den Pocken.

So wird geknotet

Zunächst besorgen Sie sich vier geeignete Bind-, Kordel- oder Hanffäden. Als Daumenregel rechnet man für eine Schnur das Zehnfache der fertigen Länge. Die Illustrationen zeigen die vier Schnüre: eine schwarz, eine schraffiert und in der Mitte zwei weiße. Diese zwei bleiben, wo sie sind, während Sie die Knoten knüpfen. Die beiden äußeren (schraffiert und schwarz) machen die ganze Arbeit.

Halber Schlag

1 Die (schwarze) Schnur rechts über die beiden mittleren (weißen) legen.
2 Unter die (schraffierte) Schnur links führen.

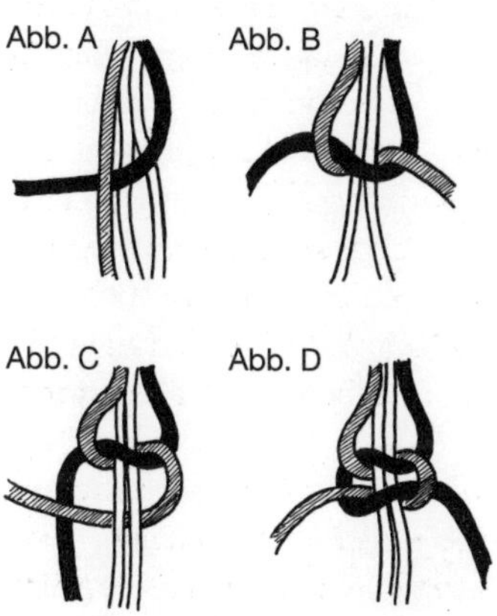

3 Die (schraffierte) linke Schnur unter die beiden weißen Schnüre (Abb. A) und dann nach oben durch die Schlaufe führen, die die weiße und die schwarze Schnur bilden (Abb. B). Ist das irgendwie verständlich?
4 Den Knoten durch vorsichtiges Ziehen an der schwarzen und der schraffierten Schnur anziehen.
5 Diesen Knoten ständig wiederholen, sodass eine Helix (Spirale) entsteht (Abb. C).
6 Zeit, ein Glas zu trinken.

Kreuzknoten

1 Einen halben Schlag machen wie oben.
2 Die schraffierte, jetzt rechts liegende Schnur hinter die beiden weißen Schnüre legen.
3 Links über die schwarze Schnur kreuzen.
4 Die schwarze Schnur in die rechte Schlinge führen, indem man sie über die weißen Schnüre und unter die schraffierte Schnur legt (Abb. D).
5 Den Knoten durch vorsichtiges Ziehen an der schwarzen und schraffierten Schnur strammziehen.

Nun ist es Zeit, Ihren Bikini zu machen, also legen Sie los. Wie, Sie hatten gedacht, ich gebe Ihnen Anweisungen? Hören Sie, ich habe eine Seite gebraucht, um zwei simple Knoten zu beschreiben. Sie müssen einfach Eigeninitiative zeigen. Oder machen Sie, was andere auch machen, nämlich ein Makramee-Armband. Kinderleicht!

* Itsy Bitsy Teenie Weenie Yellow Polka Dot Bikini
machte sich gut auf Portugiesisch. *

Die Welt der Harfe I: So spielt man Harfe

Als ich im Schulorchester Cello spielte, gab es drei Mädchen, die immer noch ihre Instrumente einpackten, wenn die Piccolos und Geigen schon längst nach Hause gegangen waren: Andrea Wernish an den Kesselpauken, die – glaube ich – Steueranwältin geworden ist, Olive St. John am Kontrabass (große Nase) und Gail Vaughan Williams, die angeblich mit dem verstorbenen Komponisten verwandt war. Gail war blond und schön, und wenn sie spielte, sah sie aus wie ein Engel. Leider machte sie sich mit ihrem pausenlosen lästerlichen Fluchen, ihrer bösartigen Zickigkeit und ihrem Pflanzen vernichtenden Körpergeruch keine Freunde. Aber an der Harfe sah sie gut aus.

Wegen ihres wunderbar sanften Klanges ist die Harfe das ideale Anfängerinstrument und zudem eines der wenigen, an denen Männer nicht sonderlich interessiert scheinen. Es klingt schon wunderschön, wenn man nur mit dem Daumen über die Saiten fährt, und selbst simple Anfängerstücke wie *A B March* und *Three Blind Mice* klingen gut. Ganz im Gegensatz zu Anfängern auf Waldhorn oder Geige, bei denen die Nachbarn mit Knarren auf der Matte stehen, bevor man Bartók sagen kann.

Falls Sie schon Klavier oder Orgel spielen können, ist das eine gute Voraussetzung, um Harfe zu lernen. Schließlich ist das Instrument im Grunde nur ein auf die Seite gestelltes Klavierinneres. Falls nicht, müssten Sie sich daran gewöhnen, zwei Notenschlüssel gleichzeitig zu lesen und die Töne mit beiden Händen zu erzeugen. In einer Art Wegweisersystem sind bei einer Harfe alle F-Saiten schwarz oder blau und alle C-Saiten rot oder orange. Das sollte Sie daran hindern, allzu sehr aus dem Ruder zu laufen. Ich kann mich allerdings nicht erinnern, dass Marisa Robles die Saiten anstarrt und mitzählt.

Anleitung

1 Fingernägel schneiden.
2 Die Harfe zwischen die Knie nehmen und zurückkippen, sodass sie an der rechten Schulter aufliegt.
3 Wenn Sie auf Ihre Füße schauen, sehen Sie vielleicht Pedale (wahrscheinlich sieben). Falls ja, haben Sie eine große Konzertharfe. Diese Pedale sind keine Gaspedale und Bremsen, wie manche Anfänger glauben; sie haben auch nicht die gleiche Aufgabe wie die Pedale am Klavier (die Noten zu halten oder zu dämpfen), sondern sind für den Tonartwechsel da.
4 Beginnen Sie zu zupfen. Der einzige Finger, den Sie zum Harfespielen nicht brauchen, ist der kleine. Sie sollten wissen, dass üblicherweise der Daumen die Nummer 1 trägt, der Zeigefinger die 2, der Mittelfinger die 3 und der Ringfinger die 4. Sie können den Klang variieren, indem Sie mit der Fingerkuppe zupfen (warmer, runder Ton) oder mit der Fingerspitze (heller, lauter), aber nicht mit dem Nagel.
5 Versuchen Sie Ihrer Rolle gerecht zu werden, indem Sie wie Gail Vaughan Williams die Augen schließen und die Ellbogen heben und senken. Wiegen Sie sich beim Spielen mit glatten, eleganten Bewegungen sachte vor und zurück, lassen Sie ein ätherisches Lächeln um Ihre Lippen spielen und Ihre Handgelenke ein wenig zittern.

Und das ist schon alles.

Hören Sie, wenn Sie erwartet haben, nach dem Lesen einer Fünf-Punkte-Anleitung die *Krumpholtz-Sonate* spielen zu können, muss ich Sie leider enttäuschen. In einem Buch wie diesem kann man wirklich nur die Grundlagen vermitteln.

** »Harpo« Marx' richtiger Name war Adolph. **

Die Welt der Harfe II: So baut man Windharfen

Die Windharfe ist eine dieser lästigen Sachen mit einem irreführenden Namen. Zwar hat sie Saiten, wird aber nicht gezupft, ist also auch keine Harfe. Sie wird vom Wind gespielt, der über ihre Saiten streicht, häufig im Fenster, und war das Instrument von Aeolus, dem griechischen Gott der Winde. Die Illustration zeigt, wie sie aussehen könnte, und wenn Sie eine machen wollen – tja, warum nicht? So geht's:

Was Sie brauchen

- *1 Schuhkarton mit Deckel*
- *1 Stück Wellpappe*
- *1 Bleistift*
- *1 Lineal*
- *PVA-Kleber*
- *1 scharfes Bastelmesser*
- *Ein paar Gummibänder*

Anleitung

1. Mit dem Bastelmesser kunstvolle geschweifte Schlitze in den Deckel schneiden und diesen auf den Karton legen.
2. Die Wellpappe in vier 2 cm breite Streifen schneiden und auf die Breite des Schuhkartons kürzen. Diese paarweise zusammenkleben und dann senkrecht an den Enden oben auf den Schuhkarton kleben (*siehe* Abbildung). Diese bilden die Stege.
3. Vier oder fünf Gummibänder über die Stege spannen. Die Bänder sollten straff sitzen, ohne den Karton zu verziehen. Lange, dünne sind am besten, und durch Zerschneiden und Zusammenknoten kürzerer Bänder können Sie die Länge verdoppeln. Experimentieren Sie ein bisschen. Am besten sind vier Bänder mit unterschiedlicher Spannung, aber selbst eine einsaitige Harfe erzeugt schon eine

süße Melodie von Tönen, die sich je nach Windstärke verändern.

4 Den Karton ins Fenster stellen. Schiebefenster kann man so weit herunterlassen, dass ein kleiner Zwischenraum über dem Karton entsteht, der den Wind kanalisiert. Zum selben Zweck kann man seitlich Kissen dazwischenstopfen.

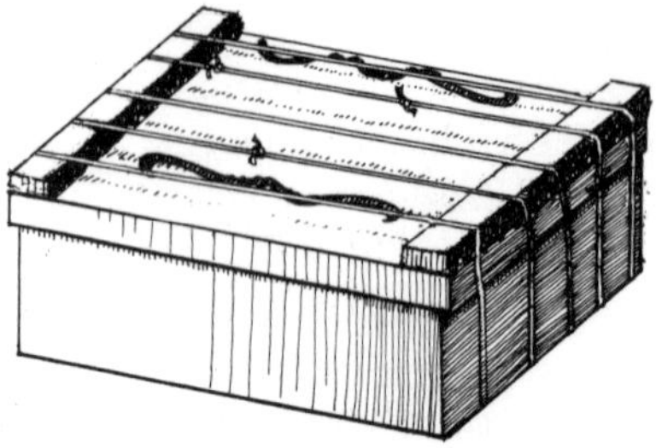

Nun lauschen Sie. Was normalerweise passiert, ist, dass nichts passiert, und Sie müssen ewig herumfummeln und Fenster, Karton, Gummibänder usw. justieren. Das nennt man Wissenschaft. Aber wenn es funktioniert, erklingt eine ätherische Musik, deren Gesang die tiefsten Schichten unseres Mandelkerns anspricht.

** Auf der Nordhalbkugel blasen die Winde stets im Uhrzeigersinn. **

Anleitung zum Blumenpressen

Es war einmal vor langer, langer Zeit, da gehörte Galanterie noch zum Alltag, Damen pressten noch Blumen, und Flüche im Fernsehen zogen Anfragen im Parlament nach sich, Männer waren noch Männer, und Frauen waren verkleidete Männer.

Wenn Sie diese vergangenen Zeiten heraufbeschwören und ein paar dieser lächelnden Dotterblumen und dergleichen mit einer altmodischen Blumenpresse bewahren wollen, erfahren Sie hier, wie es geht.

Was Sie brauchen

- *2 schwere Bretter*
- *Mehrere Blätter Löschpapier*
- *1 Blumenpresse (oder ein Auto)*

Anleitung

1. Gehen Sie mit der Blumenschere hinaus ins Grüne, und bringen Sie eine Auswahl von voll erblühten Blumen mit. Disteln, Kakteen und Blumenkohl lassen sich nicht so gut pressen, aber alle zarten einheimischen Blüten eignen sich wunderbar.
2. Ein Brett auf den Tisch legen, darauf fünf Lagen Löschpapier.
3. Die Blumen sorgfältig auf das Papier legen und die Blütenblätter ausbreiten.
4. Weitere fünf Blatt Papier darauflegen, danach wieder Blumen usw.
5. In die Blumenpresse legen. Falls Sie keine haben, können Sie improvisieren, indem Sie obenauf ein weiteres Brett und darauf ein paar schwere Steine platzieren. Oder noch besser: Fahren Sie ein Auto auf das Brett.
6. Etwa 30 Stunden so stehen lassen, dann die Blumen vorsichtig herausnehmen und in frisches Papier legen.
7. Noch einmal 48 Stunden pressen.

Sie können Ihre Blumen selbst auf Bretter aufkleben oder vom Fachmann rahmen und verglasen lassen, zusammen mit einem passenden Gedicht in Schönschrift.

Was könnte mehr entzücken?

** Die Wachsfigur von TV-Gärtner Alan Titchmarsh gehört zu den »abgegriffensten« bei Madame Tussaud. **

Das Geheimnis der Tierkreiszeichen

Tierkreiszeichen bieten unfehlbare Hinweise auf Eigenschaften und Zukunft eines Menschen. Ich glaube allerdings nicht daran, weil ich Waage bin und Waage-Menschen ausgesprochen skeptisch sind. Im Folgenden finden Sie die Tierkreiszeichen mit ihren diversen Eigenschaften und Charakteristika.

Widder (21. März – 20. April): Geborene Führer, die leicht reizbar sind. Jungfrauen und Skorpione sollten Sie meiden. Ihr Glücksstein ist der Saphir, Ihr Glücksfrühstück sind Cornflakes, Ihre Glückskrankheit ist nekrotisierende Fasziitis.

Stier (21. April – 20. Mai): Geduldig und verlässlich, aber möglicherweise gierig. Hüten Sie sich vor Waagen. Ihr Glücksstein ist Kiesel, Ihr Glückssandwich ist »All-day Breakfast«, Ihr Glücksspruch ist »Schönwetterdenken«.

Zwillinge (21. Mai – 20. Juni): Lebhaft, aber manchmal oberflächlich. Ihr Glücksstein ist der Nierenstein, Ihr Glücksladen ist Marks & Spencer, Ihre Glückskrankheit ist Hansen (Lepra).

Krebs (21. Juni – 20. Juli): Mitfühlend, aber gelegentlich launisch. Wassermänner sollten Sie meiden. Ihr Glückssandwich ist getrocknete Tomaten mit Halloumi, Ihr Glücksspruch ist »Frisch vorwärts«, Ihr Glücksplatz im Flugzeug ist 26F (neben Toilette *und* Notausgang).

Löwe (21. Juli – 21. August): Großzügig und kreativ, aber besserwisserisch. Ihr Glückskäse ist Wensleydale, Ihre Glückskrankheit ist Sydenham-Chorea, Ihr Glücksladen ist Millets.

Jungfrau (22. August – 22. September): Eine zuverlässige, schüchterne Pessimistin mit Neigung zur Hypochondrie (Sie klingen ja wie ein Ausbund an Fröhlichkeit, Mädel). Ihr Glückssong ist *Chirpy Chirpy Cheep Cheep*,

Ihre Glücksphilosophie ist Logischer Positivismus, Ihr Glückssandwich ist Krabben mit Mayonnaise.

Neurotiker (32. Septober – 91. Oktember): Kühn und zuversichtlich. Meiden Sie andere. Ihr Glücksfrühstück ist Müsli, Ihr Glücksspruch ist »Treuhänderische Verwahrung«, Ihr Glücks-Teilchenbeschleuniger ist CERN.

Waage (23. September – 22. Oktober): Sie wirbeln nicht gern Staub auf und flirten gern. Meiden Sie Stiere um jeden Preis. Ihr Glückskünstler ist Eric Ravilious, Ihr Glückssong ist *Shaddup Your Face* von Joe Dolce, Ihr Glücks-Schulfach ist Staatsbürgerkunde.

Skorpion (23. Oktober – 22. November): Aufregend und leidenschaftlich, neigt aber leicht zur Besessenheit. Ihre Glückskrankheit ist Neurofibromatosis, Ihr Glücksladen ist HMV, Ihr Glücksreiniger ist die WC-Ente.

Schütze (23. November – 20. Dezember): Optimistisch und fröhlich, neigt aber zu gesellschaftlichen Fauxpas. Meiden Sie Krebs. Ihr Glückskomponist ist Michael Tippett, Ihre Glücks-Alternativmedizin ist Urintherapie, Ihr Glücksroman ist *Auf der Suche nach der verlorenen Zeit*.

Steinbock (21. Dezember – 19. Januar): Ehrgeizig und witzig, aber ein grässlicher Geizhals. Meiden Sie Zwillinge und Löwen. Ihre Glücksunterhosen sind französische, Ihr Glückssandwich ist Käse-Schinken-Toast, Ihr Glücksastronaut ist Buzz Aldrin.

Wassermann (20. Januar – 18. Februar): Freundlich, aber man weiß nie, was Sie als Nächstes tun. Ihre Glückszahl ist 4226,6, Ihr Glücks-zu-Unrecht-Gehenkter ist Timothy Evans, Ihre Glückshandcreme ist E45.

Fische (20. Februar – 20. März): Gütig und sensibel, aber leicht zu betrügen. Ihr Glücksverkehrsschild ist »Fußgänger auf der Straße«, Ihr Glücksnachrichtensprecher ist Jon Snow, Ihre Glückskonserve ist Erbsensuppe.

** Unser heutiger Kalender wurde 1582 von Papst Gregor XIII. eingeführt. **

Wassermann

Fische

Widder

Stier

Zwillinge

Krebs

Löwe

Jungfrau

Waage

Skorpion

Schütze

Steinbock

VII

Anleitung zum Bösesein

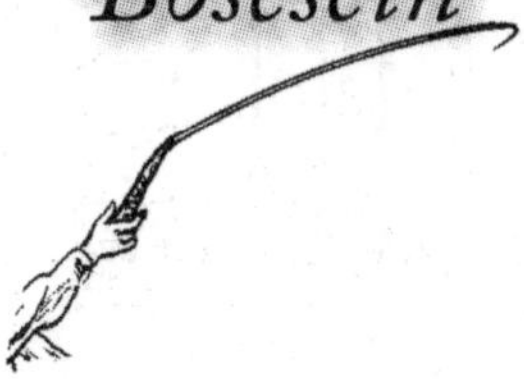

Alles, was ein wirklich freches Mädchen wissen muss

Ich bin Catwoman. Hört mich fauchen.
Catwoman

Bauchtanz für blutige Anfängerinnen

Den Bauchtanz umgibt ein Reiz des Geheimnisvollen, mit dem Holzschuh- oder Stangentanz einfach nicht mithalten können, und das Ganze wurzelt tief in der Geschichte. Es gibt sogar ein paar persische Miniaturen aus dem 12. Jahrhundert, die mittelöstliche Terpsichores dieser Art zeigen. Die Grundschritte bestehen aus einer Reihe sinnlicher Kreisbewegungen des einen oder anderen Körperteils, etwa der typischen langsamen »Hula-Hoop«-Bewegung der Hüften und dem frechen Beckenschwung. Charakteristisch sind auch ruckartige Kopfbewegungen vor- oder seitwärts sowie Hüftkreisen, Shimmys und die »türkischen Arme«. Geübtere balancieren zudem Körbe und Schwerter, von der üppigen Vielfalt ungewöhnlicher Vorführungen mit entblößtem Bauchnabel ganz zu schweigen. Aber seien wir ehrlich, ich habe hier nicht den Platz, aus Ihnen über Nacht eine Mata Hari zu machen, mit ein paar Grundkenntnissen sollten Sie aber in der Lage sein, sich auf den Küchenfliesen oder dem Schlafzimmerteppich ganz gut zu behaupten.

Kostüm

Zunächst müssen Sie sich entsprechend anziehen. Sie brauchen zwei oder drei Meter Chiffon oder Seide oder Ähnliches für den Schleier. Folkloristische Armreifen sind ein Muss, und Sie müssen sich eines dieser winzigen Hütchen besorgen, die wie ein strassbesetzter Dutt oben auf Ihrem Kopf sitzen. Ein hinreißendes, perlmuttig-metallisches BH-Teil mit baumelnden Münzen verleiht Ihnen den richtigen Touch. Angesagt ist auch eine dünne, juwelenbesetzte Hose, über die gesamte Beinlänge geschlitzt und aus fließendem Stoff. Ich habe es mal mit den glimmerverzierten Sporthosen meines Bruders probiert, in die ich ein Stück alte Tüllgardine gestopft hatte, aber das ließ doch reizmäßig einiges zu wünschen übrig.

Außerdem brauchen Sie zwei Sätze Zimbeln (jene winzigen Fingerglöckchen, die mit Gummis an Daumen und Mittelfinger beider Hände befestigt werden). Das meiste davon bekommt man in Spezialläden, Sie können aber auch improvisieren; das hängt von Ihrem Ehrgeiz ab und davon, was Sie in Ihrem Kleiderschrank und auf dem Toilettentisch vorfinden. Wenn Sie authentisch wirken wollen, ist langes Haar besser als kurzes, ebenso jede Menge schwarzer Lidstrich.

Ein Wort zum Nippelschmuck

Streng genommen hat Nippelschmuck beim traditionellen Bauchtanz nichts zu suchen. Dank der zunehmenden Popularität der sogenannten »exotischen Tänze« kann man ihn meiner Meinung nach aber durchaus als passendes Accessoire betrachten. Der Schmuck besteht aus zwei Teilen: den kleinen konischen Hütchen – auch Pasties genannt – und den Troddeln, sodass die verarmte Revuetänzerin sparen und nur ein einziges Paar Troddeln mit den verschiedensten Pasties kombinieren kann.

Das Anbringen der Pasties ist gleichermaßen eine Kunst wie eine Wissenschaft, und der Klebstoff der Wahl ist Mastix (Gummiarabikum). Das ist das Zeug, mit dem sich Schauspieler ihre falschen Bärte ankleben; es hält gut und greift die Haut nicht an. Meine Experimente mit Kaugummi und Klebeband sorgten zwar zugegebenermaßen für festen Halt, beim Abnehmen klang es aber, als würde man einen halben Meter Baumwollstoff zerreißen, und mir schoss das Wasser in die Augen.

Sobald Sie die kleinen Schätzchen angelegt haben, müssen Sie das Wirbeln üben. Dafür gibt es zwei Grundtechniken. Die erste ist die, die Hände hinter den Kopf zu legen und sich auf und ab zu bewegen. Die Troddeln sollten bald zu rotieren beginnen, und Sie werden bemerken, dass beide zur Mitte hin kreisen. Falls sie in der gleichen Richtung kreisen sollen, müssen Sie die Technik variieren, indem Sie sich mit den Händen auf den Knien vorbeugen. Nun reiben Sie die Hände abwechselnd rechts und links an den Oberschenkeln auf und ab und richten sich gleichzeitig langsam auf. Ich gebe zu, dass beide Techniken insofern problematisch sind, als es ihnen an Glamour gebricht – besonders die erste, bei der Sie aussehen, als ob Sie ohne fachgerecht abgestützte Oberweite einem Bus hinterherrennen. Eine Alternative wäre, dass Sie versuchen, die Arme zu heben, erst den linken, dann den rechten. So sollte Ihnen eine schöne Kreiselbewegung – in entgegengesetzten Richtungen – gelingen, ohne die Haltung zu verlieren.

Ein paar simple Bauchtanzbewegungen

- *Grundposition:* Stellen Sie sich mit eingezogenem Bauch und herausgedrückter Brust hin. Halten Sie den Kopf hoch. Strecken Sie die Arme vor der Brust aus, als wollten Sie einen Briefkasten umarmen. Lassen Sie zwischen den Händen etwa 30 cm Zwischenraum und strecken das linke Bein vor, als wollten Sie losgehen. Verlagern Sie das Gewicht hauptsächlich aufs rechte Bein, dessen Knie leicht gebeugt sein sollte. Die linke Hüfte (die, an der das vorgestreckte Bein sitzt) ist die Hüfte, mit der die Wackelei beginnt.
- *Beckenschieben:* Die Hüften vor- und zurückbewegen und in der Taille mitschwingen. Dies ist keine Auf-und-ab-Bewegung; denken Sie eher an eine Waschmaschine im Spülgang als an einen Hüpfball. Halten Sie Beine und Oberkörper relativ ruhig, und schieben Sie die linke Hüfte nach vorn und die rechte nach hinten, dann umgekehrt.
- *Beckenkippe:* Die möglicherweise verführerischste Bauchtanzbewegung. Aus der Grundposition das linke Bein wieder parallel zum rechten stellen und den Po vorwärts- und aufwärtsschieben, sodass der Beckenboden sich in Pfeilrichtung hebt (Abb. A). Dann in umgekehrter Rich-

tung, sodass der Po sich wieder herausstreckt (Abb. B). Kombinieren Sie diese Schwünge folgendermaßen mit gebeugten Knien: Machen Sie drei Beckenkippen hintereinander, wobei Sie durch Beugen der Knie jedes Mal etwas tiefer kommen, dann wieder strecken. Diese Bewegung mehrmals wiederholen. Aber macht das um Himmels willen sensibel, Mädels, sonst seht ihr nicht wie Salome aus, sondern wie eine Schöne der Nacht. Das Tempo dieser Bewegung lässt sich je nach Takt der Musik variieren. Lassen Sie sich nicht von $^{9}/_{8}$-Rhythmen irritieren, zählen Sie einfach so: 1,2 / 3,4 / 5,6 / 7,8,9 und so weiter. Im geheimnisvollen Orient wiegen Mütter ihre Babys zu solchen Rhythmen.

- *Schulterschieben:* Eine sehr einfache, aber verführerische Bewegung. Die linke Schulter nach vorn, die rechte nach hinten schieben, dann umgekehrt. Versuchen Sie, dabei nicht auszusehen wie der Comedian Les Dawson in Frauenkleidern, der es sich bequem macht. Langsam und sinnlich soll es sein.
- *Bauchschwung:* Eine tolle Bauchübung. Erst den Bauch herausstrecken – aber nicht zu weit, sonst sehen Sie aus wie Buddha. Dann den Bauch einziehen und eingezogen

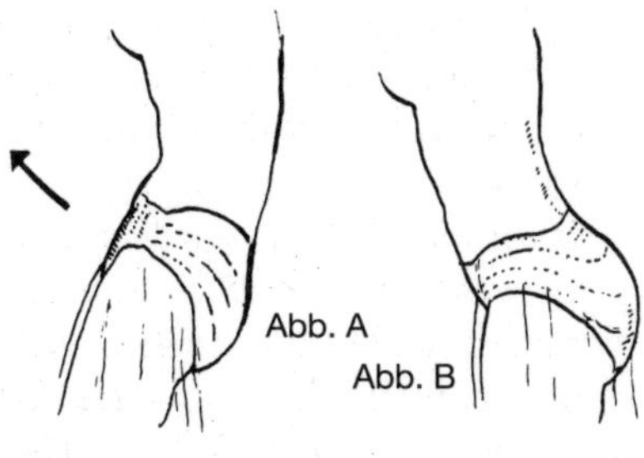

lassen, während Sie die Brust herausstrecken. Danach Brustkasten senken und Bauch wieder herausstrecken. Falls Sie es schaffen, Ihren Bauch (bzw. das Zwerchfell) vibrieren zu lassen, dann legen Sie los.

- *Schleier ablegen:* Im Grunde schwenken Sie bei dieser Bewegung Ihre Arme abwechselnd in einer großen Acht, während Sie den Schleier lösen. Es ist ein bisschen, als würden Sie sich gleichzeitig den Kopf tätscheln und den Bauch reiben, fürchte ich. Wenn also alles schiefgeht, lassen Sie sich nicht entmutigen. Falls Sie die Sache tatsächlich hinbekommen, können Sie sie mit allen oben beschriebenen Bewegungen kombinieren.

Nichts könnte einfacher sein.

** Der 1. internationale Bauchtanzkongress fand 2007 in Bognor Regis statt. **

Schlangenbeschwörung

Das Schlangenbeschwören ist schon seit einiger Zeit vom Aussterben bedroht, teils weil es in Indien *(oder hier)* nicht leicht ist, eine Kobra zu halten, und teils wegen militanter Tierschützer, die das für grausam halten. Wenn Sie es aber jemals versuchen wollen: Hier steht, wie es geht.

Besorgen Sie sich zunächst eine Kobra. Es gibt etwa 16 Arten, und alle sind giftig (manche allerdings mehr als andere). Beschaffen Sie sich eine weniger giftige (fragen Sie den Mann im Laden). Dies ist die Stelle für den Warnhinweis: Schlangenbisse sind immer schlimm und können gelegentlich tödlich wirken. Also üben Sie mit sich auf der einen Seite einer großen Glasscheibe und der Schlange (und einem professionellen Schlangenbeschwörer) auf der anderen. Falls *er* gebissen wird, ist das sein Problem.

Was Sie brauchen
(außer der Schlange, natürlich)

- *1 Deckelkorb (wie Sie ihn aus Filmen kennen)*
- *1* pungi *(ein flötenähnliches Instrument, das aus einem Flaschenkürbis gemacht wird)*

Kleidung

Die traditionelle Kleidung besteht aus einem weißen Turban, Ohrringen und einer Muschelkette plus Lendentuch und nacktem Oberkörper. In Ihrem Fall jedoch – als Dame weiblichen Geschlechts – ist ein Lurexbadeanzug wahrscheinlich die richtige Wahl.

Anleitung

1 Kostümieren Sie sich, stecken Sie die Schlange in ihren Korb, und hängen Sie sich diesen an einem Bambusstab über die Schulter.

2 Nun bauen Sie Ihre Sachen vor einem Supermarkt oder sonst irgendwo auf, wo Sie mit Publikum rechnen können, und setzen sich im Schneidersitz vor den Korb.

3 Nehmen Sie den Deckel ab, und beginnen Sie, Ihre *pungi* zu spielen. Die Schlange wird langsam herauskommen und vielleicht ihre Haube ausbreiten. Das geschieht, ohne dass Sie viel dazu tun müssen, denn wenn eine Schlange eine Weile in einem Korb gewesen ist und man dann den Deckel abnimmt, wird sie sich natürlich aufrichten, als sei sie aus einem Schlummer im Herrenclub erwacht. Das Aufrichten ist ihre natürliche Verteidigungsstellung, ebenso das Ausbreiten der Haube.

4 Spielen Sie weiter und wiegen Sie sich dabei hin und her. Die Schlange wird es Ihnen nachtun, scheinbar durch die Musik hypnotisiert. In Wirklichkeit hören Schlangen nicht so wie wir, reagieren aber auf Erschütterungen. Außerdem reagieren sie auf Bewegungen und wiegen sich folglich mit der Flöte hin und her.

5 Kobras sind von Natur aus defensiv, und Sie müssten Ihre Schlange schon sehr provozieren, damit Sie sie beißt (nicht, dass Sie das wollten). Lieber richten sie sich auf, ohne zuzubeißen, und tun das in der Natur häufig recht lange, selbst wenn sie in die Enge getrieben sind. Außerdem ist die *pungi* ein hartes kleines Instrument, und wenn sie erst ein paar Mal gebissen worden ist, erteilt sie Ihrer Schlange eine nützliche Lektion über die Natur von Giftzähnen gegen harten alten Kürbis. Auf jeden Fall sollten Sie außerhalb der Bissweite sitzen, die nur etwa ⅓ der Körperlänge einer Kobra beträgt. Eigentlich selbstverständlich. Sobald Sie etwas geübt sind, können Sie, wenn Sie wollen, Ihre Schlange sogar von oben auf den Kopf küssen. Im Gegensatz zu anderen Schlangen greifen Kobras nach unten an und können nichts beißen, was sich über ihnen befindet. Sobald Sie Ihre Schlange kennen, merken Sie ohnehin, wann sie genug hat und Sie beißen will.
6 Um die Schlange zur Rückkehr in den Korb zu bewegen, hören Sie einfach auf, mit der Flöte zu wedeln, und sie wird in die Sicherheit und Geborgenheit ihres kühlen Korbes zurücksinken.

Ich weiß gar nicht, warum das nicht mehr Leute machen.

** Turbane wurden ursprünglich angefeuchtet,*
*um in der Hitze der Wüste den Kopf zu kühlen. **

Vom Umgang mit Peitschen

Wir alle erinnern uns an Doris Day (nicht wahr?) in ihrem wunderbaren Calamity-Jane-Outfit mit Stiefeln und Kappe und Troddeln, wie sie diesen Song schmettert: »*Oh! The Deadwood Stage is a headin' on over the hills, where the Injun arrows are thicker than porcupine quills.*« So politisch inkorrekt uns das ganze Szenario heute vorkommt, kann man doch Doris' Peitschenknall-Technik nur bewundern. Und den Männern hat es anscheinend auch gefallen.

Es ist gar nichts Geheimnisvolles daran. Wenn Sie einen Teppich ausklopfen können, können Sie auch mit der Peitsche knallen, und es gibt keinen Grund, warum Sie das Peitschenknallen im Zirkus- oder Zigeunerstil (vertikal) nicht in wenigen Minuten beherrschen sollten.

Ausrüstung

Peitschen gibt es von etwa 1,20 bis 8 Meter Länge, und die besten werden aus Känguruleder gefertigt. Sie bestehen aus vier Stücken in drei Teilen: dem Griff, der »Klatsche« (der ausgefransten Spitze, die den Knall erzeugt) und der zweiteiligen Schnur, dem »Schlag«. Es ist wichtig, eine gute Peitsche zu nehmen. Billigen oder leichten Peitschen fehlt das nötige Gewicht, um die unerlässliche Schlinge zu bilden (*siehe* unten).

Was Sie brauchen

- *1 Peitsche (versuchen Sie es mit einer 3–4 m langen Peitsche; es gibt sie in diversen Onlineshops)*
- *Sonnenbrille (cool) oder Schutzbrille (uncool), um die Augen zu schützen*
- *Handschuhe*
- *Jeans und langärmeliges Hemd*

Wie man mit der Peitsche knallt

Die Anleitung ist für Rechtshänder. Falls Sie keiner sind, gehen Sie umgekehrt vor. Der Peitschenknall unserer Wahl ist der im Zigeunerstil nach vorn gerichtete; er ist relativ ungefährlich, sehr laut und ziemlich akkurat.

1 Nehmen Sie die Peitsche in die rechte Hand, und halten Sie sie *gerade* nach hinten, damit Sie beim Vorschnellen

nicht Ihr Bein erwischen. Der rechte Arm sollte gerade herunterhängen, der Daumen zum Boden weisen.

2 *Der Aufwärtsschwung:* Schwingen Sie den rechten Arm in einer fließenden Aufwärtsbewegung nach vorn, sodass die Hand bei stark gebeugtem Ellbogen über die Schulter kommt und auf das Ziel zeigt (etwa eine Blechbüchse auf einem Zaunpfahl) und die Handfläche neben Ihrem rechten Ohr ist (Abb. A). Die Peitsche sollte durch den Aufwärtsschwung vollständig ausgestreckt sein, und das ist eine Frage der Geschwindigkeit. Während Sie den Aufwärtsschwung üben, lassen Sie die Peitsche hinter sich fallen, ohne sie ganz durchzuziehen. Aber flüssig bitte – nicht ruckartig.

3 *Durchziehen:* Wenn die Klatsche hinter Ihnen nach unten fällt, treten Sie mit dem linken Bein vor und schleudern gleichzeitig die Peitsche nach vorn. Halten Sie den Daumen auf gleicher Position (Handfläche weist zum Ohr), und lassen Sie das Handgelenk vorschnellen, als

Abb. A

Abb. B

würden Sie eine Angelschnur auswerfen. Sie zielen, indem Sie mit dem Daumen auf das Ziel zeigen und dann in diese Richtung durchziehen. (Diese Technik lässt sich am besten mit einem Ziel üben.) Wenn Sie die Peitsche schleudern, fliegt die Schnur in einer typischen Schlinge über Ihre Schulter *(siehe unten Punkt 4)*. Die meisten Anfänger ziehen zu weit durch und schleudern die Peitsche, bis sie auf den Boden schlägt. Um das zu vermeiden, versuchen Sie, so zu schlagen, dass Hand und Arm aufs Ziel weisen. Nicht mit der Peitsche nach hinten schnalzen. Davon knallt sie nicht.

4 *Die Schlinge:* Die Schlinge ist das Entscheidende. Keine Schlinge, kein Knall. Wenn Sie die Peitsche hochschwingen und Ihr Handgelenk am Ohr positionieren, schwingt die Klatsche herab und nach vorn unter Ihren Ellbogen. Wenn Sie jetzt mit der Peitsche schnalzen, wird die Spitze an Ihnen vorbei nach vorn fliegen und die Schlinge bilden (Abb. B).

Sicherheit

Die Klatsche kann beim Schleudern über 1000 km/h schnell werden, und wahrscheinlich treffen Sie ab und zu Ihre Beine, aber wenn Sie sich etwas bedeckt halten, tun Sie sich nicht weh. Man kann damit auch Steinchen auflesen und in der Gegend herumschleudern. Zielen Sie nicht auf Menschen. Halten Sie sich im Gegenteil weit entfernt von ihnen, wenn Sie draußen üben. Achten Sie sehr darauf, wohin Sie die Peitsche schleudern. Eine Peitsche reicht weiter, als Sie denken (vor allem hinter Ihnen).

Drinnen ist eine lange Peitsche wahrscheinlich etwas viel. Vielleicht wäre eine kurze Reitgerte besser, zusammen mit Lederkappe, hohen schwarzen Stiefeln und einem Lycra-Catsuit. Kommt ganz darauf an, was Sie vorhaben.

** Doris Days richtiger Name: Doris Mary Ann von Kappelhoff. **

Glamouröser Auftritt im Beiwagen

Sie sind vielleicht zu jung, um sich noch an Beiwagen zu erinnern, die wie Waschbretter und Petticoats praktisch ausgestorben sind. Ein Beiwagen war eine Art starre, projektilförmige Blase, gerade groß genug für eine Freundin, an einem Motorrad befestigt und auf der Straßenseite hinten von einem eigenen kleinen Rad gestützt. Wenn frau bei nassem Wetter im Beiwagen unterwegs war, konnte sie sich eine Art Kinderwagenhaube mit einem Plastikfenster vorn über den Kopf ziehen und in Ruhe vor sich hindampfen, während sie über Straßen, Alleen oder Feldwege ihrem Ziel entgegenschoss.

Heute sieht man noch gelegentlich einen Beiwagen durch die Gegend sausen, in dem die Beifahrerin in warme Decken gehüllt sitzt. Endlich ist auch die Kommunikation mit dem Fahrer mittels Mikrofon möglich, eine deutliche Verbesserung gegenüber den alten Zeiten, als frau warten musste, bis ihr Freund von sich aus anhielt, bevor sie mit ihm sprechen konnte, egal, wie dringend die Sache war.

Falls Sie sich plötzlich zu einem Ausflug im Beiwagen gezwungen sehen, sollten Sie eng anliegende Kleidung tragen: Jeans und eine enge, windundurchlässige Jacke sind empfehlenswert. An die Füße gehören Turnschuhe oder etwas ähnlich Praktisches. Außerdem brauchen Sie einen Motorradhelm und vielleicht auch eine Schutzbrille, damit Ihre Augen nicht tränen wie ein Wasserfall. Falls Sie lange Haare haben, binden Sie sie fest zusammen, denn sonst steigen Sie mit einer Frisur wie ein waagerechter Hexenbesen aus. Außerdem kann der Sitz nach etwa 30 Meilen etwas unbequem werden – ein weiches Kissen hilft ein bisschen.

Wenn ich es mir recht überlege, ist es wohl *nicht* möglich, im Beiwagen glamourös auszusehen. Nein, alles in allem und genau genommen macht es wahrscheinlich genauso viel Spaß, Musik aufzulegen, Kerzen anzuzünden und sich stattdessen mit einem Cocktail namens Sidecar hinzusetzen. Und so wird er gemacht:

Zutaten

- *6 cl Weinbrand oder Cognac*
- *3 cl Cointreau*
- *3 cl Zitronensaft*

Anleitung

1 Die Zutaten mit reichlich Eis im Shaker schütteln.
2 Umrühren und in ein Glas mit Zuckerrand seihen.
3 Trinken.

Ja, das ist die bessere Idee.

** Der London Sidecar Club besteht seit 1950. **

Wie man einem Mann blitzschnell das Hemd auszieht

Einer der dreistesten Schwindel aller Zeiten – der Hemdenraub – war eine Lieblingsnummer aller Music-Hall-Duos vergangener Zeiten. Es ist einer der lustigsten Bühnentricks, den Sie je sehen werden, und im Gegensatz zur Befreiung aus einer Zwangsjacke in einem Postsack ist es ein Salonstück, das sich besonders gut für Damen eignet. Hier ist meine spezielle postmoderne Variante, geeignet für geschlossene Gesellschaften, Betriebsfeiern oder Familientreffen.

Der Effekt

Nach vergnügtem Bauchtanz oder dem Absingen von ein oder zwei sentimentalen Liedern bitten Sie einen distinguiert wirkenden Gentleman, Ihnen bei einem kleinen Experiment zu assistieren. Wenn er unter höflichem Applaus vortritt, loben Sie seine schicke Kleidung und fragen, ob Sie sich seine Krawatte ausleihen dürfen. Da er nicht unhöflich erscheinen möchte, sagt er Ja. Sie lösen nun die Krawatte und ziehen sie ihm langsam und verführerisch ab. Das sollte ein erwartungsfrohes Murmeln auslösen, das plötzlich abbricht, wenn Sie eine gefährlich aussehende Garten- oder Küchenschere hervorziehen.

Sie ignorieren den Ausdruck schierer Panik auf dem Gesicht Ihres Gentleman und verkünden mit lauter, aber etwas unsicherer Stimme: »Das Abschneiden und Wiederzusammensetzen einer Krawatte ist ein sehr schwieriger Trick für eine Dame. Und häufig misslingt er.« In diesem Moment holt sich Ihr Mitspieler seine Krawatte zurück und beginnt, sie aufzurollen. Sie gucken beleidigt und sagen: »Na schön, dann nehme ich eben das Hemd«, ergreifen sein Hemd am Kragen und ziehen es ihm plötzlich über den Kopf, sodass er barbrüstig nur im Jackett dasteht und ihm sämtliche Haare zu Berge stehen.

Vorbereitung

Ihr Mitspieler ist – wie Ihre Zuschauer mittlerweile wahrscheinlich vermuten – in Wirklichkeit Ihr Assistent. Am besten eignen sich für diesen Streich seriös wirkende Herren mittleren Alters. Onkel und andere männliche Verwandte lassen sich oft dazu überreden, aber auch völlig Fremde, wenn Sie etwas mit den Wimpern klimpern. Offenbar mögen sie das Rampenlicht ebenso wie den Trick. Einige genießen es vielleicht auch, sich in aller Öffentlichkeit von einer Dame die Kleider vom Leib reißen zu lassen, aber lassen wir das.

Natürlich braucht man dazu etwas Vorbereitung. Kurz zuvor schleichen Sie beide sich davon, um alles zu regeln. Sobald Sie an einem abgeschiedenen Ort sind, bitten Sie Ihren Verbündeten, Jackett, Hemd und Krawatte abzulegen. Machen Sie ihm vorher klar, warum Sie ihn darum bitten; schließlich wollen Sie keine unerwünschten Nebenwirkungen. Andererseits, wenn er wirklich hinreißend ist, wäre es unsinnig, auf seinen Prinzipien zu beharren …

Egal, wieder zur Sache. Legen Sie ihm das Hemd über die Schultern, und knöpfen Sie den zweiten und dritten Knopf zu. Die Ärmel hängen über die Arme herunter, und er muss die Manschetten gut festhalten, wenn er das Jackett anzieht. Dann die Manschetten um die Handgelenke legen, aber nicht zuknöpfen. Den Hemdensaum nach hinten herumziehen und unter den Jackettrücken stecken, danach das Jackett vorn zuknöpfen.

Nun bitten Sie Ihren Komplizen, seine Krawatte umzubinden und festzuziehen, aber den obersten Hemdknopf offen zu lassen. Jetzt die Krawatte ordentlich ins Jackett stecken, und solange er sich nicht allzu viel bewegt, müsste eigentlich alles ganz normal aussehen. Es ist unfair, einen Mann länger als ein paar Minuten in diesem Zustand zu lassen, also warten Sie nicht ewig mit dem Beginn Ihrer Vorstellung.

Vorstellung

Befolgen Sie die obigen Anweisungen, und wenn der Zeitpunkt gekommen ist, wo Sie ihm schließlich das Hemd ausziehen, stellen Sie sich Ihrem Assistenten gegenüber. Seine Arme hängen locker herunter. Knöpfen Sie rasch seinen zweiten und dritten Hemdknopf auf, und greifen Sie mit beiden Händen fest in seinen Hemdkragen. Dann ziehen Sie ihm das Hemd mit einem Ruck über den Kopf. Er muss sich dabei vorbeugen und stillstehen. Die Hemdärmel hängen häufig fest, geben jedoch bei energischem, festem Ziehen nach. Aber versuchen Sie, die Sache glatt durchzuziehen – wenn Sie sich verzweifelt festklammern, während Ihr Assistent sich ein entwürdigendes Tauziehen mit Ihnen liefert, verdirbt das den Effekt.

Wenn Sie das Hemd ausziehen, werden Ihre Zuschauer beifällige Schreie ausstoßen, dazu ein paar Pfiffe (falls Ihr

Assistent eine pfeifwürdige Brust hat). Bevor das Gejohle verebbt, schütteln Sie Ihrem Partner die Hand und geben ihm das Hemd zurück. Falls Ihr Publikum begriffen hat, dass er ein Verbündeter ist, wird das die Begeisterung nur steigern, also machen Sie das Beste daraus. Bitten Sie um Applaus für seine Mitarbeit und baden Sie gemeinsam darin.

* *Abnehmbare Kragen wurden 1827 in Troy, New York, erfunden.* *

Der rasierte Mann

Sollten Sie sich entschließen, einen Mann zu rasieren, sehen Sie ihn sich besser zunächst genauer an. Sie haben bestimmt schon bemerkt, dass die Gesichtsbehaarung bei den Männern ganz unterschiedlich sprießt. Manche haben einen kräftigen Schnurrbartwuchs, aber wenig Bartpotenzial, andere können sich Koteletten wie Fußmatten wachsen lassen, haben aber nur die allerwinzigste Schnurrbartlatenz. Ein paar wiederum sind behaart wie Bären, und ihnen wächst stündlich dichtes Gestrüpp auf Schultern, Brust, Ohren, Beinen, Bauch – *überall.* Bei solchen Typen ist ein Rasenmäher die einzige Lösung, denn denen sprießt ein Dreitagebart bereits nach wenigen Minuten. Häufig ist allerdings der Kopf davon ausgenommen. Komische Sache, dass ansonsten behaarte Männer häufig da so kahl sind wie Pingpongbälle.

Die Sache ist die: Sie brauchen nicht Ewigkeiten die Bäckchen eines Mannes zu rasieren, der nur ein paar Kinnhärchen hat. Konzentrieren Sie Ihre Anstrengungen dort, wo sie am meisten nötig sind. Diese Anleitung gilt übrigens nur für die Rasur im *Gesicht* eines Mannes.

Anleitung

1 Zunächst einmal geben Sie sich nicht mit gedämpftem Licht, aromatischen Ölen, Kerzen und entspannender Musik ab. Das ist schließlich ein *Mann*. Meiner Erfahrung nach bevorzugen sie einen harten Stuhl mit Blick auf den Sportkanal und eine so helle Beleuchtung, dass sie ihr Bier richtig sehen können. Natürlich müssen Sie ein Kissen oder zusammengerolltes Handtuch oder so etwas unter seinen Nacken legen. Am besten geht es, wenn er sich leicht schräg zurücklehnt. Nach Möglichkeit soll er die Augen schließen – viel Glück.

2 Sein Gesicht gründlich mit normaler Seife waschen. Das entfernt nicht nur die Motorradschmiere, sondern weicht auch die Stoppeln ein.

3 Vorbereitung ist der Schlüssel zum Erfolg. Der Bart muss so weich sein, wie es nur geht, und Sie sollten dabei genau dieselbe Technik anwenden wie bei der Enthaarung Ihrer Beine. Der einzige Unterschied ist hier, dass einige der Haare, auf die Sie treffen, den Durchmesser sehr junger Bäume haben, also brauchen Sie mehr Rasierseife und Zeit.

4 Eine große Schüssel mit heißem Wasser füllen und ein Handtuch hineinlegen. Auswringen und über Kinn und Bartzone Ihres Kandidaten legen. Etwa eine halbe Minute festhalten und mehrmals fest auf seine Haut drücken. Diesen Schritt bei Bedarf wiederholen.

5 Nun kommt der Rasierschaum. Sie können altmodische Rasierseife verwenden und diese mit einem Pinsel auftragen oder sich das Leben leicht machen und Schaum aus der Dose aufsprühen. Ich empfehle die Dosenmethode, denn die Pinseltechnik ist eine Wissenschaft für sich. Sprühen Sie einen Klecks Rasierschaum auf Ihre Handfläche. Nicht zu viel, denn Sie können jederzeit mehr nehmen, und diesen gleichmäßig in kreisförmigen Bewegungen auf Gesicht und behaarten Teil des Halses

auftragen. Das können Sie durchaus eine Weile hinziehen. Wahrscheinlich gefällt es ihm ganz gut.

6 Benutzen Sie eine hochwertige Rasierklinge. Nehmen Sie eine bekannte Marke und nicht diese kleinen Plastikdinger, von denen 100 Stück 99 Cent kosten. Vor Beginn und nach jedem Strich abspülen. So können sich keine Stoppeln auf der Klinge festsetzen und die Rasur wird glatt und angenehm. Rasieren Sie ihn nicht mit Ihrem kleinen rosa Damenrasierer – das ist für einen Mann entwürdigend.

7 Mit der Rasur können Sie an mehreren Stellen beginnen, am besten geht es aber vom »Oberrand« des Bartes in einem vertikalen Strich bis zum Kiefer. Arbeiten Sie in glatten, geraden Strichen einschließlich der Kotelettenregion. Leicht, aber fest. Im Allgemeinen ist eine Rasur mit der Wuchsrichtung am angenehmsten, glatter wird es aber in entgegengesetzter Richtung. Das kann allerdings zu Hautreizungen führen, seien Sie also so sanft wie möglich.

8 Bei eventuellen kleinen Kratzern (na ja, nobody is perfect) hilft ein blutstillender Stift, nicht ein Fetzen Zeitungspapier.

9 Beim Hals und unterm Kinn schlage ich vor, von unten nach oben zu arbeiten, also gegen den Strich. Dieser Bereich wird einfach nicht glatt genug, wenn man andersherum rasiert. Sie können sich das Leben leichter machen, wenn Sie die Haut unten am Hals mit Zeige- und Mittelfinger der linken Hand straff ziehen.

10 Für die Schnurrbartregion die Oberlippe herunterziehen, an den oberen Schneidezähnen festhalten und abwärtsrasieren.

11 Zum Schluss dem Mann mit sehr warmem Wasser das Gesicht waschen und vorsichtig nach vergessenen Härchen abtasten. Unter Nase und Kinn übersieht man sie am leichtesten. Diese Stellen rasieren und Ihren Kandi-

daten fragen, ob seiner Meinung nach noch irgendwelche Stellen Ihre Aufmerksamkeit erfordern.

12 Nach der Rasur sein Gesicht trocken tupfen und eine milde Feuchtigkeitscreme auftragen. Männer lieben häufig das adstringierende Brennen alkoholhaltiger Aftershaves, die aber Hautrötungen auslösen können.

13 Ein warmes Handtuch auf dem Gesicht kann das Brennen lindern.

Nun ziehen Sie Ihrem Typ ein hübsches Dinnerjackett an, und er kann Sie zum Essen ausführen und sieht großartig aus.

** Das Rot und Weiß auf Barbierschildern steht für Blut und Verbände. **

Männer würgen mit bloßen Oberschenkeln

Wie oft haben Sie schon träge dagelegen, und ein Mann stand neben Ihnen und stellte unangemessene Forderungen? Die meisten von uns erleben das wohl jede Nacht. Deshalb möchte ich Ihnen eine gute Methode zeigen, wie man das Gewicht eines Herrn gegen ihn verwenden und ihn sich unterwerfen kann wie eine dieser Schlangen … Kobra, nicht Anaconda. Sie liegen auf dem Rücken, mit angezogenen Beinen und erhobenen Knien, die Füße flach auf dem Boden. Ihr Gegner steht vor Ihnen. Die Bilder verdeutlichen, wie es geht.

Anleitung

1 *Die Entschlossenheit:* Holen Sie tief Luft.

2 *Der Griff:* Packen Sie mit der rechten Hand sein Hemd am zweitobersten Knopf oder sein Jackett. Falls er barbrüstig und behaart ist, packen Sie eine Handvoll Mähne, ansonsten Haut. Mit der linken Hand umfassen Sie fest

die Außenseite seines rechten Bizeps. Graben Sie notfalls die Finger hinein (Abb. A).

3 *Das Herunterziehen:* Nutzen Sie seinen hoch liegenden Schwerpunkt, um den Mann plötzlich zu sich herunterzuziehen.

4 *Die Hüftzwinge:* Drücken Sie Ihren linken Fuß in seine rechte Hüfte (Abb. B).

5 *Der Tritt ins Unterholz:* Versetzen Sie ihm mit dem rechten Fuß einen gewaltigen Tritt in die Lendengegend. Das sollte seiner Begeisterung einen ziemlichen Dämpfer versetzen. Wahrscheinlich sagt er etwas wie »Donnerwetter!« oder »Herrje!«.

6 *Die Kopfhaltung:* Nach dem Tritt das rechte Bein ausstrecken und über seine linke Schulter legen, sodass es auf einer Seite von seinem linken Ohr, auf der anderen von Ihrem rechten Arm flankiert ist.

7 *Der Tritt und Zug:* Treten oder schubsen Sie seine rechte Hüfte mit Ihrem linken Fuß, der bereits vor Ort ist. Gleichzeitig ziehen Sie ihn weiter nach unten, sodass seine linke Halsseite an der Innenseite Ihres rechten Oberschenkels liegt. Seine linke Schulter ist jetzt außer Gefecht, da sie von Ihrem rechten Oberschenkel fixiert wird. Verhindern Sie, dass er sich auf Ihr linkes Bein legt: Das brauchen Sie für den nächsten Schritt.

8 *Die Achselhöhlenfessel:* Ziehen Sie seine rechte Schulter so herab, dass seine rechte Achselhöhle gegen die Innenseite Ihres linken Oberschenkels gepresst wird (Abb. C).

9 *Die Beinschere:* Beugen Sie das rechte Knie, und legen Sie ihm die Wade über die linke Schulter, sodass sie sich im rechten Winkel zu seinem Hals befindet. Heben Sie das linke Bein an, beugen Sie es im Knie (wo sonst?), legen Sie die rechte Fessel in die Kniekehle, und verschränken Sie Ihre Beine fest.

10 *Die rechte Armzwinge:* Drücken Sie mit Ihrem rechten Oberarm sein rechtes Handgelenk und den Unterarm

nieder, sodass Ihr linker Bizeps und Ihre Achselhöhle sie fixieren. Nun kann er Sie nicht an den Haaren ziehen oder Ihnen in die Augen greifen (Abb. D).

11 *Der Druck:* Pressen Sie Hüften und Oberschenkel zusammen (das haben Sie vielleicht schon oft gemacht, nur unter anderen Umständen), sodass Sie seinem Kopf die lebenswichtige Sauerstoffzufuhr abschneiden. Testen Sie durch einen Klaps auf die Nase, ob er noch bei Bewusstsein ist. Wenn er zusammenzuckt, markiert er nur. Sobald Sie sicher sind, dass er bewusstlos ist, stehen Sie auf und verschwinden oder rufen die Polizei. Oder beides.

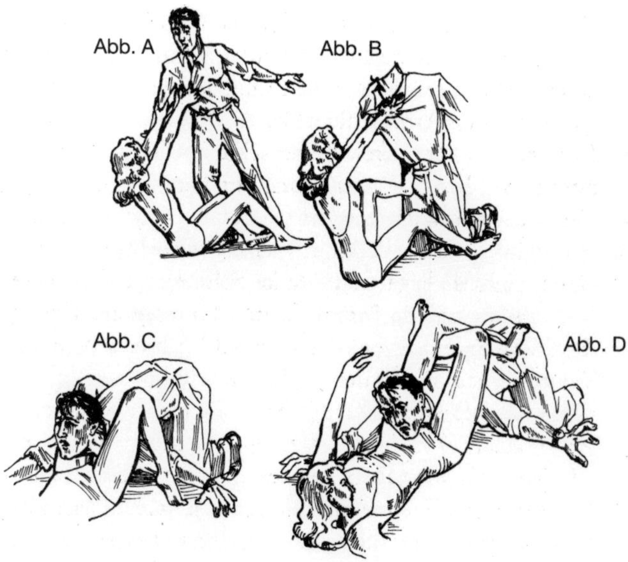

Das Ganze passiert blitzschnell, bevor er Zeit hat, sich zu besinnen. Aber Sie üben besser vorher ein bisschen mit einem Freund.

** Meralgia paresthetica ist brennender Schmerz im Oberschenkel. **

Pfeifen für Damen

In meiner Schule gab es eine Lehrerin namens Miss Dexter. Und die Sache mit ihr war die: Sie konnte pfeifen wie ein Bauarbeiter und rief uns vom gesamten Schulgrundstück mit einem ohrenbetäubenden schrillen Pfiff herein, der jedem Mann alle Ehre gemacht hätte.

Natürlich übten wir Mädels wie wild, um auch so einen guten Pfiff wie Miss Dexter hinzubekommen, und es gab zwei grundverschiedene Ansätze, was die Technik betraf: die Fingerpfeifer und die Fingerlosen. Ich gehörte zur Finger-Schwesternschaft, gestehe aber, dass keine Gruppe viel taugte und uns nur eine Art saugendes Röcheln gelang, ähnlich einem Sumpf, der mal wieder ein Pferd verschlungen hat.

Nun, neulich kamen meine amerikanische Schwägerin Marianne und meine Tante Sarah zu Besuch, und wir stellten fest, dass *Erstere* pfeifen konnte wie eine Fabrik um fünf. Mehr noch: Nach wenigen Minuten merkte meine Tante Sarah, dass sie es auch konnte. Ich mühte mich zwar Ewigkeiten ab, aber vergeblich, und blamierte die Innung ganz gewaltig. Falls Sie es aber versuchen wollen, kommt hier die definitive Gebrauchsanweisung – basierend auf der Technik meiner Schwägerin. Wenn Sie also das nächste Mal an ein paar gut aussehenden Bauarbeitern vorbeikommen, können Sie den ersten Pfiff loslassen.

Die Technik

1 Die Finger halten wie abgebildet: Die Daumen liegen auf dem gekrümmten Ring- und Mittelfinger beider Hände.

2 Mund öffnen und mit den Fingerspitzen die Zungenspitze berühren.

3 Die Zunge wie ein Akkordeon im Mund zusammenschieben. Dadurch entstehen im Mund ein schmaler Kanal und ein kleines Austrittsloch. Bei kräftigem Blasen durch die Lücke – allerdings nicht so stark, wie Sie glauben –

sollten Sie gelegentliche Pfeifgeräusche vernehmen. Aber nicht übertreiben – man wird davon leicht benommen.

4 Übung ist der Schlüssel zum Erfolg, also lassen Sie sich nicht durch Misserfolge entmutigen. Üben Sie im Bad, vorm Fernseher, im Bett und so weiter. Nach einer Weile passiert es plötzlich, und Sie werden pfeifen wie ein alter Profi. Versuchen Sie es aber nicht in der Kirche zu lernen, denn das Geräusch ist – wenn es denn endlich kommt – absolut ohrenbetäubend, und Sie würden die Gemeinde einfach aus den Bänken fegen.

5 Wenn Sie nach und nach Ihre Technik verfeinern, werden Sie entdecken, dass Ihnen der klassische Bauarbeiterpfiff ebenso gut gelingt wie jener, mit dem uns Miss Dexter vor langer, langer Zeit von der Südhecke hereinpfiff. Was wohl aus ihr geworden ist?

** Der Sänger Roger Whitaker begann seine Karriere als Kunstpfeifer. **

Der Abschiedsbrief

Oh Gott! Wie sollen Sie diese Liebesbeziehung mitfühlend beenden? Manchmal ist ein altmodischer Abschiedsbrief die beste Methode, besonders wenn der Mann nicht vor Ort ist. Also setzen Sie sich mit Stift, Papier, Papierkorb und einem Glas Wasser (kein Wein!) hin, und beginnen Sie den ersten Entwurf. Sie werden verschiedene Versionen schreiben, das sage ich Ihnen gleich. Hier kommen einige Tipps zur Vermeidung typischer Anfängerfehler.

1 Machen Sie das nicht am Computer. Niemand will einen Ausdruck bekommen, und man muss wohl kaum betonen, dass eine E-Mail oder SMS mit dem Text »Es ist

aus!« für eine Lady einfach nicht angemessen ist. Also schreiben Sie mit der Hand, und seien Sie nett.

2 Beginnen Sie den Brief nicht mit »Lieber John …«, außer wenn Sie immer so anfangen. Beginnen Sie nur mit seinem Namen, »John …«, und schreiben Sie in Ihrem üblichen Stil: nicht intim, aber freundlich und nett.

3 Viele Männer lesen solche Briefe immer wieder. Es hilft ihnen, die Nachricht zu verarbeiten. Also passen Sie um Himmels willen auf, was Sie schreiben.

4 Vermeiden Sie plumpe Kritik an seinen Fehlern. Bemerkungen wie »Deine Ohren sind nicht nur von innen behaart, sondern auch völlig ungleich und viel zu groß« oder »Du siehst im Bett aus wie ein Sack Blumenkohl« mögen zutreffend sein, sind aber unnötig unfreundlich. Bosheit ist würdelos. Großzügigkeit sollte an der Tagesordnung sein. Und Sie wollen doch nicht, dass eine gedankenlose Bemerkung, die sich nicht rückgängig machen lässt, Sie jahrelang verfolgt. Ziehen Sie auf keinen Fall unschmeichelhafte Vergleiche wie »Aziz aus der Buchhaltung weiß, wie man Frauen behandelt« oder »Deine Beine wirken so spindeldürr gegen die von Gary von nebenan«.

5 Schreiben Sie auch keine Sachen wie »Du kaufst mir keine Blumen mehr« oder »Früher warst du viel sportlicher«, weil er glauben könnte, dass durch eine Verhaltensänderung noch etwas zu retten sei. Ist es nicht, sonst würden Sie ihm ja keinen Abschiedsbrief schreiben.

6 Treffen Sie klare, unzweideutige Aussagen. Sagen Sie ihm geradeheraus, dass Sie die Beziehung beenden, und tun Sie das sofort. Warten Sie damit nicht, bis Sie ihm erzählt haben, wie sich Mrs Winterbottom auf den Hut Ihrer Oma gesetzt hat.

7 Gestehen Sie, dass Ihnen die Entscheidung nicht leichtgefallen ist (wenn das stimmt) und dass Sie für diesen Brief all Ihren Mut und Ihre Entschlossenheit zusammennehmen mussten.

8 Sagen Sie, dass es in der Beziehung schon seit einiger Zeit nicht mehr stimmt, und teilen Sie ihm ehrlich mit, dass Sie nicht zueinander passen. Das sind nützliche Klischees, die den Fehler auf beiden Seiten suchen und die Endgültigkeit Ihrer Entscheidung unterstreichen. Er wird zweifelsohne die Wahrheit Ihrer Worte erkennen und begreifen, dass Sie fest entschlossen sind.

9 Seien wir ehrlich, wahrscheinlich sind Sie auch keine Heilige, und es könnte helfen, ihm das einzugestehen. Aber was immer Sie tun, liefern Sie kein langes Geständnis Ihrer fortgesetzten Untreue, gespickt mit reißerischen Einzelheiten von den tollen Dreiern in seiner Wohnung mit dem Leadgitarristen und Drummer der Sex Pests, während er sich ehrenamtlich um Unterprivilegierte kümmerte. Damit verletzen Sie ihn nur unnötig.

10 Schreiben Sie nur positiv über ihn und wünschen Sie ihm alles Gute für die Zukunft. Das sagt ihm, dass Sie ihn – auch wenn Sie die romantische Beziehung nicht fortführen wollen – trotzdem als Menschen nicht völlig abgeschrieben haben und ihn immer noch respektieren und schätzen. Das tun Sie doch, oder?

11 Es ist besser, wenn Sie ihm nicht anbieten, Freunde oder »nur Freunde« zu bleiben. Das funktioniert selten und kann eine quälende Belastung für ihn sein. Eine saubere Amputation heilt schneller.

12 Bleiben Sie bei der Unterschrift liebenswürdig. Unterschreiben Sie mit dem Vornamen. Schreiben Sie aber nicht »Deine«, vermeiden Sie das Wort »Liebe« und malen Sie keine Küsschen. Damit machen Sie nur all Ihre Schwerstarbeit zunichte und verwirren ihn maßlos.

13 Wenn Sie mit dem Brief fertig sind, *legen Sie ihn ein paar Tage beiseite*, damit die Hitze entweicht. Bevor Sie ihn abschicken, lesen Sie ihn noch einmal kritisch durch, um zu sehen, ob Sie genau das gesagt haben, was Sie meinen. Das kann ausgesprochen schwer sein.

Antworten

Was, wenn Sie eine Antwort bekommen? Nun, das ist Ihre Sache. Ich kann Ihnen schließlich nicht Ihr ganzes Leben abnehmen. Mit etwas Glück wird er begriffen haben, und Ihnen bleibt das Erlebnis einer meiner Freundinnen erspart, die ihrem Soldatenfreund einen Abschiedsbrief schrieb und als Antwort ein Paket bekam, das ein Foto von ihr sowie einen ganzen Stapel Fotos anderer Mädchen enthielt – die Schwestern, Freundinnen und Cousinen anderer Mitglieder seiner Einheit, wie sie vermutete. Eine kurze Notiz auf der Rückseite ihres Abschiedsbriefs lautete: »Liebe Amy, ich weiß nicht mehr, welche Du bist. Nimm einfach Dein Foto heraus, und schick den Rest zurück. Tschüss, Adam.« Na, wenigstens hatte er Humor.

** Die Schreibfeder wurde um 700 n. Chr. eingeführt. **

Anleitung zum Striptease

Es ist schon lange her, dass Striptease als etwas Anrüchiges galt. Im Dezember 2006 befand ein norwegisches Gericht, Striptease sei eine Kunstform und als solche von de r Vergnügungssteuer befreit.

Und es ist eine alte Kunst: Auf sumerischen Tafeln ist der Abstieg von Inanna in die Unterwelt dargestellt, die an jedem der sieben Tore ein Kleidungsstück ablegt, fast wie Salomes Tanz der sieben Schleier im Neuen Testament. Jedenfalls, wenn Sie diese Kunstform ausprobieren wollen (und warum nicht?), kommen hier ein paar Tipps.

So wird's gemacht

Sie brauchen kein Supermodel zu sein, um einen Striptease hinzulegen. Alles, was Sie – neben dem Outfit – brauchen, ist Selbstvertrauen. Strümpfe und Strumpfgürtel sind ein Muss, und bitte keine geräumigen Unterhosen, Mädels – probiert es mit einem Tanga. Halten Sie während des Striptease Blickkontakt mit Ihrem Typ und flirten Sie per Körpersprache: Werfen Sie die Haare zurück, lassen Sie die Hüften kreisen und stellen Sie ein Bein mit angehobener Ferse vor, wann immer Sie können. Das ist ein klassischer Modeltrick, der ungeschickte Posen kaschiert und Ihre Beine länger und schlanker wirken lässt.

1 Legen Sie Musik auf. Wählen Sie etwas Vernünftiges. *The Stripper* ist zu abgegriffen, *Onward, Christian Soldiers* ist ganz falsch, und mit dem *Hummelflug* können Sie niemals Schritt halten. Sie brauchen etwas Stimmungsvolles mit starkem Rhythmus.
2 Nun beginnen Sie hin und her zu gehen: Brust raus, Kopf hoch. Stellen Sie sich eine Acht vor und folgen Sie der mit den Hüften. Setzen Sie beim Schreiten einen Fuß direkt vor den anderen wie eine Seiltänzerin (das wirkt besonders weiblich), drücken Sie den Rücken durch, Bauch rein, Brust raus. Selbstvertrauen ist angesagt: Zeigen Sie Ihrem Typ, dass Sie am Drücker sind.
3 Spielen Sie mit einem Schal oder einer Federboa als Symbol für … ach, egal. Ziehen Sie das Teil verlockend durch Ihre Finger und über Ihre Schultern oder verbinden Sie damit Ihrem Typ die Augen. Legen Sie es ihm um den Hals, und ziehen Sie ihn zu sich heran. Übrigens: *Er darf Sie zu keinem Zeitpunkt anfassen.*
4 Das erste Teil, das Sie ablegen, sollte Ihre Jacke sein. Machen Sie das langsam und sehen Sie ihn dabei über die Schulter nach hinten an. Knöpfen Sie die Jacke auf und legen Sie sie in einer einzigen Bewegung ab. Sich im verzweifelten Versuch, die Arme aus den Ärmeln zu kriegen, auf dem Boden zu wälzen, ist nicht richtig: Sie mögen strippen, aber Sie sollen nicht necken.
5 Als Nächstes kommt der Rock. Drehen Sie ihm wieder

den Rücken zu, schauen Sie über die Schulter und ziehen Sie den Reißverschluss auf. Machen Sie das langsam, nicht wie ein Leichenbeschauer, der den dritten Leichensack am Tag aufmacht. Strecken Sie weiter den Po heraus und drücken Sie den Rücken durch. Ziehen Sie den Rock in einer einzigen schnellen, aber fließenden Bewegung aus und lassen Sie ihn fallen. Sobald er auf dem Boden liegt, treten Sie davon weg. Heben Sie ihn nicht ordentlich auf – es gibt nichts weniger Verführerisches als jemanden, der seine Hosen zusammenlegt oder Sachen auf Kleiderbügel hängt. Und verheddern Sie sich nicht darin. Völlig aus dem Gleichgewicht mit blockierten Füßen herumzutaumeln und dann der Länge nach auf dem Teppich hinzuschlagen hat keinen Stil.

6 Ebenso können Sie die gesamte Wirkung verderben, wenn Sie stehen bleiben und sich bücken müssen, um Ihre Schuhe aufzumachen. Falls Sie sexy Riemchendinger tragen, lassen Sie sie an. Ansonsten tragen Sie etwas, was sich leicht abstreifen lässt. Heben Sie einfach das Bein nach hinten an, bücken Sie sich und ziehen Sie den Schuh so kunstvoll wie möglich aus. Ich weiß, Doc Martens sind in den Zeitschriften ungemein angesagt, Mädels, aber *bitte nicht beim Striptease.*

7 Nun die Strümpfe. Halten Sie Blickkontakt und setzen Sie einen Fuß auf einen Stuhl. Sie sollten sich Ihrem Typ im Profil präsentieren. Lösen Sie die Strumpfhalter und rollen Sie den Strumpf bei hochgerecktem Hintern langsam mit beiden Händen herunter. Sobald der Strumpf über die Ferse gleitet, ziehen Sie ihn mit Daumen und Zeigefinger ab. Mit Bein 2 wiederholen.

8 Ehrlich gesagt sieht ein Strumpfgürtel ohne Strümpfe etwas dämlich aus, also haken Sie das Teil flott auf und werfen Sie es ihm verrucht zu. Ohne ihm ein Auge auszuschlagen, wenn es geht.

9 Als Nächstes kommt der BH. Versuchen Sie möglichst viel aus dieser Sache herauszuholen, denn auf diesen Teil hat er sich wahrscheinlich besonders gefreut. Stellen Sie sich vor ihn und winden Sie sich aus den Trägern. Machen Sie das langsam, nicht wie ein Marktweib. Drehen Sie sich weg und schauen Sie ihn über die Schulter an. Dieser Blick über die Schulter, den Sie die ganze Zeit praktizieren, ist eine primitive, auffordernde Körpersprache, die jeder Mann versteht. Haken Sie den BH auf, halten Sie ihn aber mit einer Hand über die Brüste. Wenden Sie sich ihm mit einem durchtriebenen Blick zu und halten Sie mit einem Arm über den Brüsten den BH in Position. Ziehen Sie ihn mit der anderen langsam heraus, und lassen Sie ihn fallen. Halten Sie Ihre Brüste einen Augenblick bedeckt, dann ziehen Sie den Arm weg und liebkosen dabei Ihre Vorderfront. Nun kosten Sie die Sache aus, indem Sie das Beweismaterial abwiegen und eine Weile »die Radiosender einstellen«. Das sollte ihn einigermaßen bei der Stange halten.

10 Ach ja, Sie sind jetzt nur noch im Tanga. Ich hoffe, es ist ein Tanga – oder Ähnliches – und nicht so ein riesiger, hautfarbener, gummiverstärkter Stützslip. Sie müssen ihn ablegen wie ein richtiger Pornostar, nicht wie irgendeine edwardianische Oma, die sich für den Sommer ihrer lan-

gen Unterhose entledigt. Also pressen Sie beim Ausziehen nicht die Beine zusammen, sonst sieht es furchtbar verkehrt aus. Greifen Sie stattdessen auf den Modeltrick zurück, ein Bein vor das andere zu setzen und elegant die Ferse zu heben. Nun zum großen Finale: Bieten Sie Ihrem Typ eine Profilansicht, stecken Sie die Hände an beiden Seiten in das Taillengummi, die Handflächen an den Beinen, und ziehen Sie das Gummi vom Körper ab. Nun lassen Sie die Hände über die Beine gleiten und ziehen den Slip mit. Bücken Sie sich graziös, wenn die Hände über die Knie gleiten und das Kleidungsstück zu Boden fällt. Allzu leicht endet die Sache peinlich, weil es gar nicht so einfach ist, kunstvoll aus einem zusammengerollten Tanga zu steigen. Manchmal wickelt er sich höchst unelegant um den Fuß. Sorry, da sind Sie auf sich selbst gestellt: Machen Sie einfach langsam.

11 Nun spazieren Sie um Ihren Typ herum und liebkosen sich, bis er von seinen Gefühlen überwältigt wird und es kein Halten mehr gibt.

** Die legendäre Stripperin Gypsy Rose Lee (Rose Louise Hovick) war der Star in Minskys Revue. **

Bloß kein weiteres Treffen!

Es gibt viele Gründe, warum eine Beziehung fade werden kann, und ich werde sie hier nicht alle auflisten. Aber die Sache ist die: Manchmal ist das nächste Date ungefähr so erstrebenswert wie das Zuschauen bei einer Obduktion. Hier also ein paar Vorschläge, wie Sie sich das nächste Mal aus der Affäre ziehen können, wenn Sie ein Date umgehen wollen.

Die schleichende Gewissheit, dass die Dinge schlecht stehen, überkommt einen häufig, wenn das Treffen bereits im Gange ist, und das ist oft ein guter Zeitpunkt, um Ihren Aktionsplan in die Tat umzusetzen. Ich nehme mal an, Sie mögen ihn wirklich nicht und wollen ihn nie wiedersehen. Dies ist also nicht der Zeitpunkt für sanfte Ausflüchte und Entschuldigungen: Holen Sie aus zum entscheidenden Schlag. Verwenden Sie die Freiberufler-Technik, niemals einen Auftrag abzulehnen. Bringen Sie ihn stattdessen dazu, mit *Ihnen* Schluss zu machen. Dazu müssen Sie sich absolut unbegehrenswert machen, indem Sie total peinlich oder abscheulich sind.

Anleitung

- Falls Sie bereits mit ihm unterwegs sind: mit dem Tischtuch die Nase putzen.
- Zu viel trinken und herumzuschreien beginnen.
- In jeden greifbaren Männerpo kneifen (Kellner sind gut).
- Das teuerste Gericht auf der Speisekarte plus Champagner bestellen und dann stehen lassen.
- Ein manisches Lachen und seltsame Zuckungen entwickeln.
- Den Männern zuzwinkern und allen Drinks auf seine Rechnung bestellen.
- Fordern, dass er sich auf der Stelle zwischen Ihnen und seiner Mutter oder zwischen Ihnen und dem Sport entscheidet.
- Einen knielangen Tweedrock und graue Socken anziehen.
- Nicht mehr die Beine rasieren.
- Nicht mehr die Haare waschen.
- Sich scheußlich schminken.
- Peinlich stur werden.
- Das Zigarrerauchen anfangen.
- Nicht mehr die Zähne putzen.
- Einen Jogginganzug mit aufgedrucktem obszönen Spruch tragen.

- Nicht mehr die Kleidung wechseln.
- Laut und sehr öffentlich rülpsen.
- Seine Freunde anrufen und mit allen Dates verabreden.
- Ihn niemals einfach versetzen. Das wäre nicht ladylike.

** Ein altmodischer Ausdruck für Date ist* Rendezvous. *

Die Feile im perfekten Rührkuchen

Angenommen, Ihr Typ hat einen Bruch gemacht und ist von seinen Kumpels verpfiffen worden, weil er die Kohle für sich behalten wollte, und hat dann bei den Bullen gesungen wie ein Kanarienvogel, nachdem er »die Treppe runtergefallen« war. Jetzt sitzt er, hat einen Nachschlag bekommen und wartet darauf, dass Sie ihn da rausholen. Haben Sie eine Ahnung, wovon ich rede? Ich nämlich nicht. Der alte Feile-im-Kuchen-Trick ist gefragt. Folgendes müssen Sie tun … (Überblendung zum Gefängnis, Totale. Außen. Nacht.)

Zutaten

- *250 g Zucker*
- *250 g Butter (weich)*
- *250 g Mehl*
- *4 Eier, verquirlt*
- *1 TL Backpulver*
- *2 EL Milch*

Füllung

- *Schlagsahne*
- *1 Glas gute Himbeermarmelade*
- *Puderzucker (zur Dekoration)*
- *1 kleine, aber starke Feile*

Zubereitung

1 Backofen auf 190° C / Gas Stufe 5 vorheizen.
2 Zwei 20 cm lange Kastenformen ausfetten und mit Pergamentpapier auslegen.
3 Alle Zutaten (außer Marmelade, Sahne und Puderzucker) zu einem glatten Teig verrühren, der schwer reißend vom Löffel fällt.
4 Falls zu dick, mit Wasser verdünnen.
5 Die Masse auf die beiden Formen verteilen und die Feile in eine davon legen. Oberfläche glatt streichen und den Kuchen in circa 20 Minuten goldbraun backen. Die Hälfte mit der Feile gart eventuell schneller, weil sich das Metall erhitzt. Der fertige Kuchen sollte zurückfedern, wenn man die Oberfläche eindrückt.
6 Kuchen aus den Formen stürzen und auf einem Kuchengitter abkühlen lassen. Auf dem Boden des einen Teils zeichnet sich deutlich die Feile ab, da sie nach unten gesunken ist. Dieses Teil mit der flachen Seite nach unten legen.
7 Für die Füllung die untere Kuchenhälfte großzügig mit Marmelade bestreichen.
8 Die andere (die mit der Feile) mit geschlagener Sahne bestreichen und vorsichtig aufsetzen. Mit etwas Puderzucker bestäuben. Die Herzogin von Royston würde vermutlich Tortenspitze unterlegen, damit es ein hübsches Muster gibt.

Nehmen Sie den Kuchen bei Ihrem nächsten Besuch ins Gefängnis mit und drücken Sie sich die Daumen.

** Dieser Kuchen heißt in England Victoria Sponge Cake nach der gleichnamigen Monarchin. **

Wie frau einen Mann verführt

Eines sollten Sie über Männer wissen: Wenn es an die Partnerwahl geht, sind sie nicht wie Sie. Für eine Frau muss ein Mann seine Eignung in einer Reihe indirekter Tests bestehen. Zu den physischen Reifen, durch die er springen muss, gehören Größe (besser groß), Männlichkeit (Aggressivität, kräftiges Kinn, große Nase, breite Stirn, breite Schultern, Zeigefinger kürzer als Mittelfinger) und Macht (einträglicher Job, Statussymbole: teures Auto, Haus, Uhr und Kleidung).

Diesen guten Paarungs- oder »Tarzan«-Anzeichen müssen aber gute Vatereigenschaften gegenüberstehen. Qualitäten wie Humor, Sensibilität, strategisches Denken, Verspieltheit, Charme und Intelligenz zählen also ebenfalls.

Ein Mann dagegen will das hübscheste Mädchen, das er jetzt sofort finden kann. Von den drei bekannten Qualitäten – Köpfchen, Herkunft und Schönheit –, die ein Mädchen angeblich braucht, um es zu etwas zu bringen, steht Schönheit ganz oben auf der Liste. Eine schöne Kassiererin ist für einen Mann begehrenswerter als eine unscheinbare Prinzessin. Intelligenz und gute Manieren sind natürlich hilfreich, ebenso die Herstellung einer köstlichen Mahlzeit, aber Frauen, die behaupten, dass Liebe durch den Magen geht, haben ihr Ziel zu hoch angesetzt. Die körperlichen Eigenschaften, auf die ein Mann anspricht, haben allerdings nichts mit Dünnsein zu tun. Groß ist gut, ebenso eine Eieruhrfigur, die die Botschaft übermittelt: *Ich kann Kinder bekommen und sie stillen*, aber was Männer nach dem ersten Sog steinzeitlichen Begehrens tatsächlich anzieht, das ist eine positive Ausstrahlung. Männer haben eine Vorliebe für begeisterungsfähige, fröhliche, abenteuerlustige Frauen, selbst wenn sie nicht aussehen wie Marilyn Monroe *(wer tut das schon?)*. Selbstvertrauen ist für Männer ein gewaltiges Aphrodisiakum – wenn Sie also aufregend und optimistisch sind statt negativ, weinerlich, kritisch und trübsinnig, haben Sie bereits einen ungeheuren Vorteil im Verführungsrennen und sind den dämlichen Barbiepuppen um Längen voraus, deren Attraktivität für Männer häufig nachlässt, sobald sie den Mund aufmachen.

Verführung: eine Liste

Hier ein paar Dinge, die Sie zur Unterstützung bei einer ohnehin nicht besonders schwierigen Aufgabe machen können. Denken Sie an Mrs Robinson in *Die Reifeprüfung*.

- Tragen Sie Sachen, die Ihre besten Stellen betonen: Beine, Brüste, Hals, Arme, Bauch. Falls Sie das Glück haben, rundum gut zu sein, verhüllen Sie einige davon.
- Kommen Sie ihm nah.
- Widmen Sie ihm alle Aufmerksamkeit. Hören Sie aufmerksam zu und schauen Sie ihm in die Augen. Falls seine Pupillen geweitet sind, wissen Sie, dass Sie wirken. Oder sich in einem Bergwerk befinden.
- Sehen Sie ihm auf den Mund, wenn er spricht. Nicht starren, sondern den Blick in einem Dreieck zwischen Augen und Lippen schweifen lassen.
- Beugen Sie sich zu ihm und lecken Sie sich die Lippen. Aber subtil – Sie wollen ja nicht aussehen, als hätten Sie gerade einen Eimer Brathähnchen verspeist.
- Spielen Sie mit Ihrem Haar.
- Streichen Sie sich über den Oberschenkel.
- Flüstern Sie ihm eine Frage zu.
- Berühren Sie ihn. Greifen Sie nach seiner Uhr, um zu sehen, wie spät es ist, boxen Sie ihn spielerisch, wenn er etwas Witziges sagt, stoßen Sie ihn wie zufällig mit dem Knie an, lehnen Sie sich an ihn, und streichen Sie ihm eine Haarsträhne hinters Ohr.
- Falls Sie sitzen, schlagen Sie häufig die Beine übereinander und wieder auseinander (Männer finden das extrem

verlockend, besonders wenn Sie lange Beine und einen kurzen Rock haben).

- Bitten Sie ihn, Ihnen auf den Hals zu pusten. Jeder Vorwand ist recht.
- Bitten Sie ihn, Ihnen beim Öffnen des obersten Blusenknopfes oder beim Anlegen der Halskette zu helfen. Sabbert er schon?
- Sagen Sie, Ihnen sei kalt, und bitten Sie ihn, Ihre Hände zu wärmen.
- Männer sind sehr visuelle Geschöpfe. Erzählen Sie ihm, dass Sie sich einen Badeanzug kaufen wollen, und fragen Sie ihn, welche Modelle Ihnen seiner Meinung nach am besten stehen.
- Tauchen Sie den Finger in Ihr Eis und bieten Sie ihm an zu kosten. Röten sich seine Wangen? Falls ja, sind Sie auf dem richtigen Weg.
- Fassen Sie ihm ans Knie, und arbeiten Sie sich dann mit sanftem Druck den Oberschenkel hoch. Hören Sie aber vor der Unterhosenlinie auf.
- Sprechen Sie über leicht erotische – oder stark erotische – Dinge. Eine meiner Freundinnen erzählt Männern, an denen sie interessiert ist, immer von ihrer Bikinizonenenthaarung. Denen hängt einfach die Zunge heraus.
- Setzen Sie sich ihm spielerisch auf den Schoß. (Das ist der absolute Killer für Typen. Besonders wenn Sie ein bisschen wackeln.) Sie könnten durchaus eine Wirkung bemerken. Mehr sage ich nicht …
- Wenn er Sie zu sich einlädt, sorgen Sie dafür, dass Sie nicht enden wie in dem Cartoon von James Thurber, wo der Mann zur Dame sagt: »Warten Sie hier, ich hole die Zeichnungen herunter.« Schlechtes Ergebnis.

** In* Die Reifeprüfung *war Anne Bancroft nur sechs Jahre älter als Dustin Hoffman. **

Daran erkennen Sie einen Hallodri

Frauen – sagt man – benutzen Sex, um zu bekommen, was sie wollen; Männer sind dazu nicht in der Lage, weil Sex das ist, was sie wollen. Es ist eine dieser Binsenweisheiten wie »Aspirin sind klein« oder »Staubtücher sind gelb«.

Das Problem beginnt, wenn Ihr Typ seine Begehrlichkeiten nicht beschränken kann und sich im Verstoß gegen das elfte Gebot herumtreibt: »Du sollst nicht betrügen dein Schätzchen.« So ähnlich wie die Sache mit dem »Begehren seines Nächsten Weib«. Falls Sie den Verdacht hegen, der Ihrige könne auch anderen Mädchen an die Bettwäsche gehen, ist es an der Zeit, ihn abzuchecken.

Die Hallodri-Profil-Kontrolle

1 Liebt Ihr Liebster Action und Aufregung? Wer Fallschirmspringen und schnelle Autos mag, besorgt sich seine Adrenalinschübe, wo er sie kriegen kann. Seien Sie gewarnt, zu den Risikosportarten kann auch das Spiel mit dem Feuer gehören.

2 Ist er zielgerichtet, mächtig, charismatisch und ehrgeizig (JFK-Syndrom)? Diese charismatische Zielgerichtetheit wird er auch jenseits Ihrer Schlafzimmertür nicht ablegen.

3 Ging sein Daddy fremd? Jungs lernen von ihrem Vater, wie sie Frauen behandeln.

4 Betrügen seine Kumpels ihre Freundinnen? Gleich und Gleich gesellt sich gern.

5 Hat er eine wüste Bettvergangenheit? Erwarten Sie nicht, dass ein Wüstling sich ändert, nur weil er jetzt Sie kennt. So einfach ist das.

6 Kennt er viele Damen? Kontakte mit weiblichen Frauen des anderen Geschlechts können zum Vögeln führen, bevor Sie *»Norwich«* sagen können. Je mehr Mädchen zu seinem Freundeskreis zählen, desto höher statistisch das Risiko.

7 Sieht er männliche Untreue gelassen und war auch seinen vorigen Freundinnen untreu? Na also, warum sollte er sich jetzt zügeln? Fremdgeher bleiben Fremdgeher und ändern sich nie. Falls Sie diese Frage mit Ja beantwortet haben, seien Sie auf der Hut!

8 Kommt er häufig voller blonder Haare und Lippenstiftspuren nach Hause und hat fremde Damenslips in der Tasche? Dann dürfen Ihnen jetzt erste berechtigte Zweifel kommen.

Je mehr Ja-Antworten Sie kassiert haben, desto wahrscheinlicher sind Sie an einen Hallodri geraten. Was Sie jetzt mit ihm anfangen, liegt ganz und gar bei Ihnen …

*NORWICH *steht für* Nickers Off Ready When I Come Home – *Slip schon aus, wenn ich nach Hause komme.* *

Anleitung zur Ablehnung eines lausigen Heiratsantrags

Eines der Probleme, wenn man eine junge Dame ist, sind natürlich Jungs und der Umgang mit ihnen. Das ist eine Sache, die man meiner Meinung nach durch Erfahrung lernt. Wie das Aussuchen der Kissen liegt auch das Nein-Sagen überwiegend in der Verantwortung der Frau, und es kann eine Weile dauern, bis sie gelernt hat, das mit Charme und Anmut zu erledigen.

Angenommen, ein Gentleman, den Sie mögen, aber mehr auch nicht, schenkt Ihnen beim Essen plötzlich einen Verlobungsring oder geht vor Ihnen auf die Knie – was sollen Sie machen? Zunächst einmal, sagen Sie *niemals* Ja, wenn Sie es nicht wirklich meinen, sonst enden Sie wie Nancy Astor, die einmal meinte: »Ich habe unter meinem Stand geheiratet, wie alle Frauen.«

So geht's richtig. Ich setze voraus, dass Sie eine *Lady* sind und nicht irgendeine schäbige, zahnlose Pennerin, für die ein »Näääää« zwischen zwei Zügen an der Kippe ausreicht. Und wenn es nicht gerade einer dieser unheimlichen »Stalker«-Typen ist, sind SMS und E-Mails natürlich ungeeignet.

So wird's gemacht

1 Seien Sie ehrlich, aber freundlich. Sagen Sie nicht: »Harry, du bist nett, aber ich stehe nicht auf dich und würde dich *nie* heiraten, weil du dieses weibische, passive Verhalten und diese dürren Hühnerbeine hast, diesen mickrigen Job bei Airfix, überhaupt keinen Humor, diese grässliche Mutter und außerdem Körpergeruch.« Stattdessen geben Sie ihm kristallklar in höflichen Worten zu verstehen, dass Sie ihn zwar mögen, *aber nicht heiraten werden*.
2 Entschuldigen Sie sich nicht.
3 Wenn er protestiert, Sie seien doch füreinander geschaffen, wenden Sie die Kaputte-Langspielplatte-Technik an: Wiederholen Sie, dass Sie ihn zwar mögen, ihn aber definitiv nicht heiraten wollen. Falls die Botschaft auch nach der Wiederholung nicht ankommt, prügeln Sie ein totes Pferd. Gehen Sie zu den nächsten Punkten über.
4 Falls Sie im Restaurant einen Verlobungsring im Dessert finden, schlucken Sie ihn einfach herunter.
5 Erklären Sie, dass eine Heirat mit irgendwem im Moment nicht Ihr Bier ist. Fällt Ihnen die clevere Formulierung auf?
6 Bitten Sie Ihren Vater, Ihre Hand (und den Rest von Ihnen) zu verweigern.
7 Behaupten Sie, Sie seien lesbisch.
8 Für den Mann, der es immer noch nicht kapiert, mieten Sie eine Plakatwand an einem gut frequentierten Platz in einer Großstadt mit der dürren Botschaft: »Erde an Harry Bloogs. Krieg das in deine blöde Birne: Mavis Da-

vis will dich nicht heiraten und wird dich NIE HEIRATEN wollen!«

** Zsa Zsa Gabor war neun Mal verheiratet. **

Der Ritt auf dem Space Hopper im Minirock

Die 1970er erschienen uns wie die Vorhölle, als wir darin steckten, heute aber blicken alle durch rosarote Sonnenbrillen darauf zurück und erzählen, wie wundervoll es war, den ganzen Tag auf einer Mauer zu sitzen und sich in lila Schlaghosen (dem *einzigen* Kleidungsstück, dessen Annahme Oxfam jemals aus Geschmacksgründen verweigert hat) zu Tode zu langweilen. Preisen Sie sich glücklich, dass Sie zu jung sind, um sich daran zu erinnern (falls das zutrifft).

Zu den dämlichen Produkten, die es in den Siebzigern gab, gehörte eine Vorrichtung, mit der man in seinen LPs blättern und eine auswählen konnte (hergestellt von K-Tel). So ersparte man sich den Gebrauch der Finger. Alle Jungs fuhren Fahrräder, die »Choppers« hießen und eine gefährlich aussehende Gangschaltung zwischen Sattel und Lenker hatten, und alle Mädchen hüpften auf Space Hoppers auf und ab – großen aufblasbaren orangefarbenen Ballons mit einem blöden aufgemalten Gesicht.

Space Hoppers – auch Hüpfbälle genannt – waren lustig, wenn auch etwas unladylike. Wir hatten sogar welche in der

Schule, auf denen Miss Snellgrove uns zum Aufwärmen vor dem Sportunterricht turnen ließ. Miss Snellgrove war eine Sportlehrerin mit so offensichtlich sapphischen Neigungen, dass wir annahmen, sie hoffe in Wirklichkeit nur einen Blick auf unsere Slips zu erhaschen. Ich weiß noch, dass sie Männer-Fußballstiefel trug, Haare wie Wilfrid Hyde-White hatte, Pfeife rauchte und darauf bestand, Bernard genannt zu werden, obwohl ihr Vorname Monica war. *Das habe ich mir nicht ausgedacht.* Jedenfalls findet man immer noch hier und dort Space Hoppers, und so reitet frau darauf im Minirock, basierend auf der Snellgrove-Technik.

Snellgrove-Methode

1 *Slipauswahl:* Attraktiv, aber bedeckend (nur zur Sicherheit).
2 Rittlings auf den Hüpfball setzen, Füße nach vorn auf den Boden, um Halt zu haben, und den Griff zwischen den Beinen. Griffe gibt es in zwei Formen: (A) Zwillingshörner und (B) eine Art Spatengriff. Letzterer verdeckt Ihren Slip besser.
3 Ein paar Mal vorsichtig federn, um ein Gefühl für die Sprungkraft zu entwickeln.
4 In die Luft hüpfen, dabei den Ball zwischen den Beinen halten, aber nicht auf den Füßen landen, sondern die Beine anziehen und auf dem dicken runden Po des Hüpfballs landen.
5 Kurz nach der Landung Füße wieder auf den Boden stellen und sich zum nächsten Sprung abdrücken.
6 Die Richtung ändert man, indem man sich für eine Linkswendung stärker mit dem rechten Fuß abstößt, mit dem linken für eine Rechtswendung.
7 *Stets mit Rückenwind hüpfen.* Ich habe schon unvorsichtige Mädchen gesehen, deren Röcke einfach hochgewirbelt wurden.

** K-Tel wurde in den 1960ern in Winnipeg, Manitoba, gegründet. **

Rutschpartie an der Stange

Darüber, was der Schotte unterm Kilt trägt, gibt es immer noch mehr oder weniger erregte Diskussionen. Einfach nachzuschauen wäre – zumindest in der Öffentlichkeit – nicht wirklich ladylike.

Was haben Männer im Kilt an sich? Oder eine ganze Dudelsackkapelle im Kilt? Ich bekomme dabei ganz weiche Knie: all diese Knöpfe und Messer und Pfeifen und leuchtenden Farben und riesigen Pelzmützen. Uniformen haben etwas an sich, das die maskulinen Eigenschaften der Träger provozierend betont, und das gefällt. Und Sie haben die Wahl zwischen Soldaten und Matrosen, Piloten, Bundespolizisten und sogar Verkehrspolizisten. Na ja, vielleicht nicht gerade Verkehrspolizisten. Aber ich glaube, ganz oben auf der Liste stehen Feuerwehrmänner in Uniform.

Also habe ich mich gefragt, ob ich vielleicht einen Feuerwehrmann überreden könnte, dass er mir zeigt, wie man seine Stange herunterrutscht? Ich hatte schon gelesen, dass die ersten Feuerwehrstangen zu Zeiten der pferdebespannten Feuerwehrwagen eingeführt wurden, als die Feuerwehrmänner über den Stallungen lebten. Ich hatte mir auch gemerkt, dass ein Sprecher des West Midlands Fire Service sich der längsten Stange in Europa rühmt – gut 13 Meter. Herrgott, Sir, das ist aber ein langes Ding!

Das Problem ist, dass die Feuerwehrstangen in letzter Zeit ins Kreuzfeuer der Gesundheits- und Sicherheitsbestimmungen geraten sind. Wie man hört, gibt es in vielen neuen Feuerwachen keine Stangen mehr, weil die Feuerwehrmänner sich »Verbrennungen der Oberschenkel« zuziehen könnten. Ich möchte bekannt geben, dass ich mich hiermit freiwillig bereit erkläre, lindernde Salben in die Oberschenkel jedes Feuerwehrmannes einzumassieren, der diesbezügliche Beschwerden anmeldet. Wenden Sie sich an den Verlag.

Schließlich gelang es mir, mit einem sehr hilfsbereiten

höheren Feuerwehrbeamten zu sprechen, und ich möchte Group Manager Clive Eustice von der London Fire Brigade meinen Dank für die Hilfe bei diesem Kapitel aussprechen. Ich *würde* ihm gerne danken, aber er sagte lediglich:

Sie schlingen die Beine mit den Fesseln um die Stange, und das ist, ehrlich gesagt, schon alles. Die Hände brauchen Sie nur fürs Gleichgewicht, aber es geht auch ohne. Die Geschwindigkeit des Abstiegs wird von den Beinen gesteuert, aber die meisten Stangen sind nicht lang genug, um sich darüber Gedanken zu machen – einfach schlingen und springen!

Angesichts der Spärlichkeit der Information und der Mitteilung, dass normale Sterbliche Feuerwehrstangen herunterrutschen dürfen, behalte ich meinen Dank also für mich. Falls Sie mit dem Versuch, eine Feuerwehrstange herunterzurutschen, mehr Glück haben als ich, würde ich gern Ihre Geschichte hören.

** Eine Flamme ist eine sich selbst unterhaltende,*
*oxidierende chemische Reaktion, bei der Energie freigesetzt wird. **

Schaukeln am Trapez

Als ich klein war, besaß ich ein Kinderbuch mit dem Titel *Der Zirkus kommt in die Stadt*. Die Bilder waren so anschaulich, dass ich, als der Zirkus tatsächlich in die Stadt kam, meine Eltern bat, mit mir hinzugehen. Das große Zelt, der flotte Manegenmeister und die lustigen Clowns, die Löwen und Tiger und geschmückten Elefanten, das Sägemehl, die grölende Menge – Sie wissen schon, das ganze Zeug. Nun, wir landeten bei den Fairfield Halls in Croydon – einer Art übel riechendem Flugzeughangar, wo Charlie Cairoli, der berühmte, unwitzige franko-britische Clown, seine Karriere beendete. Es gab keine Löwen, kein Sägemehl und kein großes Zelt. Ich erinnere mich allerdings an eine Truppe von

Trapezkünstlern in glitzernden Kostümen, aber vielleicht habe ich sie in meiner Erinnerung mit der aufregenden Seite in *Der Zirkus kommt in die Stadt* durcheinandergebracht.

Falls Sie sich jedenfalls entscheiden, doch nicht in einem Callcenter zu arbeiten, sondern stattdessen eine hinreißende Frau am fliegenden Trapez zu werden, hier die Grundkenntnisse. *Bitte* arbeiten Sie mit Netz.

Der Kniehang

1 Die Stange mit beiden Händen greifen und zu schaukeln beginnen, bis Sie genügend Schwung haben.

2 Sobald Sie bereit sind, die Knie zwischen Ihre Brust und die Stange ziehen. Die Füße über die Stange schieben, bis sie in der Kniekehle sitzt. Die Fersen möglichst dicht an die Oberschenkel pressen. Dabei nach Möglichkeit den Schwung beibehalten.

3 Bei stark gebeugten Knien die Hände loslassen, den Körper so anmutig wie möglich strecken und die Arme nach unten hängen lassen.
4 Weiterschaukeln, indem Sie abwechselnd den Rücken durchdrücken und die Arme nach vorn werfen.

Sich von einem Mann auffangen lassen

1 Mit den Rücken zueinander nun sehr vorsichtig aufeinander zuschwingen. Timing ist alles: Sie müssen am höchsten Punkt des Schwungs aufeinandertreffen. Nicht zu schnell, sonst gibt es Kopfverletzungen.
2 Als diejenige, die sich fangen lässt, haben Sie die Aufgabe, dem Fänger zu helfen. Biegen Sie bei zurückgeworfenem Kopf den Rücken durch und strecken Sie die Arme starr nach vorn wie Superwoman.
3 Mit weit zurückgelegtem Kopf sehen Sie alles verkehrt herum und auf den Kopf gestellt. Gerade wenn Sie sich an diese verrückte Perspektive gewöhnen, werden Sie einen Mann im Leotard bemerken (Ihren Partner), der unaufhaltsam auf Sie zufliegt wie eine Abrissbirne am Ende einer Kette. Sobald Sie spüren, wie er Ihre Handgelenke ergreift, lassen Sie das Trapez los, sodass es »leer« zurückschwingt. Sie hängen – und schaukeln – jetzt dramatisch an den Armen Ihres Fängers, hoch oben über der Menge.
4 Falls er danebengreift oder Sie fallen lässt, versuchen Sie, im Netz statt auf dem Betonboden zu landen, der oft ziemlich unnachgiebig ist.

** Der französische Akrobat Jules Léotard erfand den Leotard, das Trikot der Artisten. **

Register

S

T

Sonya's Secrets – alles rund um das Drama mit der verflixten Schönheit!

Sonya Kraus
BAUSTELLE BODY

Sonya's Secrets
320 Seiten
mit zahlreichen
Abbildungen
ISBN 978-3-404-60637-5

Sonya Kraus kennt alle geheimen Tricks des Showbiz, wenn es darum geht, Uschi Unscheinbar auf Grace Glamour zu tunen. Schonungslos ehrlich und mit viel Humor erzählt das Ex-Model spektakuläre Anekdoten von Schlauchbootlippen bis Lockeneisenbranding. Ihre erfolgreiche Beauty-Bibel verrät, wie Sie sich wirkungsvoll aufbretzeln. Zur Nachahmung dringend empfohlen!

»Wie ein Plauderstündchen mit der besten Freundin.«
BILD

»Natürlich im typischen Kraus-Stil: frech und mit Augenzwinkern.«
GLAMOUR

Bastei Lübbe Taschenbuch